Introduction to Coaching Psychology
2nd ed.

コーチング
心理学概論

第2版

西垣悦代・原口佳典・木内敬太 編著
Etsuyo Nishigaki, Yoshinori Haraguchi, & Keita Kiuchi

ナカニシヤ出版

まえがき

　スポーツコーチングとは異なる，対人支援の手法としてのコーチングという言葉を初めて耳にしたのは約10年前のことです。多くのカウンセリング技法を使いながら，カウンセリングとは違うと主張し，心理学者の関与がほとんどなく，ビジネスや医療の世界で「スキル」として使われているコーチングを，不思議な思いで外から眺めることから，私とコーチングのかかわりは始まりました。

　その後，日本臨床コーチング研究会の医療関係者の方々，原口佳典氏をはじめとする国際コーチ連盟日本支部のプロコーチの方々など多くの出会いがあり，私自身もコーチトレーニングを受けることで，少しずつコーチングを理解・体得していきました。

　そんな折，『コーチング心理学ハンドブック』を監訳された堀正先生にお目にかかり，協同研究にお誘いし，平成25年度から科研費でコーチング心理学の研究を始めることになりました。それまでの多くの出会いや堀先生のコーチング界における人脈を通して，多くのプロおよびノンプロのコーチのみなさんのご協力が得られたことで，研究は大変実り多いものとなりました。さらに，コーチング心理学界の第一人者であるDr. Palmerをロンドンに訪ね，先生の主催されるCentre for Coaching UKでコーチトレーニングを受ける機会に恵まれたことは，大変貴重な経験となりました。

　コーチングは心理学と再び出会うことで，より確かな理論の上に立ち，明確なエビデンスに裏づけられた学問的基盤を持ったアプローチとなりつつあります。また，コーチングは一部のプロフェッショナルだけのものではなく，教員や医療者，企業の管理職などが自分の専門領域の中で活用することができるのも大きな特徴です。

　本書は日本人の執筆者によるコーチング心理学の学術書としては，本邦初のものであると自負しています。本書の執筆者には研究者と実践家が含まれてお

り，それぞれ重点の置き方や拠って立つ立場には違いがあるものの，みな，科学者 – 実践家（サイエンティスト – プラクティショナー）です。また，これから発展していく領域であることから，今後を担う若手研究者（兼実践家）にも執筆に参加していただきました。欧米で出版されているコーチング心理学の専門書と比較すると，まだ足りない点もありますが，日本におけるコーチと心理学者の協力関係の記念すべき成果のひとつとして，本書を出版できることを大変うれしく思います。

　本書の執筆・編集の過程を通して，出版社の編集者との信頼関係がいかに大切か，ということを痛感する出来事が何度もありました。それらを乗り越え，当初の予定通りの期日に本書の発行ができたのは，執筆者および編集者をはじめ協力してくださった多くの方々のおかげです。おひとりずつお名前を挙げることはできませんが，心より御礼申し上げます。苦労はたくさんありましたが，目標に向かって建設的な意見を戦わせたり，期待と励ましに支えられながら作業を進めることができたのは，とても充実して幸せな日々であったと今あらためて思います。

　本書の出版前から多くの期待を寄せていただいていたコーチおよびコーチング心理学に関わる方々をはじめ，読者のみなさまには忌憚のないご意見やコメントをいただけましたら幸いです。本書によってさらに多くの出会いが生まれ，ご一緒にコーチング心理学を発展させていければと願っています。

2015 年 8 月吉日
編著者を代表して
西垣悦代

第 2 版によせて

『コーチング心理学概論』初版の出版から 7 年，第 2 版をお届けできること
を心より嬉しく思います。初版は，日本語で執筆されたコーチング心理学の学
術書として，本邦初の書籍でした。コーチング心理学に関与されている研究者
や学生をはじめ，実践の場で活躍されるコーチ，医療や教育の現場でコーチン
グを活用されている方々に関心を寄せていただくことができ，おかげ様で大変
ご好評をいただきました。本書が目指す，研究者 – 実践家をまさに実践してお
られる皆様に読んでいただけたことは，望外の喜びでした。

　本書でもたびたび引用している *Handbook of Coaching Psychology* は，初版
から 12 年後に第 2 版が出版されたとき，書籍のサイズはひとまわり大きくな
り，140 頁増えていました。コーチング心理学の領域がそれだけ拡大し，新た
に書くべきことが増えたからです。本書の場合は出版の事情もあり，そこまで
ページを増やすことはできませんでしたが，この 7 年間のコーチング心理学の
動向を踏まえ，新たな知見を盛り込みましたので，ほとんどの章で改変・追加
が行われています。特に教育におけるコーチングの章では，新たに 3 名の執筆
者を加え，内容も一新いたしました。大幅な増ページができないため，残念な
がら初版にあったコラムの多くを割愛せざるを得ませんでしたが，その内容は
できるだけ本文中に反映させるよう，心がけました。

　第 2 版の製作時期は，COVID-19 によるパンデミックの最中であり，多くの
人がさまざまな不安やストレスを抱えながら生活しているときでした。その中
で快く原稿執筆・改稿にご協力いただきました執筆者の皆様，ありがとうご
ざいました。編著者を代表して御礼申し上げます。第 2 版では，編著者に新進
気鋭の研究者であり実践家である木内敬太先生に新たに参加していただきまし
た。臨床家の視点でさまざまな指摘をいただけたことは，本書の信頼性を増す
ことにつながったと思います。本書の編集は，初版でもお世話になったナカニ
シヤ出版の山本あかねさんがご担当くださいました。産休・育休から復帰され

iv

るまでの間は，吉田千恵さん，そして宍倉由高さんも積極的に関わってくださり，編著者としてはとても心強く，安心して作業を進めることができました。編著者間も，編集者との連絡も，執筆者に対しても対面はいっさいなく，メールと Zoom のみで本書を完成させることができたのも，互いの信頼とコミュニケーションの賜物だと思っています。皆様，本当にお世話になりました。本書の出版後は，読者の皆様ともさまざまな場面でお目にかかれることを，期待し楽しみにしています。

2022 年 6 月吉日
編著者を代表して
西垣悦代

目　　次

総　論

第1章
コーチングおよびコーチング心理学とは何か

西垣悦代

1. コーチングとコーチング心理学の定義

■1-1. コーチングの定義

　従来，日本語でコーチと言えば競技スポーツの指導者のイメージが強く，コーチングはもっぱらスポーツコーチングのことを指していたが，最近はビジネスやキャリア開発，医療などの幅広い領域で個人の成長や目標達成を支援する活動に対しても使われるようになってきている。しかし，「コーチング」という語に対して人々が持っているイメージは必ずしも一致しておらず，むしろそこにはさまざまな混乱や誤解も含まれているように見える。そこで本節ではまずコーチングとコーチング心理学の定義を整理し，本書で紹介されているさまざまな理論やモデル，実践の理解の助けとしたい。

　広辞苑（第六版）によるとコーチングとは，「①コーチすること，指導・助言すること，②本人が自ら考え行動する能力を，コーチが対話を通して引き出す指導術」と説明されている。また「コーチ」については「競技の技術などを指導し，訓練すること。また，それをする人」（新村，2008, p. 973）とある。つまり日本語ではコーチングという語は競技の技術指導のことと，対話を通して考える能力を引き出す指導術，という2つの意味で使われていることがわかる。[1]

---

1) 1998年に出た広辞苑第五版には「コーチング」という語は収録されておらず，「コーチ」のみが収録されている。このことから①②のどちらの意味としても「コーチング」は1998年以降の10年ほどの間に日本語として普及してきたとみなすことができる。また，辞書を通して見る限り，少なくとも2008年時点では，日本語の「コーチ」には競技指導者の意味しかなく，対話を通して能力を引き出す指導術としてのコーチングの実践者としての意味は認められていない，あるいは普及していない，ということが言えるだろう（西垣，2014 a）。

　一方，コーチングの原語である英語の coaching には，①スポーツに必要な
スキルを個人またはチームに教える過程，②重要な試験や特定の状況において
どうふるまうかの準備を支援する過程（Summers, 2009），という 2 つの意味
がある。英語の coaching には日本の辞書にあるような対話を通して引き出す
といった特定の指導術の意味はなく，一般的に使われる動名詞である。また，
名詞としての coach には旅客馬車[2] をはじめ，長距離バスや客車等の乗り物の
意味と，スポーツ競技全般の指導者，および「特定の状況におけるふるまい方
の準備を手伝う人」，という意味がある。しかしここにも特定の技法を用いて
それを実践する人，という意味は見当たらず，一般的な用語としての導き支援
する人という意味だけである。よって，英語の文章や会話の中に coaching と
いう言葉が出てきたときは，一般語として使われているのか，本書であつかっ
ているような手法やプロセスのことを指しているのかを注意して見分ける必要
がある。

　次に「人の行動の支援」としてのコーチングを実際に行っている人たち（プ
ラクティショナー：practitioner）が，コーチングをどのように定義している
か見てみよう。

　　「コーチングとは，他者のパフォーマンスと発達を促進する技能（art of
　　facilitation）である。」Downey, M.（1999）

　　「コーチングとは，個人の潜在能力を開放し，その人自身の能力を最大限に
　　高めることである。」Whitmore, J.（1992）

　　「コーチングは個人指導と教示（instruction）の形で他者のパフォーマンスと
　　発達を向上させる技術－教示的なアプローチである。」Parsloe, E.（2005）

2）　英語のcoachは現ハンガリーの地名Kocsの形容詞形kocsiを語源として，正式にはKocsiszeker
　　（Kocs cart）と呼ばれた馬車を意味する。同様の語は16世紀半ばからほぼ全ヨーロッパ言語
　　で使用されており，現在では旅客馬車，列車の客車，長距離バス，旅客機のエコノミークラ
　　ス，船の船尾室など，さまざまな乗り物を意味する語として使用されている。指導者を意味
　　するcoachは，試験に合格させるために特定科目を指導する個人教授（private tutor）を指す
　　語として1848年に初めて使われた，オックスフォード大学の学生のスラングであった。家庭
　　教師の力を借りて試験に合格する学生を，楽な乗り物に乗っていることにたとえて揶揄する
　　言葉であったと思われる。その後1885年にはボート競技の指導者を意味する語としても用い
　　られるようになっている（西垣，2013）。

　「コーチングの核心とは何かと問われれば，それは，発見と気づきと選択を
もたらすことであると私たちは答えるでしょう。それは人々が自らの答え
を見つけ，重要な選択を繰り返すことによって自らの道を歩むことができ
るよう，効果的にサポートするための手法なのです。」Kimsey-House, H.,
Kimsey-House, K., Sandahl, P., & Whitworth, L.（2018 CTI ジャパン 2020）

　「コーチングとは，思考を刺激し続ける創造的なプロセスを通して，クライアン
トが自身の可能性を公私において最大化させるように，コーチとクライアン
トのパートナー関係を築くこと。」（国際コーチング連盟日本支部 HP）

　これらの定義に共通しているのは，コーチングとは個人の成長や発達を促
すものである，ということである。コーチングの定義と実践を概観したグラ
ント（Grant, 2005）は，その共通点として，①コーチとクライアントとの間
の支援的，協同的，平等な関係，②問題の分析よりも解決法の発見を優先す
ること，③協同的な目標設定，を挙げている。一方ウィルソンとマクマホン
（Wilson & McMahon, 2006）は，①ポジティブであること，②断定的でない
こと，③解決志向であること，④挑戦的であること，の4点を挙げている。
逆に言えば，これらの共通点以外は多様であるということである。コーチン
グが具体的にどのような手法を取るかという点では，上記の定義にあるよう
に促進（ファシリテーション），教示（インストラクション），支援（サポー
ト）などさまざまな言葉が使われており，決まった形はない。ウィットモア
（Whitmore, J.）のようにクライアントの自己発見を強調する立場もあれば，
ゴールドスミス（Goldsmith, M.）のようにコーチのアドバイスを重視する立
場もある。さらに，ディルツ（Dilts, R.）のようにコーチの役割の中にティー
チング（teaching），メンタリング（mentoring），ガイディング（guiding）を
入れている場合もある（Dilts, 2003）。
　次に日本ではコーチングがどのように説明されているかを見てみよう。日
本のコーチング界の草分け的存在の本間（2006, p. 41）は，「コーチングとは，
人間の無限の可能性と学習力を前提に，相手との信頼関係のもとに，一人ひと
りの多様な持ち味と成長を認め，適材適所の業務を任せ，現実・具体的で達成
可能な目標を設定し，その達成に向けて問題解決を促進するとともに，お互い
に学び合い，サポートする経営を持続的に発展させるためのコミュニケーショ

ン・スキルです」としている。また，コーチ資格を持つ医師の出江の編著書では，「コーチングとは『コーチ』が使うコミュニケーション技術のことで，相手の自発的な行動を促進させることにより，目標を明確化し，現状とのギャップを分析することで自身の行動計画を自ら立案し，実行することを可能にすることを目的としたものである」（出江，2009, pp. 3-4）と記している。日本のコーチによるコーチングの説明・定義では，目標設定がより強調されていることと，コーチング発祥の米国などとは違い，コミュニケーション・スキルであると強調しているものが多い。「コーチングとは『よりよいコミュニケーションを行えるようにする』という目的に対して『役に立つ技術』を集めて作り上げた，コミュニケーションスキルアップの体系なのである」と説明している書物もある（原口，2008, p. 24）。コーチングはたしかにコミュニケーションを通して行われるが，「コミュニケーション技法」であると説明するのはおそらく日本だけの特徴である（西垣，2014a）。もともとは米国から個人の成長の手法として伝わったコーチングが，日本では社員教育の一環として広まったため，社内のコミュニケーションを良くして経営効率を向上させ，業績目標を達成させるためのテクニックであるかのように一般に理解される傾向があったためかもしれない。また，コーチングの実践者にとっても目標達成のためのコミュニケーション技法として広める方が，受け入れられやすかったという事情もあっただろう。

　このような日本独自のコーチングに対する理解は，国際コーチング連盟（ICF）が2012年にコーチを対象に行った世界規模の調査データにもよく表れている。「あなたにとってコーチングとは」という問いに対して，日本のコーチの67.2％は「スキル（技法）のセット」と回答し，「専門職」と考えているコーチはわずか23.0％に過ぎなかった。一方，世界のトータルでは68.9％のコーチが「profession（専門職）」であると答えており「スキルのセット」と考えているのは26.2％のみであった（ICF, 2012）。コーチングには多様性があり言語や文化の違いによる特色も許容されているが，コミュニケーションのためのスキルの集合体という理解のしかたは，海外と比べた場合の日本のコーチングの特異性のひとつと言えるだろう。西垣（2013）はコミュニケーションスキルとしてのコーチングの捉え方に対して，手軽さの半面，コーチとクライア

ントの関係性や，個人の成長目標や行動，コーチングのプロセス全体への視点
など，コーチングの重要な部分がコーチングをこれから学ぼうとする人に十分
に伝わらない恐れがある，と指摘している。このような懸念は十分なトレーニ
ングを受けたコーチには該当しないかもしれない。しかし短期の講習受講者が
職務上コーチングを利用するような場合には，人心掌握とマネジメントのため
の単なるスキルテクニックと誤解してしまい，その結果 ICF などのコーチ団
体が掲げるコーチング本来の趣旨から外れた使い方をすることのないよう，留
意する必要があるだろう。

■1-2. コーチング心理学の定義

　多様なコーチングの定義に比べると，コーチング心理学の定義は明確であ
る。心理学の学術的裏づけを持っているため，その定義もコーチング会社やプ
ロコーチがそれぞれに設定するのではなく，学会が定めているためである。

　　「コーチング心理学は既存の成人学習理論と子どもの学習理論，および心
　　理学研究法に基づくコーチングモデルを援用し，個人生活や職場での幸
　　福（well-being）とパフォーマンスを高めるものである」（Grant & Palmer,
　　2002 の発表）

　　「コーチング心理学はポジティブ心理学の応用分野であり，確立された心
　　理学研究法に基づき，それを発展させたものである。コーチング心理学は
　　行動科学を体系的に応用することで，臨床的に重大な心理的健康の問題を
　　持たず，特別な苦悩の水準にない個人の生活経験，集団，組織のパフォー
　　マンスを高め，よい状態に保つことに資する」（オーストラリア心理学会
　　（Australian Psychological Society）コーチング心理学部門，2007）

　これらの定義でわかるように，コーチングとコーチング心理学の違いは，
コーチング心理学は心理学の理論とその研究法に基づくものだと明言してい
る点である。また，各国のコーチング心理学会を結ぶ国際コーチング心理学会
（ISCP：International Society for Coaching Psychology）（コラム 1 ［p. 36］参
照）は，それに加えてコーチング心理学は，（心理学の学位など）適切な資格
を持ち，継続的専門教育とスーパーバイズを受けたコーチングサイコロジスト

によって実践されるものを指すと説明している（ISCP, HP）。

　コーチングが拠って立つべき主たる理論として，バヒローヴァ（Bachkirova, T.）らは社会心理学，学習心理学，人間発達心理学および組織心理学などの心理学の諸分野に加えて実存主義と現象学的哲学を挙げている。そしてコーチングの各領域とそれに適した心理学の諸理論の組み合わせを表1-1のように示している。また国際コーチング心理学会初代会長のパーマー（Palmer, S.）は編著書 *Handbook of Coaching Psychology* 初版において，心理学に基礎を置きコーチング心理学に応用しうる手法として，行動療法，認知行動アプローチ，

表1-1. コーチングの各領域とそれに適した心理学の諸理論の組み合わせのマトリックス
（Bachkirova et al., 2014 をもとに作成）

コーチングの理論的伝統	コーチングの領域と内容										
	スキル&パフォーマンス	発達コーチング	変容的コーチング	エグゼクティブ&リーダーシップ	管理職コーチ	チームコーチング	ピア・コーチング	ライフコーチング	健康・ウェルネスコーチング	キャリアコーチング	異文化コーチング
精神力動的アプローチ	＊	＊		＊＊		＊					＊
認知行動コーチング	＊＊	＊＊	＊＊	＊＊	＊＊	＊＊	＊＊	＊＊	＊＊	＊＊	＊
解決志向アプローチ（SFA）	＊＊	＊＊		＊	＊	＊	＊				
人間中心的アプローチ	＊	＊＊		＊		＊	＊＊	＊＊		＊＊	
ゲシュタルトアプローチ	＊	＊	＊		＊	＊＊		＊			＊
実存主義的コーチング	＊		＊	＊				＊		＊	＊
オントロジカルコーチング	＊	＊		＊	＊				＊		
ナラティヴコーチング		＊＊			＊	＊					＊
認知発達的アプローチ		＊＊	＊＊			＊＊					＊
トランスパーソナルアプローチ	＊	＊	＊	＊＊		＊＊		＊		＊	
ポジティブ心理学アプローチ	＊＊	＊		＊				＊	＊	＊	＊
交流分析				＊	＊	＊		＊		＊	＊
NLPアプローチ	＊＊	＊		＊	＊	＊	＊	＊			

註：＊＊は特に適していることを示す。

実存療法，ゲシュタルト療法，動機づけ面接，ナラティヴ療法，NLP，人間中心的アプローチ，会話的学習，力動的精神療法とシステム力動的精神療法，解決志向アプローチ（SFA）を紹介している（Palmer & Whybrow, 2007b）。

　コーチング心理学の特徴は，心理学の理論に基づいた実践と実証研究が行われている点と，サイコロジスト（psychologist）[3]が行うコーチングであるという点である。欧米にはサイコロジストとプロコーチの両方の資格を持つ人や，心理学の博士号を持つプロコーチをはじめ，心理学の資格はなくとも大学や大学院で心理学を勉強し，実践に取り入れているコーチも大勢おり，コーチング心理学やポジティブ心理学の国際学会にも積極的に参加している。科学的な根拠（エビデンス）に基づくコーチングを目指しているコーチの場合は，コーチングサイコロジストとの違いは比較的少なく，両者の交流はむしろ盛んであり，コーチングの理念や目標を共有できているように見える。

　臨床心理学の分野では，科学者‐実践家モデル（scientist-practitioner model）と呼ばれる実践家の理想型がある。実践家でありつつ研究的であることの重要性を示す言葉である。研究者寄りの実践家，実践家寄りの研究者など，仕事のバランスの配分にはいろいろなバリエーションがあり得るが，大切なのは科学的な研究のマインドを持ちつつ，よりよい実践を目指して研鑽し，実践を積み重ねていくことではないだろうか。コーチング心理学が目指しているのは，理論や研究を知らない実践家や，実践のできない科学者ではなく，一方のみに偏らない科学者‐実践家モデルであると考える。

■1-3. コーチングと近接領域との違い

　心理学やカウンセリングの分野からコーチングに入って来た人が最初に抱く感想は，カウンセリングといったいどこが違うのか，という疑問だろう。コーチングにはカウンセリングから借用したスキルや概念が非常にたくさん含まれているためである。また，組織の中で部下や後輩を指導する方法を学んできた

3）　サイコロジストの資格は各国によって異なるのでここでは詳しくは述べないが，日本の臨床心理士と同じ意味ではない。クリニカルサイコロジストをはじめ，スクールサイコロジスト，ヘルスサイコロジスト，組織サイコロジストなど複数の心理専門職を含んでいる。多くの国では資格取得のためには心理学の大学院の学位（多くは博士号）と，数年にわたるスーパーバイズを受けながらの実践トレーニングが必要である。

人は，コーチングはメンタリングとどこが違うのか，と戸惑うかもしれない。

　前節ではコーチングとコーチング心理学の定義を紹介したが，人の成長を目指すという点では，メンタリングやカウンセリングも同じである。バヒローヴァらは「たいていのコーチングの本は『人々の可能性を最大限引き出すための支援の方法』といった定義から始まるが，それではメンタリング，カウンセリング，コンサルティングなどとの違いが明らかにならない」（Bachkirova et al., 2014）と指摘している。さらに，「コーチングをその目的，対象とするクライアント，プロセスとその組み合わせによって定義する試みもあるが，それでもなおメンタリング，カウンセリング，コンサルティングとの差別化は難しい。なぜならこの3つは根本的な目的が共通しているからだ」と述べ，「コーチングの独自性を創出するのは未解決の課題である」と述べている（Bachkirova et al., 2014）。本書においても単一の定義をあえて提示していないのは，このような理由によるものである。

(1) コーチングとカウンセリング・心理療法との違い

　カウンセリングとコーチングの違いについては，アメリカに本部を置く大手コーチ養成会社の代表も，「残念ながらカウンセリングとコーチングの間の境界線がどこにあるかは，明確なルールや条件で定義されているわけではありません」（p. 225）と述べ，両者には重複する部分が多くあり，使われる手法にも共通点が数多くあることを認めている（Kimsey-House et al., 2011；CTIジャパン，2012）。とはいえコーチングとカウンセリングや心理療法との一般的なすみ分けについてはある程度の合意はできている。それは，コーチングでは臨床的なレベルの心的問題を抱えた人の問題解決は扱わないということと，たとえコーチがカウンセラーやセラピストの資格も併せ持つ場合でも，コーチングの中で心理療法は行わない，という点である。コーチングが対象としているのは原則として心身の健康な人で，現在重大な心理的問題を抱えておらず，自分をより成長させたりパフォーマンスを上げようとしている人たちである。クリニカル・サイコロジストの資格を持つプロコーチのカウフマン（Kauffman, C.）は，コーチングと心理療法の違いを，「心理療法は人の苦悩を和らげ，コーチングは快適な安住に挑戦する」「心理療法は涙と癒しの

旅，コーチングは夢と繁栄の旅である」（Kauffman, 2011）と表現しているが，コーチングと心理療法では方向性に似たところがあっても，到達目標点が異なっている。また，コーチはサイコロジストと違って心理的査定（アセスメント）のトレーニングを通常受けていない。したがってコーチは心身の苦悩の中にいる人がコーチングを受けたいと言って訪れた場合，コーチングが可能であるかを見きわめ，必要に応じて他の専門家を紹介できるようなネットワークを備えておくことが大切である。

(2) コーチングとメンタリングとの違い

　メンターとはもともとギリシャ神話に登場する，オディッセウスの息子の家庭教師の名前である。そのためメンターは自らの豊かな知恵と経験を用いて，後輩や弟子を動機づけたりエンパワーメントする教師のようなイメージで捉えられることがある。しかしロウら（Law et al., 2007）によると，最近のメンタリングには心理学の理論が用いられることが多くなり，メンターとメンティー（メンタリングを受ける人）の立場がより平等なものになり，メンティー主導で進むメンタリングも増えている。そのため，英国ではコーチングとメンタリングの違いはかつてほど明確ではなくなってきているという。ロウら（Law et al., 2007）は，コーチングとメンタリングの主な違いは，コーチングがどちらかと言えば現在のパフォーマンスを向上させることに主眼を置き行動志向であるのに対し，メンタリングは将来のキャリアを見据えた長期的な計画に関わるものが多く，コーチングよりも長期間継続されることが多い点であると述べている。

(3) コーチング・メンタリングとカウンセリング・心理療法との違い

　バヒローヴァ（2007）はコーチングとメンタリング，カウンセリングと心理療法をそれぞれひとまとめにし，両者の違いを表 1-2 のように示している。両者に共通している部分と強調点の違いがあることがわかるだろう。

　なおバヒローヴァ（2007）は，コーチング・メンタリングと，カウンセリング・心理療法の現実的な区別のしかたのひとつは，「誰が費用を負担しているか」という点であると指摘している。もしある人が受けるコーチング（メン

表1-2. カウンセリング・心理療法とコーチング・メンタリングの違い（Bachkirova, 2007）

側面	カウンセリング / 心理療法	コーチング / メンタリング
最終的な目的と利益	個人の成長やウェルビーイング	個人の成長やウェルビーイング（資金援助を受けている場合はそれを提供する組織にとっても利益となる）
開始当初の動機	心理的な問題や機能不全を取り除くこと	人生をより良くし，パフォーマンスを向上させること
介入の内容	クライアントの生活のいずれか，またはすべての側面に開かれている	クライアントの目標，コーチの専門領域，スポンサーからの指示など，契約によって特定される
クライアントが期待する変化	極めて不満足な状態からほどほどの満足へ	ほどほどの満足からより高い満足へ
起こり得る結果	さまざまな生活領域でのウェルビーイングの向上と想定外の肯定的変化	目標の達成，ウェルビーイングや生産性の向上
理論的基礎	心理学および哲学	心理学，教育学，社会学，哲学，経営，健康や社会医療などを含むことがある
主な専門的スキル	傾聴，質問，フィードバック，特定のアプローチで使われる固有の技法や方法	傾聴，質問，フィードバック，明確な目標設定や行動計画
プロセスにおける関係性の重要度	高い	高い
クライアントの関与の重要性	高い	高い
プロセスにおけるプラクティショナーの自我（self）の役割	非常に重要	非常に重要

タリング）が会社や組織主導で実施されたり，費用を会社が負担している場合は，コーチングの目標は組織の都合を優先して設定されるため，純粋に個人の成長を目標とするカウンセリングとの違いが明確になる。一方，個人が費用を負担してコーチングを受けている場合には，そのような制約がないため，カウンセリングとの違いは相対的に小さくなる。

　なお，表1-2は *Handbook of Coaching Psychology*（Palmer & Whybrow, 2007b）の初版に掲載されていた表の日本語訳だが，2019年出版の第2版では

削除されている。バヒローヴァ（2007）によると，コーチングとカウンセリングの違いを概念的に区別するのは困難であり，両者とも近年はよりポジティブな方向に変化しているので，明確な区別をすることの意味がなくなってきている。ただし，実践面においては，コーチングに訪れる人の 1/4 から半数近くがメンタルヘルスに問題を抱えていると指摘されていることから，そのような人たちに対応する専門的な知識と技能を持たないコーチに対しては，適切な専門家にゆだねるようにと強く注意を促している。

2.　コーチングとコーチング心理学の歴史

■2-1.　コーチング誕生の背景

第 1 節で述べたように，コーチングはもともと一般的な動名詞であり，特別な技法を指す言葉ではなかった。また，コーチングは多くのカウンセリングや心理療法とは違って，特定の個人や特定の理論に基づいて開発されたものではないため，その歴史をたどることは必ずしも容易ではない。コーチングの創始者としてティモシー・ガルウェイ（Gallway, T.）やトマス・レナード（Leonard, T.）の名前が挙げられることがあるが，彼らとて突然無から有を生み出したわけではない。コーチングが生まれた要因として 1960 年代から 70 年代のアメリカの時代背景を無視することはできないだろう。

ベトナム戦争とそれに対する米国内での反戦運動，学生運動が盛んであった当時，アメリカ西海岸を中心に興隆した人間性回復運動（Human Potential Movement：HPM）は社会的ムーブメントとなり，ヒッピー文化をはじめさまざまな自己啓発法やコミューン（共同体）を誕生させた。そのような時代の中，リチャード・プライス（Price, R.）とマイケル・マーフィ（Murphy, M.）は 1962 年にエサレン研究所（Esalen Institute）という非営利団体を創立した。2 人を結びつけたのはアラン・ワッツ（Watts, A.）という禅を西洋に紹介した哲学者であった（Wildflower, 2013）。エサレン研究所では瞑想，ヨガ，芸術，音楽，ボディワークなどのセミナーが開催されていたが，そこに学術界から影響を与えたのが人間性心理学のマズロー（Maslow, A. H.）であった。1962 年に初版が出版されたマズローの著書 *Toward a Psychology of Being*

（第2版邦題『完全なる人間─魂のめざすもの』1998）はエサレン研究所で必
読図書とされていた。エサレン研究所にはマズロー以外にも，ゲシュタルト
心理学のパールズ（Perls, F. S.），人間中心主義カウンセリングのロジャーズ
（Rogers, C. R.），家族療法のサティア（Satir, V. M.），行動分析学のスキナー
（Skinner, B. F.）など多くの心理療法家が訪れ，セミナーやワークショップを
開催した。これらのセミナーを受講した人の中から後に成長と成功の技法とし
てのコーチングが生まれることになる。なお，マズローはどちらかというと理
論家であり，アイディアは出したが具体的な技法やプロセスは提唱しなかった
という指摘（Hall & Duval, 2005／邦訳, 2010）がある。技法については今日
コーチングスキルとして教えられている「傾聴」「反映」「開かれた質問」など
は，ロジャーズのカウンセリング技法からの影響である。マズローとロジャー
ズは1961年にアメリカ人間性心理学会を設立しており，マズローの理論とロ
ジャーズの方法論が一体となり後のコーチングの誕生に向けて車の両輪のよう
な役割を果たしたと考えられる。HPMは人間性心理学に心理療法と東洋思想
とが結びつき，さまざまな自己啓発セミナーも生みだした。そのひとつがワー
ナー・エアハルド（Erhard, W.）による est（Erhard Seminars Training：エ
スト）である。

　エアハルドは元セールスマンで，ナポレオン・ヒル（Hill, N.）やマックス
ウェル・マルツ（Maltz, M.）の成功哲学に強く傾倒し，エサレン研究所ではゲ
シュタルト心理学のセッションとエンカウンター・グループに参加したほか，
マズローやロジャーズの著書を読み，さらにカーネギーセミナーや交流分析
のセミナーも受講した。彼はそれらをもとに1971年から est というセミナー
を開催するようになった。est はその強引な手法の一部が社会問題化したため，
コーチングの歴史の中で触れられないこともあるが，次項で述べるコーチン
グの祖と言われているガルウェイ，レナード，ウィットワースの接点は est で
ある。エアハルド自身が明らかにしているところによれば（Werner Erhard
HP），ガルウェイはある時期エアハルドのテニスコーチを務めており，レナー
ドとその部下ウィットワースはエアハルドの会社の経理部で働いていた。彼ら
は当然，est のノウハウを熟知していたはずである。実際，レナードはエアハ
ルドの会社からセミナーのアイディアを無断で借用したとして裁判を起こされ

ている（Brock, 2010）。アンダーソン（Anderson, 2004）によれば，禅の影響の強かった HPM を，ビジネススーツに身を包んだトレーナーによって開催される自己成長と経済的成功のセミナーに変化させたのが *est* であったという。

■2-2. コーチングの創生期

　一般的な見解としては，コーチングはエサレン研究所のスポーツセンターで「ヨガ・テニス」を教えていたガルウェイが 1976 年に出版したテニスのコーチングの書籍 *Inner Tennis*（インナー・テニス）に始まるとされている（O'Conner & Lages, 2007／邦訳，2012）。しかし，ガルウェイは今日のコーチングで使用されるような対話のスキルを教えたわけではなく，「セルフ1」「セルフ2」と名づけた心のありようによってテニスが上達することを説いていた。本人は認めていないようだが（Gallway, 1997／邦訳，2000），背景にはガルウェイが傾倒していた禅の思想があると言われている。

　コーチングの礎を築いた最大の貢献者とされているのはファイナンシャルプランナーのレナード（Leonard, T. J.）で，前述した *est* のセミナーに参加したことがきっかけで「価値ある人生と仕事をつくる」ためのコンサルティング（パーソナル・コーチング）のコース「デザイン・ユア・ライフ」を 1988 年に始めた（O'Conner & Lages, 2007／邦訳，2012）。彼は自分が学んできたさまざまなセミナーの手法をもとにプログラムを体系化してカリキュラムを作成し，1992 年にはコーチの養成機関コーチ・ユニバーシティ（Coach University: Coach U. とも呼ばれる）を設立した。コーチ・ユーの特徴のひとつは，電話によるテレクラスを採用し，対面せずとも受講者がどこからでも参加できる仕組みを作ったことである。またレナードは後に脱退したが，1995年に国際コーチ連盟（International Coach Federation: ICF）というコーチ団体を設立している [4]。レナードの始めたコーチングがどのようなものであったかは彼の著書 *The Portable Coach*（1998／邦題『「成功脳」に変わる本』[5]，2005）でその片鱗をうかがうことができる。本書は彼のパーソナルコーチング

4) ICFは25周年を機に，2020年に国際コーチング連盟（International Coaching Federation: ICF）と改称した。

5) 2019年に完訳版『selfish』（糟野桃代訳，秦卓民監修，祥伝社）出版されている。

のエッセンスを集めた「魅力の法則」とされているが，「チャンス，金，幸せ
な人間関係，自分にとって有用で価値あるもの，満足感—こうした"いいこと
ずくめ"ばかりを自分に引き寄せるには「成功脳」に変わることが一番の近道
だ」（p. 5）という前書きに象徴されるように，一部に禅の考えを都合よく借
用した世俗的な成功法則の書物であり，エアハルドの成功哲学の影響が随所に
感じられる。

　レナードの部下だった会計士のウィットワース（Whitworth, L.）は，1988
年にエアハルドのセミナーでヘンリー・キムジーハウス（Kimsey-House, H.）
と出会っている（Brock, 2014）。また，レナードのデザイン・ユア・ライフも
受講し，1992年にパーソナルコーチの養成機関（Coaches Training Institute:
CTI）をカレン・キムジーハウス（Kimsey-House, K.），ヘンリー・キムジー
ハウス（Kimsey-House, H.）とともに設立した。CTIの設立にあたりレナード
は当初ワークショップの資料を提供するなど協力を申し出たが，直前になっ
てそれを返却するよう迫ったため，ウィットワースはそれを使用しなかった
と後年語っている（Brock, 2009）。代わりにCTIではロジャーズの概念を多
用しその非指示的なカウンセリング技法を積極的に取り入れることになった
（Brock, 2010）。CTIの特徴はコーアクティブ，すなわち「協働的」なコーチ
ングの考えに基づき，対面式のワークショップを行っていることである。コー
アクティブコーチングとは，コーチをする側と受ける側がともに対等な立場
で，互いの持っている力を存分に発揮し合いながら，望ましい変化を一緒に創
り出していく，という考え方や関わり方を表している。

　なお，米国のプロコーチのブロック（Brock, V. G.）が2005年に北米を中心
とした約1,300人のコーチに対して「コーチングに最も影響を与えた人は？」
という質問調査を行ったところ，1位がレナード（得票率8.0%），2位がエア
ハルド（同5.9%）で，ウィットワースは5位（2.1%），そしてガルウェイの名
は上位10位内に入っていなかった（Brock, 2006）。コーチングの歴史の表舞
台にあまり登場しないエアハルドの影響が意外と大きいことがこの結果からう
かがえる。

　ヨーロッパにコーチングをもたらしたのは，F1のレーシングドライバー
出身のウィットモア（Whitmore, J.）である。彼はレースを引退した後1969

年にエサレン研究所に滞在し，1974 年にはエアハルドの *est* を受講している（Brock, 2010）。コーチングを英国で広めるにあたり，米国の（すなわちエアハルド流の）パーソナルコーチングをそのまま持ち込むことは難しいと考えたウィットモアはガルウェイに協力を求め，彼のトレーニングを受けた「インナーゲームコーチ」たちを使って 1980 年頃からエグゼクティブ相手のテニスとゴルフとスキーのコーチングを始めた（Whitmore, 2009）。エグゼクティブたちからインナーゲームをビジネスに使いたいという要請を受けたガルウェイは，リーダーシップ，営業，マネジメント，チームワークなどに応用したインナーゲームを用いてビジネス界に本格的に乗り出した。一方でウィットモアは IBM の人材教育担当者で 1977 年に *est* を受講していたグラハム・アレクサンダー（Alexander, G.）にも協力を求めた。アレクサンダーは後にコーチングの GROW モデルの開発を行い，ウィットモアがそれを広めることになる。ウィットモアはパフォーマンスコーチングを中心としたコンサルティング会社（Performance Consultants 社）を始め，1992 年に *Coaching for Performance* の初版を出版した。このように英国を始めとするヨーロッパでは，コーチングに対する自己啓発セミナーの影響は，米国に比べるとやや間接的であったと見ることができる。

　コーチ・ユー（Coach U.）は 1997 年に，CTI は 2000 年に日本にも導入された。コーチ・ユーからライセンスを取得した日本のコーチング会社の代表者は，1980 年から iBD（it's a beautiful day: 今日は素晴らしい）という自己啓発セミナー会社を運営していた（伊藤守氏 HP より）。自己啓発セミナーの会社は日本でも 1970 年代からいくつか誕生しており，中には社会問題化するものもあった。自己啓発セミナーからコーチングへという流れが日本にもあったことは興味深い。現在活躍中の日本のコーチの中には，この自己啓発セミナー会社のトレーナーを務めていた人が複数いることを原口（2013）が明らかにしている。コーチングが日本の実業界で注目されたのは，1999 年に日産自動車の COO（のちに CEO）に就任したカルロス・ゴーン（Ghosn, C.）がコーチングを用いて同社の組織風土改革を進めた（安部・岸，2004）ことが影響していると見られている。米国では主に個人を対象としていたコーチングが，日本では組織活性化のための管理職研修という形で広まったのは，このことと無縁では

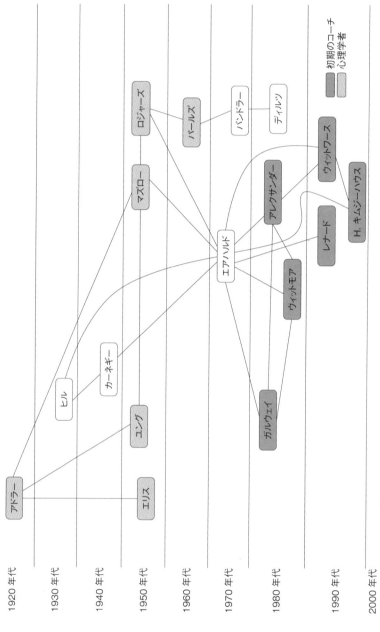

図 1-1.　コーチングの創始者たちと影響を与えた心理学者（Brock, 2014 の図をもとに西垣が作成）

ないだろう。ガルウェイの *Inner Tennis*（1976／邦題『インナー・テニス』）
は 1978 年に，ウィットモアの *Coaching for Performance* の初版（1992／邦題
『潜在能力を引き出すコーチングの技術』）は，1995 年に翻訳されている。

　以上に概観したように，1960 年代に東洋思想と人間性心理学者の影響のも
とに生まれたコーチングのもととなる自己成長の思想は，1970 年代に入って
個人の成功を目指す自己啓発セミナーに変容する。もともと自己啓発セミナー
は受講者が自分の成長や成功を達成するためのものであり，受講者自らがコー
チとなることは意図されていない。コーチングの創始者たちも 1980 年代後半
からそれぞれ自らが講師となってセミナーを主催していたが，当初はコーチの
養成という発想はなかったと思われる。コーチ養成ビジネスの先鞭をつけたの
は，レナードのコーチ・ユーとその名にコーチトレーニングと銘打ったウィッ
トワースらのCTIであったと思われるが，それは 1990 年代に入ってからのこ
とであった。特にウィットワースが参考にした人間中心主義カウンセリング
は，心理的な悩みや問題を抱えた人に対する援助技法であり，そのための専門
家を養成するという考えがもともと含まれている。しかし次項で述べるよう
に，コーチングと心理学が再び接近するのは 1990 年代の終わりに近づいてか
らのことである。

■2-3．コーチング心理学の発展

　スポーツコーチングと心理学の結びつきの起源は，運動選手育成の心理学
的研究に従事した心理学者グリフィス（Griffith, C. R.）である（Palmer &
Whybrow, 2007a）。彼は 1926 年に『コーチングの心理学』（*Psychology of
Coaching*）という書を著し，のちに「スポーツ心理学の父」と呼ばれるよう
になった。グリフィスはメジャーリーグ球団シカゴカブスのオーナーに雇用さ
れ，プロ野球選手の指導に関わることを期待されたが，当時の監督や選手たち
には受け入れられず，再評価されるのは 1960 年代になってからのことである
（Palmer & Whybrow, 2007a）。彼の功績はスポーツ界に個人の経験や信念に
基づく指導法ではなく，心理学的知見に基づく科学的な分析を持ち込んだ点に
あったと言えるだろう。

　グリフィスの著書は日本語には翻訳されなかったが，注目すべきは 1980 年

代の日本に，スポーツコーチングと心理学を結びつけた人物がいたことである。米国の大学院で臨床心理学を学んだ武田建は，勤務する大学のアメリカンフットボール部の監督でもあり，カウンセリング，学習理論，認知行動療法，および社会心理学のリーダーシップ理論に基づくスポーツコーチング術の書を出版している（武田，1982；1985）。武田によると，きっかけは1968年に米国のプロチームの合宿に訪れたとき，フットボールのコーチングにどの程度心理学を取り入れているのかと尋ねられたことだという（武田，1991）。武田は1980年代に入って応用行動分析の学術誌に発表されたオペラント条件づけを応用したフットボールのコーチング法に触発されて，スモールステップとフィードバック，さらにはモデリングなどを指導に取り入れたという（武田，1985）。ただ，武田が心理学的な手法を取り入れる前と後で，チームの成績そのものに大きな変化がなかったせいか，心理学的なスポーツコーチングは日本のスポーツ界に十分浸透したとは言えなかった。

　前節で概観したように，初期の商業的コーチングは科学的・客観的な研究とは無縁であり（Grant, 2007），心理学の影響を受けたとはいえ，その発展の過程でかなり変容し，学問としての心理学とは明らかに一線を画していたため，大学で教えられることもなく，サイコロジストやカウンセラーとの接点もなかった。また，グラント（Grant, 2007）によれば1990年代末にコーチング市場を支配していた英米の商業的なコーチ養成プログラムは主にHPMの概念と *est* のテクニックを使用しただけの理論に基づかないものだったため，臨床的な水準の心理的問題を抱えるクライアントに対応することができずに悪化させるといった問題も発生していたという。心理学界がコーチングに注目し始めたのは，1990年代後半から2000年頃にかけてのコーチング界の，このような混迷の時期であろうと思われる。コーチングで「悪化」した患者が次に向かうのはセラピストや精神科医であった可能性が高いからである。一方で，北米，英，豪などでは企業が自社で雇用するコーチの質を問題にするようになり，大学院レベルの行動科学（すなわち心理学）の学位など高い資格水準を求めるようになった（Corporate Leadership Council, 2003）。そのためコーチの中には単に大学院修了の肩書だけではなく，コーチングの背景となる理論や科学的方法論を求めて大学院で心理学を学ぼうとする者も出てきた。コーチングが再び

心理学との結びつきを強めるようになったのは，このようなコーチング界の中からのニーズと，以下に述べる心理学界からのアプローチの両面があったと考えられる。

　世界初のコーチング心理学専門課程が設立されたのは，シドニー大学大学院の心理学科で，2000年のことであった。学科長のグラントはコーチとサイコロジストの資格を持ち，コーチング心理学の研究によって博士号を取得している。一方英国では当時ロンドンシティ大学の心理学教授だったパーマーが，医療職向けに認知行動療法を教えるうち，セラピーよりもコーチングの方がニーズに合っていると気づき，コーチング心理学のプログラムを実践し始めた。彼がロンドンに Centre for Coaching を設立したのは2001年で，同年に発表された論文において，認知行動療法（CBT）を健康な人に適用したものを認知行動コーチング（CBC: Cognitive Behavioural Coaching）と呼ぶと宣言している（Neenan & Palmer, 2001）。そして翌2002年にはグラントとパーマーによってコーチング心理学の定義を記した論文が発表された（Grant & Palmer, 2002；本書 p. 7 参照）。

　2006年にはパーマーを会長としてコーチング心理学の国際的組織が結成されたが，その時点で，すでに英国心理学会カウンセリング部会のコーチング心理学研究会には2,000人以上，オーストラリア心理学会のコーチング心理学部会には500人以上の会員がいた（ISCP HP）。また，2022年にコーチング心理学は英国心理学会の正式な一部門として認められた。現在，英国，オーストラリア，南アフリカほか，西欧諸国を中心に14ヶ国にコーチング心理学の学会が設立されており，アジアではすでに韓国に学会がある（第9章第3節参照）。それぞれの国の状況に応じてコーチング心理学の実践と研究を進めており，国際コーチング心理学会の開催など，国際的な連携もある。米国では APA（アメリカ心理学会）の第13部会であるコンサルティング心理学の一部にコーチング心理学の専門領域が設けられているほか，セリグマンを初代会長とする国際ポジティブ心理学会（IPPA）でもコーチングの研究発表が盛んに行われている。ポジティブ心理学はコーチングの理論的背景のひとつとみなされているからである。また，コーチング心理学の学術専門誌も *International Coaching Psychology Review* を始め，複数発行されている（巻末，参考図書紹介参照）。

　サイコロジストによる初のコーチングの著作はニーナンとドライデン（Neenan & Dryden, 2002）による *Life Coaching: A Cognitive-Behavioural Approach*（邦題『認知行動療法に学ぶライフコーチング』, 2010）であると思われる。彼らは英国の著名な REBT（Rational Emotive Behavior Therapy: 論理情動行動療法）セラピストであり, エリス（Ellis, A.）の REBT を一般の人たちの生活のパフォーマンス向上に適用する方法を書いている。ただし, ニーナンはパーマーとともに Centre for Coaching のプログラムディレクターに名を連ねているものの, 自らをコーチングサイコロジストとは称しておらず, 心理療法家の立場に留まっているようである。2007年にはロウらによって「英国初のコーチング心理学の学術書」と銘打たれた *The Psychology of Coaching, Mentoring and Learning*（コーチング・メンタリング・学習の心理学［邦訳なし]）が出版され, 心理学に基づいた universal integrative framework が提案された。同年パーマーらの編集による *Handbook of Coaching Psychology*（邦題『コーチング心理学ハンドブック』, 2011）も出版された。原書の副題に「実践家のための手引き」とあるように, 本書は心理療法家が自ら専門とする心理療法をコーチングに応用する際のガイドブックであり, 心理学のバックグランドを持たないコーチのための書物ではない。

　コーチング心理学の発展は英国とオーストラリアが先行しているが, 米国では2009年にクリニカル・サイコロジストでエグゼクティブ・コーチでもあるカウフマン（Kauffman, C.）によって Institute of Coaching が設立された。Institute of Coaching はマクリーン病院（ハーバード・メディカル・スクールの関連病院）の中に置かれ, ポジティブ心理学を柱にしながら, ヘルス・コーチングとエグゼクティブ・コーチングの実践と研究を行っている。

　2010年に APA は会員向けニュースレターに First-Class Coaching（ファーストクラスのコーチング）と題する記事を掲載している。記事の著者デアンジェリス（DeAngelis, T.）は, 教育や訓練の基準があいまいで研究基盤を持たないコーチング界において, 人の動機づけ, 行動, 学習, 変化を熟知したサイコロジスト資格保持者の活躍と貢献の場は大きい, と述べている（DeAngelis, 2010）。記事ではサイコロジスト資格を持つコーチが主催する, 心理学の大学院学位を持つ者だけを対象としたコーチ養成プログラムも紹介し

ており，この頃米国でサイコロジストがコーチングに向かう動きが本格化し始めていたことがわかる。

　シドニー大学のコーチング心理学専攻課程設立から7年後には，オーストラリアでは3大学，イギリスとアメリカでは各7大学，カナダでは2大学に大学院にコーチングの専門課程が設置されていた（Grant, 2007）。また，アメリカでは2006年頃からビジネススクールのコーチングコースが急速に増加し，IT の進化とともに遠隔地からでも受講できる制度を持つところも多くなった。さらに，医療系の専門大学院におけるヘルス・コーチングの課程など，より専門化したカリキュラムも誕生している。パーマーは *Handbook of Coaching Psychology* の初版から10年足らずの間に，コーチング心理学の範囲は心理療法を健康な人に応用するといった狭い範囲にとどまらず，広い学際領域へと発展したと述べており（2014 ISCP 大会でのパーマーの発言による），対象は個人から集団，組織へ，その適用範囲も生活の中でのパフォーマンスの向上やストレスマネジメントから，教育，医療，健康，などの領域へと拡大し，コーチングサイコロジストには社会心理学やグループダイナミクス，組織心理学などの専門知識も必要とされるようになってきた。

　一方，日本では2000年に民間企業によってコーチングが実業界に取り入れられるようになって以降も，心理学界からのコーチングに対する注目度は高くはなかった。しかし，2010年にニーナンとドライデンの *Life Coaching*（Neenan & Dryden, 2002／邦訳，2010），その翌年にはパーマーらの *Handbook of Coaching Psychology*（2007b／邦訳，2011）が翻訳された。『コーチング心理学ハンドブック』は日本語で出版された初めてのコーチングの学術書であり，日本のプロコーチの間でも注目された。2013年には，日本学術振興会の科研費の助成を受け，石川（基盤研究（C）2013年‒2015年）と，西垣・堀（基盤研究（C）2013年‒2015年）がそれぞれコーチング心理学の学術研究に着手した。西垣らはプロコーチや ICF 日本支部の協力を得て，日本のコーチに関する調査研究を行い，コーチの現状や心理学に対するニーズを明らかにしている（西垣ら，2014；西垣，2014b）。それによると，調査対象となったコーチたちは動機づけ，感情，リーダーシップなど心理学の理論や方法に関心はあるものの，大学・大学院で心理学を専攻した人は8%に満たず，心理学の科目を履修

したことのある人の割合も 30％以下であり，心理学的なバックグラウンドを
持つコーチは非常に少ないことが明らかになった。

　その理由のひとつとして大学でのコーチング心理学教育の整備の遅れが挙げら
れる。日本の大学では，コーチング会社から派遣されたコーチが講師となって開
講するエクステンションスクールや公開講座でのコーチングプログラム（コーチ
ング心理学ではない）は存在するものの，正規のカリキュラムの中で単位が認定
される科目として「コーチング心理学」を開講している大学・大学院は数校に過
ぎず，コーチング心理学の専門課程は 2022 年現在まだ存在していない。

　一方，米国のプロコーチのブロックが 2005 年に行った調査では，回答した
北米のコーチの約 70％は大学院修了資格を持っていた。また，「コーチング
に影響を与えている学問」として回答者の 20％が心理学と回答し，コンサル
ティング（11％）や組織開発（11％）を上回っていた（Brock, 2006）。ブロッ
ク自身もそうだが，英米豪では大学院を出てからコーチになる人よりも，すで
にコーチとして活躍している人が専門性を高めるために大学院で修士号や博士
号を取得するケースが多く，コーチング界と心理学の間の垣根は決して高くは
ない。一方，西垣が日本のコーチを対象に行った調査では，専攻を問わず大学
院修了資格を持つ職業コーチは 12％に過ぎなかった（西垣，2014b）。しかし，
最近日本のコーチの中にもカウンセリングや臨床心理学の大学院に進学する人
が出てきている。ICF などのコーチ団体がコーチングのエビデンスや研究の重
要性を強調するようになってきているため，日本でも今後この傾向は加速する
と予想される。逆にカウンセラーや臨床心理士，健康心理士，学校心理士，産
業組織心理士など心理学畑の中からコーチングに活動の場を広げる人が出てく
る可能性もあるだろう。

　2022 年現在，日本にはネット上で個人が名乗っているものを除き，コーチ
ング心理学者によって構成され学術団体として正式に認定されたコーチング心
理学会，コーチング心理学研究会あるいはコーチング心理学協会等の団体は存
在しない（読者には，この点十分にご注意願いたい）。アジア諸国の中には韓
国をはじめとしてコーチング心理学の学術団体が存在し，国際コーチング心理
学会に理事を出している国もある。コーチング心理学の基盤が日本の学術界に
確立され，コーチング心理学の研究と実践がさらに発展することを期待したい。

3.　コーチング心理学の進歩と発展

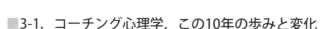

■3-1.　コーチング心理学，この10年の歩みと変化

　2007年に *Handbook of Coaching Psychology*（Palmer & Whybrow（Eds.），2007b）の初版を出版したとき，編著者のパーマーらには，セラピストの資格を持つサイコロジストに心理学の理論とエビデンスに基づくコーチング（すなわちコーチング心理学）を広めたい，という意図があったと思われる。しかし，その後コーチングは当人たちの想像を遥かに超えたであろう広がりと発展を遂げ，2018年に出版された第2版（Palmer & Whybrow（Eds.），2018）は，60人の執筆者による全43章（初版は22章）からなる総ページ数600頁近い大著になっていた。その間の10数年にコーチングの対象，コーチング実践の形態，コーチングに活用される理論的枠組みやモデルなどが飛躍的に拡大したからである。

　Handbook of Coaching Psychology 第2版では，コーチングの理論的枠組みおよび研究に影響を与える分野・概念として神経科学，自己効力感，目標理論が追加され，それぞれ独立した章が割かれた。また，心理学的背景を持つコーチングの手法として，新たに二元的アプローチ，マインドフルネス，コンパッション，オントロジカル，ソマティック，交流分析，システミック・コンステレーションの章が加えられた。

　パーマーとワイブラウ（Palmer & Whybrow, 2017）はコーチとコーチングサイコロジストを対象に，コーチング実践に使っている心理学的アプローチに関する調査を継続的に実施している。表1-3に示す通り，最新の調査結果によるトップ5はポジティブ心理学，認知行動アプローチ，マインドフルネス，解決志向アプローチ，ストレングス・ベーストであることを明らかにしており，いずれも回答した40％以上のコーチおよびコーチングサイコロジストによって使用されていた。初版に掲載されている2003年から2006年の調査（Whybrow & Palmer, 2006）では，ポジティブ心理学，マインドフルネス，ストレングス・ベーストは選択肢にすら含まれていなかった点を考えても，この10余年におけるトレンドの変化の大きさがわかる。ただし同じ調査

でも，「もっともよく使用するアプローチをひとつだけ選んでください」，とい
う質問に対しては，やや異なる結果が得られている。すなわち，コーチの場合
は，解決志向アプローチ，認知行動アプローチ，ポジティブ心理学，ストレン
グス・ベースト，コーアクティブが，一方コーチングサイコロジストの場合
は，認知行動アプローチ，解決志向認知行動アプローチ，ポジティブ心理学，
解決志向アプローチが，各グループで5％以上の回答者に選択され，上位に位
置する。これらの結果より，この10年間でコーチング界に著しく台頭してき
たのはポジティブ心理学であること，マインドフルネスは高い関心を集めてい

表1-3. コーチおよびコーチングサイコロジストが使用する心理学に基礎を置くコーチングアプ
ローチの割合（複数回答）（Palmer & Whybrow, 2018 をもとに作成）（%）

	アプローチ	コーチング サイコロジスト	コーチ
1	ポジティブ心理学	63	57
2	認知行動アプローチ	57	46
3	マインドフルネス	48	46
4	解決志向アプローチ	43	42
5	ストレングス・ベースト	42	48
6	目標志向アプローチ	42	49
7	成人学習	40	32
8	行動アプローチ	37	40
9	認知的アプローチ	31	21
10	解決志向認知行動アプローチ	29	21
11	人間中心的アプローチ	28	41
12	ヒューマニスティックアプローチ	28	28
13	行動志向	27	30
14	動機づけ面接	27	22
15	発達的	22	31
16	ナラティブ	22	17
17	システミック	19	17
18	実存的	16	11
19	交流分析	15	25
20	コーアクティブ	14	25
21	神経言語プログラミング（NLP）	14	30
22	問題志向	14	15
23	精神力動的	13	10
24	論理情動行動 (REB)	12	7
25	ゲシタルトアプローチ	12	17
26	コンパッションフォーカス	11	13

るが，コーチングの主たる技法にはなっていないことがわかる。また，認知行動アプローチと解決志向アプローチは依然としてコーチング心理学の主流であり，コーチングサイコロジストのみならず，一般のコーチの間でも活用されていることが明らかになった。

　この10数年におけるもうひとつの変化は，コーチとコーチングサイコロジストの使う技法に大きな違いがなくなってきたことである。認知行動アプローチ，解決志向アプローチ，ポジティブ心理学はコーチにもコーチングサイコロジストにもよく使用されている。このような両者の接近の背景には，①英国で生まれた国際コーチング心理学会にヨーロッパのみならず，世界中から関心を持つコーチが積極的に参加するようになり，交流が活発化していること，②国際コーチング連盟（ICF）などのコーチ団体が，エビデンスに基づくコーチングの実践や，コーチングの効果の科学的な検証を重視するようになっていること，②米国を主とするコーチ団体の国際コーチング連盟（ICF）が，ヨーロッパにも活動を広げてきたこと，③ICFとヨーロッパを主とするコーチとメンターの団体である欧州メンタリング＆コーチングカウンシル（EMCC）が，互いのコア・コンピテンシーのすり合わせを行い，協調するようになってきていること，などがあると考えられる。

　なお，本書では認知行動コーチング，認知行動コーチングの基礎となる論理情動行動療法（REBT），解決志向アプローチ（SFA），ポジティブ心理学，マインドフルネスについては別章で紹介しているので理論的背景や具体的技法についてはそちらを参照いただきたい。本節ではポジティブ心理学とマインドフルネスのコーチングとの関わりに関する最近の動向を以下に説明する。

■3-2. 応用ポジティブ心理学とコーチング心理学

　ポジティブ心理学の研究で得られた知見を実践に活かす応用ポジティブ心理学が目指すのは，人々のウェルビーイングの向上である。一方，コーチング心理学もパフォーマンスやウェルビーイングを高め，人が最適に機能することを目指すことが定義（Grant & Palmer, 2002）に含まれることからわかるように，単なる短期的な行動変化ではなく，長期的なウェルビーイングの向上が目標に含まれている。また，オーストラリア心理学会の定義では，コーチ

ング心理学はポジティブ心理学の応用分野である，とされており（Australian Psychological Society, 2007），両者はもともと近い関係にあるといえる。

　もっとも第5章に詳述されているように，コーチングの理念的起源のひとつである人間性心理学とポジティブ心理学の間には，過去には理論面での学術的論争もあった。しかし応用的な実践分野においては，ポジティブ心理学とコーチング心理学が相いれないと考える人は多くはないだろう。たとえばメルボルン大学のウェルビーイング科学研究所（元ポジティブ心理学研究所：2021年に改称）には，コーチ資格を持つ教授が複数在籍しているし，イーストロンドン大学（UEL）においては，同一学部内にコーチング心理学とポジティブ心理学の専攻コースが設けられているなど（コラム3参照），研究機関や高等教育機関において，両者は物理的にも近い場所で目標を共有しつつ研究・実践・教育を行っている。また，本邦においても2022年度に開設された桜美林大学大学院ポジティブ心理学分野専攻（博士前期課程）のカリキュラムには，コーチング心理学の科目が含まれている。

　世界ではじめて「ポジティブ心理学コーチング」（*Positive Psychology Coaching*）と題する書籍が出版されたのは2007年（Biswas-Diener & Dean, 2007）で，それはすでにあるポジティブ心理学の研究知見をどのようにコーチングに取り入れるか，というガイドブックであった。応用ポジティブ心理学とコーチング心理学を概念的に統合し，実践に活かすことを本格的に目指したのは，国際コーチング心理学会の初代会長のパーマー（Palmer, S.），元シドニー大学講師でポジティブ心理学実践家のグリーン（Green, S.），それに元イーストロンドン大学講師で欧州におけるポジティブ心理学実践を牽引するボニウェル（Boniwell, I.）らであった。彼らは2014年頃からヨーロッパポジティブ心理学会（ECPP）ではコーチング心理学のシンポジウムを，国際コーチング心理学会ではポジティブ心理学のワークショップを開催して，コーチング心理学とポジティブ心理学の両分野において相互の概念や実践を紹介する試みを積極的に続け，その成果の一環として *Positive Psychology Coaching in Practice*（Green & Palmer, 2018：『ポジティブ心理学コーチングの実践』，（西垣監訳）2019）が出版された。

　パーマーとグリーンはポジティブ心理学コーチングを「ポジティブ心理学の

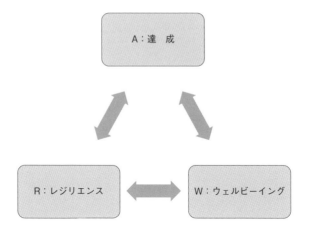

図 1-2.　**繁栄の RAW モデル**（Green & Palmer, 2018 ／邦訳，2019）

理論と研究に裏づけられた，レジリエンス，達成，ウェルビーイングを高める
ためのエビデンス・ベーストなコーチング実践」（Green & Palmer, 2018／邦
訳，2019）と定義し，繁栄の RAW モデルと呼ばれる概念モデルによって，目
指すべき方向を示している（図 1-2）。
　もともとコーチング心理学の定義には，「ウェルビーイング」という語が含
まれてはいるものの，一般にコーチングは目標達成のための行動計画を重視す
る傾向がある。その目標はクライアント自身が選択するわけだが，常に高い達
成欲求に駆り立てられているクライアントの場合，自ら選んだ目標に向かって
行動することで，結果的に心身の健康が損なわれることもあり得る。一方，心
身の健康状態は良くても，人生を意味あるものにするような目標を見出せず，
充実した生活を送れないでいるクライアントもいる。目標達成に向かう過程で
遭遇するさまざまなストレスや困難を乗り越え，逆境から立ち直るためには，
レジリエンスを高めておくことも必要である。RAW モデルはコーチングにお
いて，この 3 要素（R: resilience, A: achievement, W: wellbeing）のバランス
を重視している。一方，ヴァン・ニューワーバーグとビスワス・ディーナー
（van Nieuwerburgh & Biswas-Diener, 2020）は，ポジティブ心理学コーチン
グを「人が意味のある目標を達成することを支援する統制された会話のプロセス

表1-4. コーチに役立つポジティブ心理学の理論と概念・トピック
（van Nieuwerburgh & Biswas-Diener, 2020 をもとに作成）

焦点領域	トピック・概念	主たる研究者
ウェルビーイング理論	幸福，主観的ウェルビーイング，心理的ウェルビーイング	Ed Diener, Carol Ryff, Sonja Lyubomirsky
ストレングス理論	VIA キャラクターストレングス，クリフトン・ストレングス・ファインダーストレングスプロファイル	Donald Clifton, Chris Peterson, Alex Linley
感情理論	ポジティブ感情，情報としての気分拡張形成理論，「ネガティブ」感情	Barbara Fredrickson, Ed Diener, Lisa Feldman-Barrett
未来焦点理論	希望，楽観性，解決志向，AI（アプレシアティブ・インクワイアリー）	C.R. Snyder, Michael Scheier Charles Carver, Steve de Shazer, Insoo Kim Berg, David Cooperrider

で，結果としてウェルビーイングを高めるもの」とシンプルに定義づけている。

　ポジティブ心理学コーチングの実践方法には，決まったアプローチがあるわけではないが，『ポジティブ心理学コーチングの実践』（Green & Palmer, 2018／邦訳, 2019）では PERMA，ストレングス，自己決定理論，アクセプタンス&コミットメント・トレーニングなどが紹介されている。また，ヴァン・ニューワーバーグら（van Nieuwerburgh & Biswas-Diener, 2020）らはコーチに役立つポジティブ心理学として，表1-4のような理論を挙げている。

■3-3. マインドフルネスとコーチング心理学

　コーチングの祖の一人とみなされるガルウェイ（Gallway, W. T.）が東洋思想に傾倒し，自身の教える心の目で見るテニスを「ヨガテニス」と呼んでいたことからもわかるように，マインドフルネスとコーチングの間に何らかの共通基盤を見出すのは，難しいことではない。ガルウェイは，著書『インナーテニス』（Gallwey, 1976／邦訳, 1978）において，静かな心の追求，判断をしないこと，よく見ること，の重要性を説いている。

　ただ，コーチング心理学の学術文献に「マインドフルネス」という語が散見されるようになったのは，2007年頃からである。この頃の論文は読者であるコーチに対して，マインドフルネスを紹介する内容のものが主であった。その中でパスモアとマリアネッティ（Passmore & Marianetti, 2007）は，コーチが

日頃からマインドフルネスを実践することの意義として，①セッションに臨む前に心身を整える，②セッション中の集中力を高める，③クライアントの感情に巻き込まれない状態を保つ，を挙げている。しかし，パスモアが2021年に出版した編著書 *The Coaches' Handbook*（Passmore (Ed.), 2020: 様々なコーチングアプローチが紹介されている）には，マインドフルネスはまったく触れられておらず，彼がマインドフルネスをコーチングアプローチのひとつとは考えていないことは明白である。パスモアは2017年の論文では，コーチングにおけるマインドフルネスの効用として，（結論を）急ぎ過ぎずゆっくりする，自動操縦の状態を止める，今ここに集中する，ものごとを整理する，最高の結果を得るために必要なマインドセットを支える，などを挙げており，コーチだけではなくクライアントにとってもマインドフルネスは有用であると指摘している（Passmore, 2017）。パスモアはマインドフルネスを主にコーチの「在り方」を整え，コーチングセッションの効果を高めるという点で評価しており，このような考え方はコーチング界におけるマインドフルネスの位置づけのひとつの典型であるように思われる。

　スペンス（Spence, G.）は，複数の著書で自己決定理論の立場からコーチングにおけるマインドフルネスを取り上げている（Spence, 2018a ／邦訳，2019; Spence, 2018b）。そして，クライアントとコーチの双方がマインドフルな状態にあれば，良質な関係性が築かれ，生成的な対話が生まれ，クライアントの希望する方向に進むための計画を練る機会が生まれる，として相互作用的な効果に着目している。また，スペンスは職務上のスランプに陥っている完璧主義で攻撃的なクライアントに，セッション中に3分間の瞑想を行わせる事例も紹介している（Spence, 2018a ／邦訳，2019）。会話によって進められる1セッション40〜60分程度のコーチングの中で，本格的なマインドフルネスエクササイズに時間を割くことは難しいので，通常のコーチングセッションにマインドフルネス実践を取り入れる場合は，このようなごく短時間のものにならざるを得ないだろう。

　大谷（2018）は，マインドフルネスの進化のプロセスの中で，仏教の正念から乖離した実利を目指すパラダイムが出現したとして，仏教パラダイムの「ピュア・マインドフルネス」と，臨床パラダイムの「臨床マインドフルネス」

を区別している。コーチングにおけるマインドフルネスの活用は，言うまでも
なく臨床マインドフルネスのカテゴリーに属する。しかし，そもそもマインド
フルネスを単なる手段にしてよいのか，それとも人間としてのあり方か，とい
う議論自体が，マインドフルネスの本質に関わる命題である。コーチングにマ
インドフルネスを取り入れるにあたっては，このような本質的な議論を避ける
べきではないだろう。

　カヴァナフとスペンス（Cavanagh & Spence, 2013）は，「コーチングにお
けるマインドフルネス：哲学，心理学，あるいは単なる便利なスキル？」という
論考において，マインドフルネスに関する研究論文の多くが，マインドフルネ
スが①今ここの状態，②人が経験に向き合う際の特性または性格，③意図的な
注意の練習，④自己，世界，経験の本来の状態についての信念に対するコミッ
トメントのいずれであるかを明確に区別して論じていない，と指摘している。こ
のようにマインドフルネスの概念そのものが極めて多様で，現状では混乱も見
られるが，「『今ここ』の体験に気づき，それをありのままに受け入れる態度お
よび方法」（大谷，2014）と理解するならば，コーチングの本質と共通する点
があると言えるだろう。ただ，カヴァナフら（Cavanagh & Spence, 2013）が
指摘するように，コーチングにマインドフルネスを「取り入れる」のならば，
それはマインドフルネスの哲学，瞑想などのマインドフルネスプラクティス，
コーチあるいはクライアントのマインドフルな状態，マインドフルな特性の形
成，のいずれを目指しているのか，コーチ自身が明確にしておくべきである。

　2020年に始まったCOVID-19によるパンデミックは，コーチング界にも少
なからず影響を及ぼした。コーチング実践やコーチトレーニングにおいては，
対面での実施が難しくなり，Zoomなどを活用した遠隔での実施が飛躍的に増
加した。また，コーチングはもともと行動志向が強いものだが，コロナ禍に
あってクライアントが行動実践に移すことができない事態も多発した。そのよ
うな状況の中で，クライアントはもちろんのこと，コーチも自己の内面を見つ
め直し，心の平安を取り戻すうえで，マインドフルネスが役立ったという声が
聞かれる。

　現段階ではコーチングにマインドフルネスを取り入れることが，コーチング
の効果にどの程度寄与しているかといった実証研究はまだ十分に行われていな

い。また，瞑想によって不快な感情が湧き起こるなど，マインドフルネスには
ネガティブな効果が生じ得ることにも注意が必要である。コーチングにおける
マインドフルネスは，明らかにすべきさまざまな課題とコーチングを発展させ
る可能性の両方を持っていると言えるだろう。[6]

---

6) 本節で論じている「マインドフルネス」には，アクセプタンス＆コミットメント・セラピー
　　（ACT）は含めていない。ACTはマインドフルネスを取り入れているが，行動療法のひとつ
　　としての位置づけが明確な，独立した心理療法だからである。

引用文献

安部哲也・岸　英光（2004）．カルロス・ゴーン流リーダーシップ・コーチングのスキルあさ出版
Anderson, W. T.（2004）．*The upstart spring: Esalen and the human potential move ment: The first twenty years*. Lincoln, NE: iUniverse.
Australian Psychological Society　（2007）．Definition of coaching psychology.〈www.groups.psychology.org.au/igcp/〉
Bachkirova, T.（2007）．*Role of coaching psychology in defining boundaries between psychology*. In S. Palmer & A. Whybrow（Eds.），*Handbook of coaching psychology: A guide for practitioners*（pp. 351-366）. Hove, East Sussex, UK: Routledge.
Bachkirova, T., Cox, E., & Clutterbuck, D.（2014）．*The complete handbook of coaching*（2nd ed.）. London: Sage.
Biswas-Diener, R., & Dean, B.（2007）．*Positive psychology coaching: Putting the science of happiness to work for your clients*. Hoboken, NJ: John Wiley & Sons.
Brock, V. G.（2006）．*Who's who in coaching: Who shaped it, who's shaping it*. Proceedings of the 2006 ICF Research Symposium（St. Louis, MO, November, 2006）.
Brock, V. G.（2009）．Coaching pioneers: Laura Whitworth and Thomas Leonard. *The International Journal of Coaching in Organizations, 7*(1), 54-65.
Brock, V. G.（2010）．The secret history of coaching: What you know and what you don't know about how coaching got here and where coaching is going in the future. Proceedings of the17th Annual Coaching and Mentoring Conference（Dublin, Ireland, 18-20 November, 2010.）.
Brock, V. G.（2014）．*Sourcebook of coaching history*（2nd ed.）. Scotts Valley, CA: CreateSpace.
Cavanagh, M. J., & Spence, G. B.（2013）．Mindfulness in coaching: Philosophy, psycho-logy or just a useful skill? In J. Passmore, D. B. Peterson, & T. Freire（Eds.），*The Wiley-Blackwell handbook of the psychology of coaching and mentoring*（pp. 112-134）. Chichester, West Sussex, UK: Wiley-Blackwell.
Coach Ville HP〈http://www.coachville.com/connect/founder-thomas-leonard/〉
Corporate Leadership Council（2003）．*Maximizing returns on professional executive coaching*. Washington, DC: Corporate Leadership Counsil.
DeAngelis, T.（2010）．First-class coaching. *Monitor on Psychology, 41*(10), 48.
Dilts, R.（2003）．*From coach to awakener*. Capitola, CA: Meta Publications.
Downey, M.（1999）．*Effective coaching*. London: Orion Business.
Gallway, T.（1976）．*Inner tennis: Playing the game*. New York: Random House.（後藤新弥（訳）（1978）．インナー・テニス　日刊スポーツ出版社）
Gallway, T.（1997）．*The inner game of tennis*（Revised ed.）. New York: Random House.（後藤新弥（訳）（2000）．新インナーゲーム　日刊スポーツ出版社）
Grant, A., & Palmer, S.（2002）．Coaching psychology workshop. Annual conference of the Division of

Counseling Psychology, British Psychological Society, Torquay, UK, 18th May.

Grant, A. M.（2007）. Past, present, and future: The evolution of professional coaching and coaching psychology. In S. Palmer & A. Whybrow（Eds.）, *Handbook of coaching Psychology: A guide for practitioners*（pp. 23-39）. Hove, East Sussex, UK: Routledge.

Grant, M.（2005）. What is evidence-based executive, workplace and life coaching? In M. Cavanagh, M. Grant, & T. Kemp,（Eds.）, *Evidence-based coaching*（Vol.1, pp. 1-12）. Bowen Hills, Australia : Australian Academic Press.

Green, S., & Palmer, S.（2018）. *Positive psychology coaching in practice.* Hove, East Sussex, UK: Routledge.（西垣悦代（監訳）（2019）. ポジティブ心理学コーチングの実践　金剛出版）

Hall, M. L., & Duval, M.（2005）. *Meta-coaching*（Vol.1）. Clifton, CO: Neuro-Semantic.（田近秀敏（監）　佐藤志緒（訳）（2010）. メタ・コーチング　VOICE）

原口佳典（2008）. 人の心を引き出すコーチング術　平凡社

原口佳典（2013）. コーチングの歴史を再構成する：『人の力を引き出すコーチング術』からの原型生成の試み　日本支援対話研究, *1*, 23-36.

本間正人・松瀬理保（2006）. コーチング入門　日本経済新聞社

ICF（2012）. 2012 ICF Global Coaching Study : Executive Summary〈http://www.coachfederation.org/〉

ICF 日本支部 HP〈http://www.icfjapan.com/〉

International Society for Coaching Psychology HP〈https://www.isfcp.info/〉

伊藤　守 HP〈http://www.itoh.com/profile/〉

出江紳一（2009）. リハスタッフのためのコーチング活用ガイド　医歯薬出版

Kauffman, C.（2011）. Workshop at the 2nd World Congress on Positive Psychology: Basic Step to Implement Positive Psychology into Practice.

Kimsey-House, H., Kimsey-House, K., & Sandahl, P.（2011）. *Co-active coaching: Changing business, transforming lives*（3rd ed.）. London: Nicholas Brealey.（CTI ジャパン（訳）（2012）. コーチング・バイブル：本質的な変化を呼び起こすコミュニケーション　東洋経済新報社）

Kimsey-House, H., Kimsey-House, K., Sandahl, P., & Whitworth, L.（2018）. *Co-active coaching: The proven framework for transformative conversations at work and in life*（4th ed.）. London: Nicholas Brealey.（CTI ジャパン（訳）（2020）. コーチング・バイブル　第4版：人の潜在力を引き出す協働的コミュニケーション　東洋経済新報社）

Law, H., Ireland, S., & Hussain, Z.（2007）. *The psychology of coaching, mentoring and learning.* Chichester, West Sussex, UK: John Wiley & Sons.

Leonard, T. J., & Laursen, B.（1998）. *The portable coach.* New York: Scribner.（堀　紘一（訳）（2005）. 「成功脳」に変わる本―チャンス, 金, 人間関係　三笠書房）

Maslow, A. H.（1968）. *Toward a psychology of being*（2nd ed.）. New York: Van Nostrand Reinhold.（上田吉一（訳）（1998）. 完全なる人間―魂のめざすもの　誠信書房）

Neenan, M., & Dryden, W.（2002）. *Life coaching: A cognitive-behavioural approach.* London: Psychology Press.（吉田　悟（監訳）亀井ユリ（訳）（2010）. 認知行動療法に学ぶコーチング　東京図書）

Neenan, M., & Palmer, S.（2001）. Cognitive behavioral coaching. *Stress New*s, *13*（3）, 15-18.

西垣悦代（2013）. ヘルスコーチングの展望：コーチングの歴史と課題を基に　支援対話研究, *1*, 7-22.

西垣悦代（2014a）. 日本におけるヘルスコーチングの特徴と課題：テキストの分析を通して　日本ヘルスコミュニケーション学会誌, *5*（1）, 22-36.

西垣悦代（2014b）. 日本のコーチに対するウェブ調査：コーチの現状と展望　支援対話研究, *2*, 4-23.

西垣悦代・堀　正・原口佳典（2014）. コーチとはどのような人々なのか：コーチングに関するウェブ調査より　日本社会心理学会第55回大会論文集, 371.

O'Conner, J., & Lages, A.（2007）. *How coaching works.* London: A & C Black.（杉井要一郎（訳）（2012）. コーチングのすべて　英治出版）

大谷　彰（2014）. マインドフルネス入門講義　金剛出版

大谷　彰（2018）. マインドフルネスの進化と真価：臨床パラダイムの知見から　飯塚まり（編著）進化するマインドフルネス（pp. 23-39）創元社

Palmer, S., & Whybrow, A.（2007a）. Coaching psychology: An introduction. In S. Palmer, & A. Whybrow（Eds.）, *Handbook of coaching psychology: A guide for practitioners*（pp. 1-20）. Hove, East Sussex, UK:

Routledge.

Palmer, S., & Whybrow, A.（Eds.）（2007b）. *Handbook of coaching psychology: A guide for practitioners.* Hove, East Sussex, UK: Routledge.

Palmer, S., & Whybrow, A.（2017）. What do coaching psychologists and coaches really do? Results from two international surveys. International Congress of Coaching Psychology, October 18.

Palmer, S., & Whybrow, A.（Eds.）（2018）. *Handbook of coaching psychology: A guide for practitioners*（2nd ed.）. Hove, East Sussex, UK: Routledge.

Parsloe, E.（2005）. *Coaching, mentoring, and assessing: A practical guide to developing competence.* New York: Kogan Page.

Passmore, J.（2017）. Mindfulness in coaching: STOP. *The Coaching Psychologist, 13*(2), 86-87.

Passmore, J.（2020）. *The coaches' handbook.* Hove, East Sussex, UK: Routledge.

Passmore, J., & Marianetti, O.（2007）. The role of mindfulness in coaching. *The Coaching Psychologist, 3*(3), 131-137.

新村　出（編）（2008）. 広辞苑（第六版）　岩波書店

Spence, G. B.（2018a）. The stillness in growth: Mindfulness and its role in the coaching process. In S. Green & S. Palmer（Eds.）, *Positive psychology coaching in practice*（pp. 41-56）. Hove, East Sussex, UK: Routledge.（河野梨香（訳）（2019）. 成長における静寂：マインドフルネスのコーチングにおける役割　西垣悦代（監訳）ポジティブ心理学コーチングの実践（pp. 75-96）　金剛出版）

Spence, G. B.（2018b）. Mindfulness in coaching: A self-determination theory perspective. In S. Palmer & A. Whybrow（Eds.）, *Handbook of coaching psychology: A guide for practitioners*（2nd ed., pp. 195-205）. Hove, East Sussex, UK: Routledge.

Summers, D.（Ed.）（2009）. *Longman dictionary of contemporary English*（5th ed.）. Harlow, Essex, UK: Pearson Education.

武田　建（1985）. コーチング：人を育てる心理学　誠信書房

武田　建（1991）. 行動心理学コーチング　日本行動療法学会大会発表論文集, *17*, 4-5.

武田　建・柳　敏晴（1982）. コーチングの心理学　日本YMCA同盟出版

van Nieuwerburgh, C., & Biswas-Diener, R.（2020）. Positive psychology approaches to coaching. In J. Passmore（Eds.）, *The coaches' handbook*（pp. 314-321）. Hove, East Sussex, UK: Routledge.

Werner Erhard HP〈http://www.wernererhardinfo.com/related-links.html〉

Whitmore, J.（1992）. *Coaching for performance.* London: Nicholas Brealey.（真下　圭（訳）（1994）. 潜在能力を引き出すコーチングの技術　日本能率協会マネジメントセンター）

Whitmore, J.（2009）. *Coaching for performance*（4th ed.）. London: Nicholas Brealey.

Whybrow, A., & Palmer, S.（2006）. Taking stock: A survey of coaching psychologists' practices and perspectives. *International Coaching Psychology Review, 1*(1), 56-70.

Whybrow, A., & Palmer, S.（2018）. Past, present and future. In S. Palmer & A. Whybrow（Eds.）, *Handbook of coaching psychology: A guide for practitioners*（2nd ed., pp. 5-13）. Hove, East Sussex, UK: Routledge.

Wildflower, L.（2013）. *The hidden history of coaching.* Maidenhead, Berkshire, UK: Open University Press.

Wilson, C., & McMahon, G.（2006）. What's the difference? *Training Journal*, September, 54-57.

コラム 1

国際コーチング心理学会

西垣悦代

　国際コーチング心理学会（International Society for Coaching Psychology: ISCP）は，2006 年にロンドンで開催されたコーチング心理学国際フォーラムにおいて設立が決定され，この年より英豪共同で *International Coaching Psychology Review* を発行，2008 年にコーチング心理学会（Society for Coaching Psychology：SCP）として正式にスタートし，2010 年に第 1 回大会を開催，2011 年に国際コーチング心理学会と改称し，現在に至る。

　設立当初，英国心理学会内には 2,000 名超の，オーストラリア心理学会内には 500 名以上のメンバーを持つコーチング心理学に関心のある人のグループがすでに存在しており，これらが母体となってコーチング心理学をより多くの国や地域に広めていこうとしたのである。設立の趣旨は，コーチングサイコロジストの国や文化を超えたネットワーク組織の構築，コーチングサイコロジストの認証，国際的な協力と研究の推進などであった。現在では，英国，オーストラリアのほか，アイルランド，カナダ，デンマーク，スウェーデン，イタリア，ポーランド，ポルトガル，ギリシャ，スペイン，スイス，米国，南アフリカ，イスラエル，韓国，中国から代表理事を出している。

　第 3 回国際コーチング心理学会（ローマ）： 国際コーチング心理学会では 2010-2011 年度より，各国で開催されるコーチング心理学の学会はすべて「国際コーチング心理学会シリーズ」となり，毎年複数回開催されている。2013 年 5 月にローマで開催された第 3 回シリーズには，学会長のパーマー（Palmer, S.）をはじめ，英国のカウンセリング・心理療法界の重鎮にしてビジネスコーチングでも著名なレーン（Lane, D.），米国の有名コンサルティング会社の代表であり，心理学の博士号を持つヴァンダヴィア（Vandaveer, V.）が登壇した。

　スペインのコーチング界は各種コーチ養成会社の影響が強く，ICF その他欧米系コーチ団体のチャプターや資格保持者が多い。コーチング心理学の発展に伴い，最近は大学にもコーチング心理学のトレーニングコースができたが，コーチング心理学会の設立当初はサイコロジストが少なかった。そこで準会員資格のコーチらの協力を得て，2010 年に国際コーチング心理学会を開催し成功裡に収めた。現在，カタルーニャのコーチング心理学会は ICF の国際基準に準拠しつつ，コーチング心理学の講義研修（100 時間）や実務（100 時間），試験（面接）そして定期的な更新制度（5 年更新，スーパービジョン等）という形で資格を発行している。このような形式は韓国の大学院でも取り入

れられているようであり，日本にとっても参考になるだろう（野田，2013）。

第 4 回国際コーチング心理学会（ロンドン）：第 4 回大会は Changing Lives, Changing Worlds – Inspiring Collaborations をテーマに 2014 年 12 月にロンドンで開催された。2014 年は英国心理学会カウンセリング部門の中にコーチング心理学分科会が誕生して 10 周年であったため，パーマー会長らによるシンポジウムでは，コーチング心理学がこの 10 年でいかに発展・拡大したか，今後どのような方向に向かおうとしているかが展望された。英豪などコーチング心理学先進国の参加者からは，心理学の学士資格を持たずに大学院でコーチング心理学を専攻した人たちにも，サイコロジストとしての資格を各国の心理学会に認めてもらえるよう，働きかけるべきではないかという議論も出された。

招待講演では，心理測定の世界的権威であるケンブリッジ大学のラスト（Rust, J.）による「オンライン上の足跡の心理測定的分析」と題する 21 世紀の心理測定についての話と，TED にも登場した起業家ヘファーナン（Heffernan, M.）による「意図的な盲目：我々はどのようにしてものごとを悪くしたり，良くしたりするのか」が行われた。

第 10，第 11 回国際コーチング心理学会（遠隔）：2020 年，2021 年の第 10 回，第 11 回大会は COVID-19 によるパンデミックの中，完全な遠隔で開催された。第 10 回大会は「2020 年のビジョン：コーチング心理学とポジティブ心理学で逆境の中を突き進む」をテーマに，4 日間にわたり基調講演，招待講演，スキル・セッション，ポスター発表が行われた。第 11 回大会は「ポジティブ心理学とコーチング心理学を通して，ウェルビーイングを高め，複雑性を管理し，移行を進める」をテーマに，5 日間の日程で開催された。

いずれもパンデミック下での人々の心身の健康が中心的なテーマであったが，コーチング心理学とポジティブ心理学の両方を全面に押し出していたのが特徴的だった。また，COVID-19 に対しては実践的な対応だけではなく，理論的・学術的な研究も加え，両者のバランスを取ろうとしていたようだ。講演は事前録画によるオンデマンド形式と，リアルタイムで質問やコメントのできる形式とを組み合わせ，時差にも配慮した運営方法となっていた。

国際コーチング心理学会は一般の心理学会と比べると実践志向の強い学会であり，コーチングサイコロジストのみならず，一般のコーチも多数参加している。コーチング心理学の最先端の学術動向を知り，世界のコーチング心理学者，と交流し各国の状況について情報交換をするには最適な学会といえるだろう。

参考
International Society for Coaching Psychology HP〈https://www.isfcp.info/〉
野田浩平（2013）．2013 年国際コーチング心理学会参加報告

第2章
コーチング心理学のスキルとモデル

西垣悦代

　本章では，国際コーチング心理学会の認証を受けている英国の Centre for Coaching でのコーチ認証トレーニングプログラム（Certificate for Coaching）をもとにしながら，コーチの基本的態度，およびコーチングの基礎的なスキルとモデルについて解説する（コラム 2 ［p. 142］も参照）。

1. コーチの基本的態度

　人間性心理学がコーチングの創生期において背景となる学問のひとつであったことは第 1 章で述べたが，現在のコーチングにも影響を残しているのは，その人間観である。マズロー（Maslow, 1954）は，「心理学はこれまで人間のポジティブな側面よりも，ネガティブな側面の研究において，はるかに成功を収めてきた。人間の欠点，病気について多くのことがわかってきたが，人間の潜在能力，美徳，何かを成し遂げようとする熱意についてはほとんど明らかにされてこなかった」と人間のポジティブな側面に焦点を当てるよう主張し，「人は自分のなれるものになろう，なれるもののすべてになろうとする性質を持つ」と述べている。人間存在の価値を尊重し，成長して最高の状態に向かおうとする力を信じるという人間性心理学の考え方は，「人はもともと創造力と才知にあふれ，欠けるところのない存在である」（Kimsey-House et al., 2018／邦訳，2020）といったコーチングの人間観に受け継がれている。
　コーチがクライアント [1] と向き合う際の基本的な姿勢や態度については，さ

1）カウンセリングやコーチングを受ける人をClientと呼ぶ。英語では同じだが，日本ではカウンセリングではクライエント，コーチングではクライアントと呼びならわされてきたので，本書でもそれに従って表記する。

まざまなコーチングの流派にある程度共通した認識がある。そこには，マズローとともにコーチングの成立に影響を与えたロジャーズの人間中心主義カウンセリングの考え方が反映している。ロジャーズ（Rogers, 1957）は，「治療的人格変化の必要十分条件」と題する論文の中で，クライエントとセラピストの関係のあるべき姿について次の6つの条件を示している。

1. 二人の人が心理的に接触している。
2. 一方（クライエント）は，不一致の状態，すなわち傷つきやすいあるいは不安な状態にいる。
3. もう一方の人（セラピスト）は，この関係の中で自己一致（congruence）している，あるいは統合されている。
4. セラピストはクライエントに対する無条件の肯定的配慮（unconditional positive regard）を経験している。
5. セラピストはクライエントの内側の視点に立つ共感的理解（empathic understanding）を経験しており，クライエントにその経験を伝えようとしている。
6. セラピストの共感的理解と無条件の肯定的配慮は，クライエントに対するコミュニケーションによって最低限は伝えられている。

　上記のうち3，4，5がセラピストの態度である。3のセラピストの「自己一致」とは「セラピストが自分が体験しつつあることを意識することができ，その体験のままに関係の中にいることができる。内奥で体験されつつあることと，今意識されていることと，クライエントに表明されていることがよく調和していること，一致していること」（Rogers, 1980）と説明されている。セラピストの透明性とも言えるもので，自己の内にある感情や思考に対して防衛的にならずオープンな態度でいることを指す。4はクライエントの人間性に対する根本的な尊重と言えるもので，クライエントに対して「もし，こうであったら」といった条件つきではなく，全人格をありのままに肯定・受容する態度である。ただし諸富（2005）はロジャーズが意図しているのはクライエントを漠然と丸ごと受容したり発言内容を文字どおりすべて肯定することではなく，クライエントに常に注意と関心を払うという意味であり，unconditional positive regard は「無条件の積極的関心」と訳す方がふさわしいと述べてい

る。5の共感的理解とは，たんなる同調や賛成ではなく，セラピストがクライエントの「鏡」となり，「もう一人の自分」となって，内的世界を正確に映し出す作業であり，具体的には「感情の反映」（reflection of feeling）や，「受け取りのチェック」（checking perceptions）という形で表現されるものである。ロジャーズは「クライエントの内面世界における頼りがいのあるつれ添い」（Rogers, 1980）と表現している。さらに晩年のロジャーズは，これらに加えてセラピストの「プレゼンス」（存在）を，相手を癒す力となる中核的な条件に挙げている（Rogers, 1986）。

　ジョセフとマーフィー（Joseph & Murphy, 2013）によれば，ロジャーズの考え方は自己実現のメタ理論と特によく適合しており人間性コーチングに受け継がれていると言う。しかしそれだけではなく，バヒローヴァ（Bachkirova, T.）が，プラクティショナー（コーチやカウンセラー）とクライアントとの間の良好な関係の確立，およびクライアント自身のセッションへのコミットメントの重要性はコーチング，カウンセリング，メンタリングに共通である（Bachkirova, 2007），と述べていることからもわかるように，ロジャーズの提示したセラピストの基本姿勢は今日多くのコーチングにおいても基本姿勢として尊重されている。その一因は第1章で述べたようにプロコーチの養成という発想は1990年代以降に出てきたものであり，その際参考にされたのはすでに確立されていた心理療法のセラピストを養成するノウハウであったためである。コーチの基本的な姿勢と態度として，クライアントに対して常に敬意と関心を払い，信頼関係を築き，言葉と感情を受け止め，それをフィードバックすることなどは，国際コーチング連盟（ICF）が定めたコア・コンピテンシー（国際コーチング連盟日本支部, 2019）にも，コーチがコーチングを行う際に必要な核となる能力水準として示されている。

2.　基本的なコーチングスキル

　Centre for Coaching（2014）では，コーチングのみならず，カウンセリングやメンタリングなどにも共通する基本的なスキルとして，傾聴，共感，詳細な探索，確認，要約，挑戦，理解，探検，言い換え，反映，目標設定を挙げて

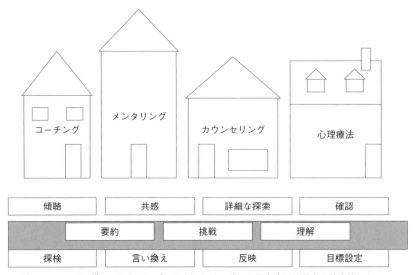

図2-1. コーチング，メンタリング，カウンセリング，心理療法に共通する基本的スキル
（© Centre for Coaching, 2014 をもとに作成）

いる。

　コーチングの基本的スキルは機能的な観点からは，聞くスキル（listening skill）と動かすスキル（moving on skills）に分けることもできる（表2-1）。これらのスキルの分類や名称に関してはコーチングの流派によって必ずしも一致していないが，名称は違っても似通ったものが多い。また，一般的に「聞くスキル」はカウンセリングスキルと共通したものが多いのに対し，「動かすス

表 2-1. コーチングの基本的なスキル

聞くスキル	動かすスキル
注意して聞く	探検 (proving)
言葉の最後まで聞く	情報を与える
言い換え (paraphrase)	適切な自己開示
感情の反映 (reflecting feeling)	挑戦と対決
確認 (checking)	不整合
要約 (summarising)	目標の設定と行動計画
具体例を引き出す (eliciting examples)	励ましと賞賛
沈黙	意思決定
開かれた質問	進捗のモニタリング
	ブレインストーミング

キル」は行動志向的なものが多く含まれ，コーチングの特徴がより顕著に出て
いるスキルと言えるかもしれない。なお，日本のコーチングの初心者向け書籍
の中には「3大（基本）スキル」と称して特定のスキルを3つだけ取り出して
強調しているものもあるが，ICF の定めるコア・コンピテンシーをはじめ欧米
のコーチングの書籍にはそのような記述は見当たらない。何かにつけ「3大〇
〇」の好きな日本人であるから，書籍の著者の個人的経験や考えに基づいて，
あるいはキャッチコピーとして独自に作られたのではないかと思われる。

3.　コーチング心理学のモデル

　コーチング心理学の背景となる理論は第1章で示したように多様であり，
コーチングで用いるモデルも理論ごとに非常にたくさんある。すべてを紹介す
ることはできないので，ここでは行動コーチングの GROW モデルと，認知行
動コーチングの SPACE モデルを紹介する。

■3-1.　行動コーチング：GROWモデル

　コーチングの行動主義的アプローチは，「行動が結果をもたらす」という
立場を取る。つまりコーチングとは主に「行動の変化」である，という見方
をしていると言えるだろう。行動コーチングは現状のアセスメント，価値と
動機づけの検討，測定可能な目標の設定，焦点づけられた行動計画の策定を
含む，コーチとクライアントの間の構造化されたプロセス志向の関係であり
（Skiffington & Zeus, 2003），ほとんどのコーチングプログラムがこのような行
動的アプローチを含んでいる（Eldridge & Dembkowski, 2013）。

　その行動コーチングの古典的かつ最も有名なモデルと言えるのが GROW
モデルである。GROW モデルは，アレクサンダー（Alexander, G.）によっ
て考案されたものだが（Alexander, 2021；O'Conner & Lages, 2007／邦訳,
2012），ガルウェイ（Gallway, T.）のインナーゲームの影響もあると考えられ
る。ウィットモア（Whitmore, T.）の開発であるように誤解されることがあ
るのは，アレクサンダーが協力していたウィットモアによる著書 *Coaching for
Performance*（『はじめのコーチング』）の中で紹介されて広まったためで，そ

の点ではウィットモアも貢献者のひとりと言えるかもしれない。アレクサンダーによれば，当初彼は自分のコーチングプロセスについて格別意識していなかったが，セッションを録音・録画し，第三者に分析してもらったところ一定の法則が見出され，それを GROW と名づけたのだという（Alexander & Renshaw, 2005）。

　GROW は G（goal: 目標），R（reality: 現実），O（options: 選択），W（will: 意志，wrap up: まとめ，という場合もある）の頭文字である。grow（成長）という単語にもなっているため，コーチングの理念によく適合している。GROW モデルに基づいたコーチングセッションでは，コーチはまずクライアントに目指す目標を尋ね，それを明確化していく。次にコーチはクライアントの現在の状況を質問によって明らかにする。3 つ目のステップでは，コーチは目標達成のために現在障害となっているものを明らかにし，解決のための選択肢をクライアントとともにブレインストーミングなどを用いながら可能な限り出し，最も現実的でふさわしい選択肢を明らかにしていく。最後のステップでは，選んだ選択肢を具体的な行動に移すための行動計画をクライアントとともに練り上げていく。

GROW モデルの質問例：

Goal（目標）

このセッションでは，どのようなテーマを話し合いたいですか。
あなたは何を達成したいと考えていますか。
それは最終目標（end goal）ですか，成績目標（performance goal）ですか。
それをいつまでに達成したいですか。
それはどれくらいやりがいがありますか。

Reality（現実）

現在の状況を詳しく話してください。（何が，いつ，どこで，だれが）
あなたのこの問題に対する関心はどの程度ですか。
この問題にあなた以外に影響を与えているのは誰ですか。
この問題の結果についてあなたはどの程度関与していますか。
これまでにどんな行動を取りましたか。
あなたの持っているリソース（資源）はどのようなものですか。
これ以外にあなたが必要だと思うリソースはありますか。

Options（選択）
あなたの考えうる選択肢をすべて挙げてください。
必要なアドバイスはありますか。
各選択肢の利点と欠点を挙げてください。
ほかに何ができますか。
どの選択肢に最も惹かれますか。
どの選択肢があなたに一番満足感をもたらすでしょうか。

Will（意志）
どの選択肢を選びますか。
成功に対するあなたの基準と指標は何ですか。
それはあなたの目標と一致していますか。
目標の達成の妨げになりそうなものはありますか。
どうやってそれを克服しますか。
あなたを支援するために，私（コーチ）ができることはありますか。
合意した行動を取るにあたって，あなたのコミットは1から10のうち何点くらいですか。
10点になることの妨げになっているものは何ですか。

　筆者はCentre for Coachingでトレーニングを受けた際，アレクサンダーがコーチングの訓練生を相手にGROWモデルを実践しているセッションのDVDを視聴した。セッションの雰囲気は冷静なコンサルティングのような印象を受けた。しかし，会話の中で相槌（うん，うん）を繰り返し，クライアントに語らせながら，要所要所の非常に適切な場面で鋭い質問を投げかけることで，クライアントは時には答えに詰まりながらも，ごく自然に自ら結論に到達しており，まさに名人芸を目の当たりにするようであった。
　GROWモデルはコーチの質問や承認の中でクライアントが自らを動機づける自己報酬的な行動システムを作ることで成立している行動主義モデルである（Passmore, 2007）。目標が行動的で比較的明確な場合—ビジネスやスポーツの場面—にはよくフィットする。また，個人だけではなく目標を共有する職場のチームなどにも適用可能である。パフォーマンスコーチングやビジネスコーチングの場では，厳密なGROWモデルであると謳っていなくても，現状の査定と目標の設定，そこまでの道筋の明確化，という点でGROWモデルまたは

その類似のモデルを使用した行動コーチングを（場合によっては無意識的に）行っているコーチは多いと思われる。またワイブラウとパーマー（Whybrow & Palmer, 2006）が英国心理学会のコーチング心理学部門のメンバーに対して行った調査では，約6割のコーチングサイコロジストが行動コーチングを取り入れている，と回答していた。

　しかし，人は目標とそこへの道筋が明確化しさえすれば，常にそこに向かってまっしぐらに進んでいけるわけではない。クライアントに内的な葛藤や心理的な障壁がある場合には，わかっていても実行できなかったり，乗り越えられない場合もあり，その場合は行動主体で感情面を深くは扱わない GROW モデルをはじめとする行動コーチングだけでは問題の根本的解決に至らないことがある。

■ 3-2. 認知行動アプローチ：SPACE モデル

　「人はものごとによって悩むのではなく，その受け取り方によって悩むのである」という古代ギリシャのエピクテトス（Epiktētos）の言葉に示されるように，認知論的な考え方は古くから存在していた。心理療法の世界では，人は状況に対して付与した意味づけによって自分自身を規定する（仮想論），というアドラーの観察によって注目されるようになり（Palmer & Williams, 2013），エリス（Ellis, A.）はその考えを発展させ，きっかけとなる出来事と人の感情的・行動的な反応の間でビリーフ（belief：信念や思考）が果たす媒介的な役割のメカニズムを体系立て，REBT（Rational Emotive Behavioral Therapy）として完成させた。「認知行動コーチング（Cognitive Behavioural Coaching：CBC）」という名称はニーナンとパーマー（Neenan & Palmer, 2001）によって提唱されたが，それ以前の1990年頃から英国のREBTセラピストたちは，組織の問題解決トレーニングやストレスマネジメント対策として臨床場面以外にREBTを活用していた。ただしニーナンとパーマーの論文で紹介されている認知行動コーチングは，ワシク（Wasik, 1984）による7段階の問題解決技法が中心であり，感情的な混乱のある場合にREBTに基づくABCDEモデルを使用するとされている。現在の認知行動コーチングは認知行動療法のほか，問題志向アプローチ，解決志向アプローチ（SFA），目標設定理論，社会認知

図 2-2.　認知行動コーチングの二元システム
(© Centre for Coaching, 2014 をもとに作成)

理論などの概念や方法論を統合して構成されており（Palmer & Szymanska,
2007），総称として認知行動アプローチと呼ばれているようである。認知行動
コーチングでは取り上げるテーマの外面的，実利的，目標志向的行動の側面，
および内面的，心理的，認知的側面を査定し，必要に応じてそれらのうちい
ずれか一方または両面にアプローチするという二元システム（dual system）
を採用している点が最大の特徴である（図 2-2）。よって，単純な問題解決
モデルで足りる場合には，心理・認知的側面に焦点を当てない場合もあり
（Williams et al., 2014），逆に，認知や感情への介入だけで解決する場合には，
詳細な行動計画を行わない場合もある。

　認知行動コーチングのモデルのひとつである SPACE モデルはラザルス
（Lazarus, A. A.）のマルチモーダルセラピーをもとにエガートン（Edgerton,
N.）によって開発された（Edgerton & Palmer, 2005）。SPACE とは, S（Social
Context：社会的文脈），P（Physiology：生理・身体反応），A（Action：行動），
C（Cognition：認知），E（Emotion：感情）のことである。SPACE モデルで
は図 2-3 のようなダイアグラムを使用しながらコーチングセッションを進める。

　SPACE モデルのセッションのステージには 3 段階あり，それぞれ青のワー
ク（Blue work），赤のワーク（Red work），緑のワーク（Green work）と呼
ぶ。青のワークではクライアントに取り上げる問題に関する具体例を想起し
てもらい，SPACE ダイアグラムの各領域を埋めながら，問題の発生状況を特
定していく。うまくいっている時があるならそれも記入し，もしダイアグラム

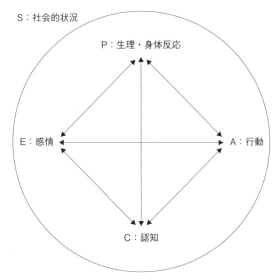

図 2-3. SPACE モデル（Edgerton & Palmer, 2005）

のどこかに空白の部分ができたら，それについても尋ねる。次の赤のワークでは，特定された危機的場面でのS（状況），P（生理・身体反応），A（行動），C（認知），E（感情）を明らかにしていく。このとき，クライアントが「認知」とは何かを理解していることが重要で，TIME，すなわちT（Thought：思い），I（Image：イメージ），M（Memories：記憶），E（Expectations：期待）であると説明すると理解されやすい。赤のワークを進めていくなかで，クライアントはコーチの質問に答えたり，SPACEダイアグラムを見ることで，生理・身体，感情，行動，認知の相互の関連性に気づくことができる。青と赤のワークはアセスメントで，この後の緑のワークが解決へのコーチングとなる。緑のワークでは，その前の赤のワークと同じ状況をイメージしてもらい，これまでと異なる反応が可能かどうかの質問をする。ここではソクラテス的質問を活用し，状況を改善するための新しいアイディアが浮かんだら，それをもとにダイアグラムを埋めていく。新しい行動を採用した場合には，どのような感情や生理・身体反応が起こりそうか，0〜10の段階評価を用いて回答してもらってもよい。

SPACE モデルの各頭文字が表す内容は以下の通りである。

S（social context: 状況）：家族，友人，同僚，組織・職場，文化（社会規範
　　　　　　　　　　　や習慣など）など
P（physiology: 生理・身体反応）：緊張のレベル，呼吸・心拍数，睡眠，疾
　　　　　　　　　　　　　　　病，ホルモン，血流，発汗など
A（actions: 行動）：具体的行動，行動傾向，発言，活動
C（cognition: 認知）：記憶，思考，イメージ，期待
E（emotions: 感情）：怒り，不安，罪悪感など，気分

　SPACE モデルの基本形では5つの領域に関して青，赤，緑の3つのワーク
を行うため，かなり時間がかかる。しかし，セッションで扱う問題によって
は5つの領域のすべてが関係しているとは限らない。エガートンとパーマー
（2005）は，ACE（action-cognition-emotion）モデルや PACE（physiology-
action-cognition-emotion）という簡略モデルも同時に提案しており（図 2-4, 5），
必要に応じて使い分けることを勧めている。
　認知が感情さらには行動に影響を及ぼすという考え方は，ベック（Beck, A.
T.）の認知療法やエリス（Ellis, A.）の REBT の理論の基本である。しかしエ
ガートンの SPACE モデルでは，認知と感情，認知と行動の関係は双方向であ
ると考えている（Edgerton & Palmer, 2005）。たとえば，「こんな（ひどい）
ことがあってはならない」といった認知が怒りをもたらすのと同様，持続的な
怒りの感情が新たな状況において否定的な認知を生み出すこともあるからであ
る。SPACE と同じ，あるいはよく似た5領域を用いたケースの概念化は CBT
でも使用される。しかし，パーマーらはコーチングは心理療法とは異なるの
で，ケースの概念化の作成に時間をかけ過ぎるべきではないと注意を促してい
る（Palmer & Szymanska, 2007）。
　筆者はロンドンの Centre for Coaching で開発者のエガートンから SPACE
モデルのトレーニングを受けた。最初の青のワークのときには一見関連がない
と思われた領域間に，ワークのステージを重ねていくうちにまったく異なる関
係性が見えてくることも経験した。深い気づきによって見えてくる世界が変
わることが認知を含むモデルの最大の強みであり，特徴である。ただ，クライ

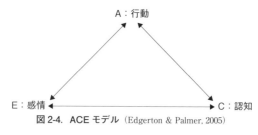

図 2-4. ACE モデル（Edgerton & Palmer, 2005）

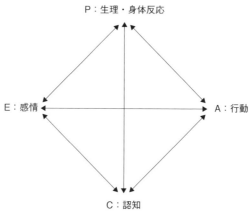

図 2-5. PACE モデル（Edgerton & Palmer, 2005）

アントがコーチングに持ち込むテーマ次第では，GROW モデルで十分に機能
することもあるだろう。パーマーらは，認知行動コーチングは職場や学校での
パフォーマンスの向上，スピーチ不安，時間管理，意思決定，問題解決，感
情のコントロールなどに特に有効であると述べている（Palmer & Szymanska,
2007）。一方，認知行動コーチングに向かないクライアントとして，ほかに責
任転嫁するなどして感情的な責任を受け入れない人（自分の感情に向き合うこ
とができない人），コーチングの責任を受け入れない人（課題に立ち向かい，
変えていこうという行動の起こせない人），抑うつなど臨床的な問題を抱えた
人（こういう人はコーチングではなくセラピーを受けるべきである），を挙げ
ている。
　本章で紹介したモデルはコーチングで用いられるモデルの一例にすぎない。
コーチングの効果を出すには，コーチはクライアントの特性や取り上げるテー

マに応じて最適なアプローチとモデルを使い分けられるように「複数のポケット」を持っておくこと，コーチングに向かないクライアントを見分ける力，自分の使える（あるいは得意とする）アプローチ以外の方法がより効果的だと判断したらほかのコーチやセラピストに紹介できる力量が必要であろう。

4.　ソクラテス式質問とSMARTゴール

　本節では，行動コーチングおよび認知行動コーチングでよく用いられる質問と目標設定に関する用語を説明する。

■4-1.　ソクラテス式質問

　欧米の教育界では伝統的に「ソクラテス式問答法（The Socratic method）」と呼ばれる方法によって授業が進められることが多い。旧来の日本の高等教育にありがちな，教師が一方通行的に話を進め学生は黙ってそれを聞きながらノートを取る，という形式の授業はほとんどない。学生は，教師から与えられる知識や情報からではなく，教師から投げかけられる質問に答えようとして考えを巡らし，互いに討論しながら学ぶもの，とみなされている。そこには教師と学生の間の知的緊張感によって作り出される創造と，それを共有する喜びが存在し，これこそが学びの神髄とされているのである。ソクラテス式問答法は授業だけではなく，ソクラテス式質問（Socratic questioning）という形で心理療法の中にも取り入れられており，特に古典的アドラー心理療法（classical Adlerian psychotherapy）や認知療法，認知行動療法で重視されている。ソクラテス式質問は，セラピストが問いを投げかけることで会話が進み，クライエントが新たな視点を獲得したり，気づきを得ることにつながる。心理療法におけるソクラテス式質問は，

1. 明確化のための質問（例：あなたは○○についてどのように考えていますか？）
2. （クライエントの）推測に対する探求（例：それはいつも起こっていることですか？）
3. 理由と根拠に対する探求（例：なぜ，そう思うのですか？）

に分類される（Centre for Coaching, 2014）。ニーナンとドライデン（Neenan & Dryden, 2012）は，良いソクラテス式質問は，簡潔で明確，開かれた，目的的，建設的，焦点の絞られた，決めつけない，中立的なものであり，いつ，どこで，どのように，何を，なぜ，といった疑問詞を用いると述べている。ソクラテス式質問は，認知行動コーチングの特徴のひとつとなっている。

■4-2. SMARTゴール

　コーチングでは目標を立ててそれに対する行動計画を，コーチとクライアントが協力して作成することが多い。その際適切な目標を設定することが重要であるが，その目安として用いられるのがSMART ゴールである。

　SMART ゴールとはS（specific），M（measurable），A（achievable），R（realistic），T（time-bound）の頭文字（Neenan & Dryden, 2002／邦訳，2010）で，以下のような意味である。

> S（specific）：具体的であること（例：3ヶ月で標準体型になる）
> M（measurable）：測定可能であること（例：毎日体重を測定する）
> A（achievable）：達成可能であること　（例：減量のためにスポーツジムに
> 　　　　　　　　　　通えるか）
> R（realistic）：現実的であること（例：さまざまな障害があっても減量プロ
> 　　　　　　　　　グラムを継続できるか）
> T（time-bound）：実行のための期限が限られていること（例：設定期間内
> 　　　　　　　　　　に目標達成できるか）

　SMART ゴールは，ウィットモア（1992／邦訳，1995）の著書で引用元を示すことなく紹介されたため，ウィットモアの創作と誤解されることもあるが，経営コンサルタントのドラン（Doran, 1981）が経営学の雑誌に発表した論文で最初に提案した概念である。ドランのオリジナルでは組織におけるマネジメントを念頭に置いているためか，A を assignable（指名可能な：誰が責任を持つのか明らかにする），T を time-related（時間限定の：いつまでに達成するのか期限を区切る）としていた。なおドランは目標（goal）と目的（objective）を区別する必要はないとしており，また SMART の5つの条件す

べてを常に満たす必要はない，とも述べている（Doran, 1981）。

　ウィットモアの著書ではパーソナルコーチングに合わせ，A を attainable（達成可能な）としていたが，後に agreed（同意された：ステイクホルダーの間で同意された目標）に変えている（Whitmore, 2009）。また SMART に加えて PURE と CLEAR も提案している（Whitmore, 2009）。

　　PURE は，
　　　P（positively stated: 肯定的に表現されている）
　　　U（understood: 理解されている）
　　　R（relevant: 適切である）
　　　E（ethical: 倫理的である）

　　CLEAR は，
　　　C（challenging: 挑戦しがいがある）
　　　L（legal: 合法的である）
　　　E（environmentally sound: 環境にやさしい）
　　　A（appropriate: 適切である）
　　　R（recorded: 記録されている）

である。

　目安はあまり多すぎると却って使いにくくなるし，わざわざ挙げるまでもないようなものも含まれているが，目標が高すぎても低すぎてもやる気が出ない（A）ので，現実的で（R），挑戦しがいのある（C）目標を設定することは大切である。達成できたかどうかを測定できる指標があった方がよいし（M），漠然とした表現ではなく具体的で十分に絞り込んだ目標（S）にすることで目標達成への行動が取りやすくなる。また，「○○しない」，とか「○○を避ける」といった否定的な表現よりも，「○○する」，という肯定的な表現で目標を表す方が（P），前向きな気持ちで挑戦できるだろう。コーチングの手法のいかんによらず，適切な目標設定は，達成への第一歩と言える。

引用文献

Alexander, G. (2021). Behavioural coaching: The GROW model. In J. Passmore (Ed.), *Excellence in coaching: Theory, tools and techniques to achieve outstanding coaching performance* (4th ed., pp. 105-120). London: Kogan Page.

Alexander, G., & Renshaw, B. (2005). *Super coaching*. London: Random House.

Bachkirova, T. (2007). Role of coaching psychology in defining boundaries between counseling and coaching. In S. Palmer & A. Whybrow (Eds.), *Handbook of coaching psychology: A guide for practitioners* (pp. 351-366). Hove, East Sussex, UK: Routledge.

Centre for Coaching (2014). Certificate in coaching training manual. Course held by Centre for Coaching, London, 2-6, June, 2014.

Doran, G. T. (1981). There's a S.M.A.R.T. way to write management's goals and objectives. *Management Review, 70* (11), 35-36.

Edgerton, N., & Palmer, S. (2005). SPACE : A psychological model for use within cognitive behavioural coaching, therapy and stress management. *The Coaching Psychologist, 2* (2), 25-31.

Eldridge, F., & Dembkowski, S. (2013). Behavioral coaching. In J. Passmore, D. B. Peterson, & T. Freire (Eds.), *The Wiley-Blackwell handbook of the psychology of coaching and mentoring* (pp. 298-318). Chichester, West Sussex, UK: Wiley-Blackwell.

Joseph, S., & Murphy, D. (2013). Person-centered approach, positive psychology and relational helping: Building bridges. *Journal of Humanistic Psychology, 53*, 26-51.

Kimsey-House, H., Kimsey-House, K., Sandahl, P., & Whitworth, L. (2018). *Co-active coaching: The proven framework for transformative conversations at work and in life* (4th ed.). London: Nicholas Brealey. (CTI ジャパン (訳) (2020). コーチング・バイブル 第 4 版：人の潜在力を引き出す協働的コミュニケーション 東洋経済新報社)

国際コーチング連盟日本支部 (2019). 2019 年版 ICF コア・コンピテンシーモデル Retrieved from 〈https://icfjapan.com/competency2019〉

Maslow, A. H. (1954). *Motivation and personality*. New York: Harper.

諸富祥彦 (2005). 人格成長論―ロジャーズの臨床心理面接論の批判的発展的検討を中心に 東山紘久 (編) 臨床心理学全書 第 3 巻 臨床心理面接学その歴史と哲学 (pp. 101-156) 誠信書房

Neenan, M., & Dryden, W. (2002). *Life coaching: A cognitive-behavioural approach*. London: Psychology Press. (吉田 悟 (監訳) 亀井ユリ (訳) (2010). 認知行動療法に学ぶコーチング 東京図書)

Neenan, M., & Dryden, W. (2012). *Life Coaching: A cognitive behavioural approach* (2nd ed.). Hove, East Sussex, UK: Routledge.

Neenan, M., & Palmer, S. (2001). Cognitive behavioural coaching. *Stress News, 13* (3), 15-18.

O'Conner, J., & Lages, A. (2007). *How coaching works*. London: A & C Black. (杉井要一郎 (訳) (2012). コーチングのすべて 英治出版)

Palmer, S., & Szymanska, K. (2007). Cognitive behavioural coaching: An integrative approach. In S. Palmer & A. Whybrow (Eds.), *Handbook of coaching psychology: A guide for practitioners* (pp. 86-117). Hove, East Sussex, UK: Routledge.

Palmer, S., & Williams, H. (2013). Cognitive behavioral approaches. In J. Passmore, D. B. Peterson, & T. Freire, (Eds.), *The Wiley-Blackwell handbook of the psychology of coaching and mentoring* (pp. 319-338). Chichester, West Sussex, UK: Wiley-Blackwell.

Passmore, J. (2007). Behavioural coaching. In S. Palmer & A. Whybrow (Eds.), *Handbook of coaching psychology: A guide for practitioners* (pp. 73-85). Hove, East Sussex, UK: Routledge.

Rogers, C. R. (1957). The necessary and sufficient conditions of therapeutic personality change. *Journal of Consulting Psychology, 21*, 95-103.

Rogers, C. R. (1980). *A way of being*. Boston, MA: Houghton Mifflin. (畠瀬直子 (監訳) (1984). 人間尊重の心理学―わが人生と思想を語る 創元社)

Rogers, C. R. (1986). A client-centered/ person-centered approach to therapy. In I. L. Kutash & A. Wolf (Eds.), *Psychotherapist's casebook* (pp. 197-208). San Francisco, CA: Jossey-Bass.

Skiffington, S., & Zeus, P. (2003). *Behavioural coaching: How to build sustainable personal and organizational strength*. Sydney: McGraw-Hill.

Wasik, B. (1984). *Teaching parents effective problem-solving: A handbook for professionals.* Unpublished manuscript. Chapel Hill, NC: University of North Carolina.

Whitmore, J. (1992). *Coaching for performance: Growing people, performance and purpose.* London: Nicholas Brealey.（真下　圭（訳）(1995). 潜在能力を引き出すコーチングの技術　日本能率協会マネジメントセンター）

Whitmore, J. (2009). *Coaching for performance* (4th ed.). London : Nicholas Brealey.

Whybrow, A., & Palmer, S. (2006). Taking stock: A survey of coaching psychologist's practice and perspective. *International Coaching Psychology Review, 1* (1), 56-70.

Williams, H., Palmer, S., & Edgerton, N. (2014). Cognitive behavioural coaching. In E. Cox, T. Bachkirova, & D. Clutterbuck (Eds.), *The complete handbook of coaching* (2nd ed., pp. 34-50). London: Sage.

第 3 章
コーチング心理学におけるアセスメント

石川利江

1. コーチング心理アセスメントの必要性

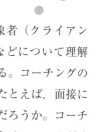

　コーチング心理学の実践には，はじめにコーチングの対象者（クライアント）が置かれている状況やパーソナリティ，能力，スキルなどについて理解し，それから目標や解決策を考えていく支援を行う必要がある。コーチングの進行に伴って進捗状況や効果の確認も必要になってくるが，たとえば，面接によるインタビューだけでこれらすべてを十分明らかにできるだろうか。コーチの主観的評価だけでなく客観的なアセスメントも活用することは，コーチだけでなくクライアントにも役立つ。コーチング開始時であればアセスメントによって，コーチはクライアントの特徴や働きかける領域が捉えやすくなり，クライアント自身は自己洞察を深めて目標設定に役立てられるだろう。コーチングの展開の過程では，アセスメントの客観的結果を活用することでコーチングのプロセスや効果が明らかになり，達成度が明確になる。クライアントや依頼者へのフィードバックとしても使用することができる。

　しかしながら，客観的なアセスメントを実施することの意義が指摘されてはいるものの，コーチングに限らずこれまでの心理的介入における実際的使用は限定的である。客観的アセスメントを実施しない主な理由は，アセスメントの実施には特別なスキルが必要である，測定が難しいといった実施者の訓練不足や経験不足の問題，求められていない，優先順位が低い，批判につながる，コストがかかりすぎるといった認識の問題などがある（McCain, 2005）。このような状況について，コーチング心理学の代表的研究者の一人であるシドニー大学のグラント（Grant, 2013）は，コーチングビジネスが興隆し，産業領域に

おけるコーチングの重要性が認識されてきている現在では，コーチングの有効性や妥当性を示すための信頼性を有する指標が必要であると述べている。そして，コーチングの有効性に関してどのような形でエビデンスを示すことができるのかが重要だとし，客観的指標の必要性を指摘している（Grant, 2013）。コーチング心理学の実践におけるエビデンスは，今後ますます求められるようになっていくことは容易に予測され，アセスメントについての理解を深め，使用するための訓練を重ねていくことが必要となるだろう。そこで本章ではコーチング心理学の研究や実践的介入を行ううえで必要とされるアセスメントについて見ていくこととする。

2.　心理アセスメントとは

　アセスメントは査定や評価とも表現され，効果的な支援を行うために系統的に情報を収集・分析し，解釈していくプロセスである。コーチング心理アセスメントにおいても，問題解決や課題達成に向けて対象者の種々の特性，能力や状況などをできる限り正確に把握する必要がある。アセスメントは問題解決・課題達成のための方法を計画・立案するための情報や，用いられた方法の有効性を確認するための情報を与えてくれる。コーチング心理学独自の研究・実践は萌芽期であり，心理アセスメントの方法や内容についての検討が十分ではない。そこでコーチング心理学と同じ応用心理学領域である臨床心理学や健康心理学におけるアセスメントを参考にコーチング心理学のアセスメントについて考えてみよう。

　臨床心理学におけるアセスメントは，何らかの心理的問題を有する人を主な対象者としており，障害や疾病の程度，原因や治療の可能性を重視したアセスメントがなされている。健康心理学においては健康な人も対象者に含まれるため，アセスメントはその人の健康的な側面を含めた疾病の予防や心身の健康の維持・増進に関連した多面的，総合的なものである。一方，コーチング心理学では特定の症状の低減といったひとつの側面に限定せず個人や組織をポジティブな方向に変化させようとしており，コーチング心理学のアセスメントには幅広い側面についての評価が望まれ，アセスメントの難しさが指摘される

（Grant, 2013）。しかしながら，エビデンスに基づく科学的学問としてコーチング心理学を位置づけようとするなら客観的で信頼性のあるアセスメントを実施していくことが必要である。

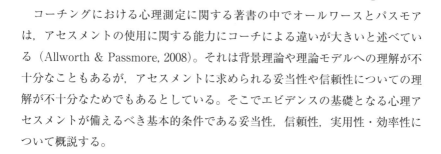

3.　心理アセスメントの妥当性と信頼性

　コーチングにおける心理測定に関する著書の中でオールワースとパスモアは，アセスメントの使用に関する能力にコーチによる違いが大きいと述べている（Allworth & Passmore, 2008）。それは背景理論や理論モデルへの理解が不十分なこともあるが，アセスメントに求められる妥当性や信頼性についての理解が不十分なためでもあるとしている。そこでエビデンスの基礎となる心理アセスメントが備えるべき基本的条件である妥当性，信頼性，実用性・効率性について概説する。

■3-1.　心理アセスメントの妥当性
　心理検査の妥当性は，評価しようとする目的と結果が合致しているかどうかを示すものである。この妥当性は，内容的妥当性，基準関連妥当性，構成概念的妥当性という3種類に大別される。内容的妥当性とはその検査が測ろうと意図している内容を代表しているかどうかということである。たとえば，新たにリーダシップを評価する検査を作成しようとするなら，リーダシップを表す全体的内容をはっきりさせて，その中から代表的な行動や考え方などをサンプリングしなければならない。基準関連妥当性は，使用される検査が関連する外的基準とどの程度関連するかを評価するものである。何を外的基準とするかが問題となるが，すでに類似の検査があればその検査との関連を見る，営業成績などの実際のパフォーマンスを外的基準としてそれとの関連を見るなどが考えられる。また，その検査が将来の行動を予測できる程度は予測的妥当性と呼ばれる。たとえば，ある適性検査の結果とその後の実際の職業におけるパフォーマンスとが大きく関係していれば，その適性検査は予測的妥当性が高いと言える。構成概念的妥当性は，心理検査が測定しようとする概念を全体として適切に測定しているかどうかの評価である。構成概念的妥当性を評価するために

は，似たような概念と関連しているかどうか，あるいは因子分析をすると似た概念は同一の因子にまとまるかどうかなどで確認する。コーチングにおけるアセスメントの実施に際しても，このような妥当性を備えた検査であるかどうかを確認してから使用することが大事である。

■3-2. 心理アセスメントの信頼性

　検査実施者や状況によって，対象者のアセスメント結果が変わらないという一貫性，安定性を示す指標である。信頼性の確認は，同じ検査を時間間隔を置いて複数回実施して，その結果同士がどの程度関連しているかを確かめる再検査法が最も一般的である。行動観察法などでは，異なる観察者が同じ対象を観察し，観察者間の観察結果の一致度を見ることで信頼性を確認することができる。そのほかにも信頼性の確認には，折半法やI-T分析などさまざまな統計的な分析が用いられているが，具体的な方法については専門書も多数出版されているので必要に応じて参考にするとよいだろう。

■3-3. 心理アセスメントの実用性・効率性

　採用しようとするアセスメントがどのくらいの費用対効果があるのか，実施にはどのくらいの時間が必要なのか，クライアントの負担はどのくらいかを検討すべきであろう。十分な妥当性・信頼性があるアセスメント法であったとしても実用性や効率性に欠けるなら実際の使用は難しいだろう。

4. コーチング心理学におけるアセスメントの方法

　心理アセスメントにおいては，行動観察法，面接法，心理検査法，関連する情報の収集などの多様な方法が用いられている。では，コーチングの現場ではどのようなアセスメントが用いられているのだろうか。ジェンキンスら（Jenkins et al., 2012）が2010年から2011年にかけて実施したイギリスにおけるコーチングの現状調査において，コーチングで使用するアセスメントツールについても調べられている。最終的な回答者245名ほぼ全員がコーチング関連の専門資格認定団体であるAssociation for Coaching（AC），英国人事協会

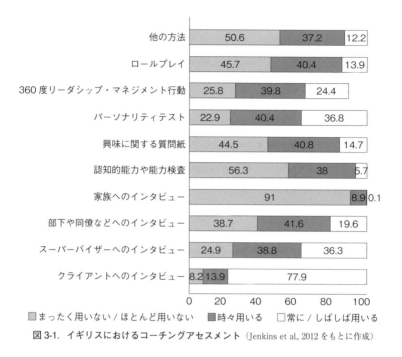

図 3-1. イギリスにおけるコーチングアセスメント（Jenkins et al., 2012 をもとに作成）

（CIPD），国際コーチ連盟（ICF）などの資格を持つコーチであり，アセスメントについての回答結果が図 3-1 である。その結果を見ると，予想どおり本人へのインタビューが最も多かったが，パーソナリティテストも比較的多く用いられていた。また，どの程度クライアントのパフォーマンスアセスメントを行うかという質問に対する回答では，実際のパフォーマンスのアセスメントは，「まったくあるいはほとんど用いていない」が 40.4％，「時々用いる」が 38.7％であり，パフォーマンス評価があまり行われていないことも明らかにされた。この調査結果はコーチングの実践におけるアセスメントの内容および実施はイギリスのコーチ有資格者であってもかなり限定的であることを示している。

　本邦においてコーチングのアセスメントツールに関する学術的研究は見当たらないが，2013 年にプロコーチからのコーチングを受けたことのある 200 名の管理職者に対する藤村の調査報告がある（藤村，2013）。「コーチングを受けて役にたった」と回答した 113 名のクライアントに対して，1 対 1 の対話以外

にどんな方法が用いられたかを尋ねたところ，アセスメント・適性検査の活用
（38.1％）という回答が最も多かった。そのほか，上司・部下など周囲からの
360度フィードバック（28.3％），コーチによる職場メンバーへのインタビュー
（23.9％），コーチによる職場場面での行動観察（23.0％）と続いている。しか
し，この結果は本邦におけるアセスメントツールとして何が使用されているの
かを明らかにするものでないが，さらにどのようなアセスメントが実施され，
そして求められているのかを明らかにしていくことが今後必要だろう。

　上記のように，コーチング心理学で採用されているアセスメントは現在のと
ころ非常に限られたものである。しかし，これまで心理アセスメントとして開
発されてきた行動観察法，面接法，心理検査法，精神生理学的測定法，調査法
などについても理解を深めることで，コーチング心理学でもより一般的に使用
されるようになる可能性がある。心理アセスメントの中には，知能検査や性格
検査など特別な研修などを受けて実施資格を得ることが必要な方法もある。そ
ういった心理アセスメントの方法の特徴や実施方法を十分理解し，あらかじめ
決められた手続きに従い実施できるような教育・訓練がコーチング心理学にお
いても進められなければならないが，ここでは簡単にこれらの心理アセスメン
トの方法について述べる。

■4-1.　行動観察法

　行動観察法は，乳幼児や障害などにより言語的能力が十分でない対象者にも
適用可能な方法であり，行動の質的・量的特徴や法則性を明らかにしようとす
るものである。この行動観察は部下の評価の一環としても日常的に行われてい
る方法であり，対象者の行動をただ見るだけの簡単な方法のように思われるか
もしれない。しかし，行動観察法により客観的な資料を得ようとするなら十分
な準備や訓練が必要である。なぜならば同じ行動が観察者によってまったく異
なった解釈がなされることもあれば，観察する人の先入観によって観察結果
が，大きく変わってしまうこともあるからである。目的に沿って観察すべき行
動をあらかじめ定義しておくなどの十分な配慮が必要である。たとえば「この
部下は協調性がない」といったような先入観を持った観察では，協調性のなさ
に注意が向きやすく，協調性が示された場面が見過ごされたり，大したことな

いと過小評価されたりすることが生じる可能性がある。どのような言動を「協調性」として評価するかをあらかじめ具体的な行動リストにしておく，観察する方法と記録方法を決める，観察する場面を決めておくなどの明確な手続きで実施することが大事である。また，人事評価のひとつの方法である 360 度評価は，直属の上司だけでなく同僚や部下なども含めた多角的な視点に基づく評価を得ようとする方法でこれまでもビジネス場面で多く用いられてきており，コーチング場面でも活用が期待される。しかし，従来の 360 度評価は，上司や同僚，部下など周囲の人々の評価はクライアントの行動を実際に観察した結果というよりも印象評価となっている場合が多い。360 度評価を行動観察法として使用するためには，たとえばミーティング場面やプレゼン場面など観察場面を決めて観察する行動リストを作成し実施するなどの活用が考えられる。

■4-2. 面 接 法

　面接によるインタビューは，アセスメントであると同時にコーチングプロセスそのものである。クライアントの現在の不満，かなえられていない夢，どのような解決像を描くのか，有する能力やスキルなどについて面接の中で明らかにしていくことができる。面接では，クライアントとのかかわりの中で行動観察も行われるだろう。心理検査を実施すれば，そのときの行動，質問に対する反応や動作なども記録しクライアントについてのプロファイルのひとつにすることができる。面接法によるアセスメントは，構造化面接，半構造化面接，非構造化面接に大別できる。構造化面接では，質問内容，質問の順番，所要時間など，あらかじめ決めておいた手続きに従って行われる。半構造化面接では，一定の方向性を持ちつつも対象者の状況や回答に応じて決めておいた質問の表現や内容を変えたり追加の質問を行うなど，柔軟に対応する。非構造化面接はあらかじめ質問などは準備せず自由な発言を重んじる方法である。

　現在のコーチングのアセスメントでは，半構造化や非構造化による面接でのインタビューが中心になっており，行動観察や心理検査によるアセスメントはあまり活用されていない。しかし，ポジティブ・コーチングの著者であるビスワス・ディーナー（Biswas-Diener, 2010）は，1 時間のコーチングでは 30 個程度の質問しかできないが，心理検査を用いた質問は直接聞くことが難しい広

範囲の何百もの質問に対する回答を得ることができるとし，心理検査の活用を勧めている。コーチング心理学におけるアセスメントでは，面接を中心にしながらも行動観察や心理検査などを含めた多角的な評価が望まれる。

■4-3. 国内で使用されている主な心理検査

　これまで多くの心理検査が開発され使用されてきている。それらは，大別すると集団を対象にした集団実施式検査と個人に対する個人実施式検査に分けられる。臨床心理学では集団実施式検査は問題あるケースのスクリーニングとして使用されることが多いが，コーチング心理学では集団実施式検査を活用することで，クライアントの特徴の全体像把握（プロファイリング）に活用できる。個人実施式検査の知能検査なども，発達の問題や障害の程度の判定としてではなく，言語的能力，空間認知能力，処理速度など強みの評価として活用することも考えられる。

　なお，精神疾患の世界的な診断基準・診断分類が示されている精神疾患の診断・統計マニュアル DSM-5（American Psychiatric Association, 2013／邦訳，2014）や ICD-10（WHO, 1992）についても知っておくことが大事だろう。DSM-5 は心理学の分野での活用が多く，医学分野では ICD-10 も活用されている。もっともコーチング心理学の対象者は精神的問題を有しない者とされており，コーチング心理学のアセスメントとして必要ないと考えられるかもしれない。しかし，実際にコーチングを希望した人の26％が精神的問題を抱えていたという研究報告もある（Cavanagh, 2005）。コーチも精神疾患やメンタルヘルスの知識は必須であり，必要に応じて専門家へのリファーを行うことができれば，コーチングを実施したことでクライアントの問題が悪化してしまうといったことが予防できる。

■4-4. コーチング心理学で使用が考えられる心理検査法
(1) 個人コーチングにおけるアセスメント

　1対1の個人コーチングにおいては，アセスメントは観察法，面接法，心理検査法などすべての方法が施行可能である。自己概念や自尊感情，パーソナリティ，動機づけや欲求，価値観や社会的態度，対人関係や対人行動などに関

するさまざまな心理検査をはじめ，発達検査や知能検査などさまざまなアセスメントを実施することができる。発達検査，知能検査あるいは一部のパーソナリティ検査については，検査の実施者が大学院などで心理検査および測定に関する科目を履修し卒業する，あるいはそれと同等な教育・訓練を終えているといった専門的訓練を受けていることが必要とされるものもある。表3-1に従来の心理学の分野で個人のアセスメントとして一般的に使用されており市販されている心理検査例の一覧を示した。教育背景が心理学ではないビジネスコーチがこれらの心理検査を活用しようとすれば，専門的知識や訓練を受けたコーチング心理学者との連携を行っていく必要があるものの，多角的なクライアントの理解が可能となる。また，多様な背景を持つコーチ同士の連携は実行される

表3-1.　日本で一般的に使用される心理検査

検査カテゴリー	使用に際しての条件	検査名
知能検査	×	WAIS-Ⅳ
	×	WISC-Ⅴ
	×	田中ビネー知能検査Ⅴ
	×	コロンビア知的能力検査（CMMS）
	×	グッドイナフ人物画知能検査（DAM）
	×	コース立方体組み合わせテスト
性格・人格・感情に関する検査	△	YG性格検査
	×	ミネソタ多面人格目録（MMPI）
	△	東大式エゴグラム（TEG）
	△	POMS
	△	CMI
	△	SDS
	△	日本版STAI
	△	WHO SUBI（心の健康自己評価質問紙）
	×	ロールシャッハ・テスト
	×	絵画統覚検査（TAT）
	×	文章完成テスト（SCT）
	×	絵画欲求不満テスト（P-Fスタディ）
	×	H.T.P.テスト
視知覚に関する検査	×	ベンダー・ゲシュタルト・テスト（BGT）
	×	フロスティッグ視知覚発達検査
神経心理学的検査	×	Trail Making Test

△：ガイドラインなどに十分配慮することで特別な訓練を受けた専門家でなくとも使用可能
×：専門的訓練を受けた専門家とともに使用しなければならない

表3-2.　コーチング場面で使用可能な日本語の心理ツール

	ツール名	開発者	概要
感情状態評価	PANAS 日本語版	佐藤・安田(2001)；Watson, Clark, & Tellegen（1988）	ポジティブ情動8項目，ネガティブ情動8項目の計16項目の簡易気分評定尺度。
	Stress Response Scale-18（SRS-18）	鈴木・嶋田・三浦・片柳・右馬埜・坂野（1997）	ストレス過程で引き起こされる心理的ストレス反応を評価する尺度。抑うつ・不安，不機嫌・怒り，無気力の3下位尺度。4件法。
ウェルビーイング・肯定感評価	本来感尺度	伊藤・小玉（2005）	Authenticity を測定する，自分自身に感じる自分の中核的な本当らしさの感覚の程度を評価する尺度。7項目。
	自尊感情尺度	山本・松井・山成(1982)；Rosenberg（1965）	心理学で最も頻繁に用いられている。自分に対してこれでよい（good enough）と感じられるような自分自身に対する肯定的感情の包括的な well-being の評価。成長している，目的を持ち，自己決定し，温かな人間関係を築いている感覚を評価。
	Ryff's Well-Being（SPWB）日本語版	西田（2000）	Ryff (1989) の Psychological Well-Being Scale をもとに作成。①人格的成長，②人生における目的，③自律性，④積極的な他者関係。
満足度・幸福感評価	日本語版 CEI-II尺度	西川（2012）	Kasdan ら(2009) の特性好奇心の評価（Curiosity and Exploration Inventory-II）の日本語版。Stretching と Embracing の2因子構造。
	人生に対する満足尺度（The Satisfaction With Life Scale（SWLS）	角野（1994）	構成概念的妥当性・内容的妥当性を十分備えている。単一の満足感5項目。5択式。
	日本語版主観的幸福感尺度	島井・大竹・宇津木・池見・Lyubomirsky（2004）	Subjective Happiness Scale (Lyubomirsky & Lepper,1999) の日本語版。さまざまな場面での比較的簡便な主観的幸福感を測定。
レジリエンス・強み評価	日本版コナー・デビッドソン回復力尺度（CD-RISC）	Connor & Davidson (2003)；伊藤・中島・白井・金(2010)	25項目で構成される5段階のリカート尺度でレジリエンスを測定する。抑うつや PTSD などの精神的健康との関連が検証されており，日本語版は伊藤らによって信頼性と妥当性が確認されている。
	精神的回復力尺度	小塩・中谷・金子・長峰（2002）	新奇性追求，感情調整，肯定的未来志向の3下位尺度。21項目5件法。
	二次元レジリエンス要因尺度	平野（2010）	楽観性，統御力，社交性，行動力の資質的レジリエンス要因と問題解決志向，自己理解，他者心理の理解の獲得的レジリエンス要因を評価する。21項目5件法。

	日本語版強み認識尺度	高橋・森本 (2015b)	Strength Knowledge Scale（Govindji & Linley, 2007）の日本語版。8項目7件法。
	日本語版強み活用感尺度	高橋・森本 (2015a)	Govindji & Linley（2007）の作成した Strength Use Scale の日本語版。14項目5件法。
	日本版生き方の原則調査票	大竹・島井・池見・宇津木・Peterson・Seligman（2005）	VIA-IS の日本語版として作成された。知恵と知識，勇気，人間性，正義，節度，超越性という6領域における24の強みが測定できる。240項目5件法。
性格・対処行動評価	日本語版 Ten Item Personality Inventory	小塩・阿部・Cutrone（2012）	Gosling ら（2003）による Big Five の5つの因子を各2項目で評価する Ten Item Personality Inventory の日本語版。10項目7件法。
	日本語版 Proactive Coping Competence Scale (PCC-J)	永峰・武田・石川 (2021)	Proactive Coping の行動を測定する尺度。現実的な目標設定，フィードバックの活用，将来の評価，リソースの活用の4因子から構成される高次1因子構造の尺度。20項目4件法。
職場やキャリア評価	成人キャリア成熟尺度（ACMS）	坂柳（1999）	成人（勤労者）の人生キャリア，職業キャリア，余暇キャリアについてどの程度成熟した考えをもっているかを評価。3系列3領域，9下位尺度得点が算出される。
	組織内自尊感情 (OBSE)	Matsuda, Pierce, & Ishikawa（2011）	個人が組織の一員として自分を有能で価値ある重要な存在と捉える度合を評価。8項目5件法。
	日本語版ワークエンゲージメント (UWES-J)	Shimazu et al. (2008)	仕事に対する持続したポジティブ感情と意欲を持った満足の状態を評価。1因子9項目。
	日本語版組織サポート（POS）	加藤（1995）	どのくらい組織は自分たちの貢献を評価してくれ，自分たちの well-being に配慮してくれていると従業員が知覚する程度。1因子16項目5件法。
	組織コミットメント尺度	高橋（1997）	働く人の態度。Allen & Meyer（1990）の開発した3次元組織コミットメント尺度（情動的・継続的・規範的）の日本語版。24項目4件法。
	LPC 尺度	白樫（1991）	リーダーシップ尺度。最も苦手とする仕事仲間（LPC：Least Preferred Coworker）に対する態度，寛容さの評価。Fiedler & Chemers（1984）をもとにした日本語版。
	組織シニシズム尺度	松田（2011）	組織に対する疑念，冷ややかな職場，組織に対する負の感情，組織に対する批判的構えの4因子5件法。

	一般解決志向コミュニケーション尺度	木内（2012）	解決志向アプローチの結果，促進される職場における良好なコミュニケーションを評価。自発行動（6項目），居場所感（4項目），他者尊重（6項目），楽観志向（5項目），活性交流（5項目）の5下位尺度。
介入の効果評価	社会的情動スキル尺度短縮版	石川・松田・神庭・奥田（2015）	各種介入の結果促進される感情コントロールとコミュニケーションスキルを評価。他者感情への気づき，自己の強み活用，自己感情への気づき，周囲との一体感の4下位尺度。16項目4件法。
	目標行動スキル尺度	徳吉・岩崎（2012）	目標行動スキルとして7因子（目標への挑戦性，目標設定スキル，問題解決スキル，目標の情報収集スキル，目標に対する柔軟性，自己価値観の反映，目標の失敗傾向）を評価。45項目7件法。
	セルフコーチング尺度	石川・松田・神庭・石川・永峰（2021）	コーチングプロセスを進める7つの方略を評価する。14項目5件法。
コーチングの評価	先延ばし尺度（General Procrastination Scale）	林（2007）	コーチングの目的とされることの多い先延ばしを評価する13項目の尺度。5件法。
	コーチングコンピテンシー自己効力感尺度	西垣・堀・原口（2014）	基本的で重要なコーチングスキルを評価する尺度。1因子25項目11件法。
	コーチングコンピテンシー自己効力感尺度改良版（CCSES-R）	西垣・宇津木（2015）	上記尺度の改訂版。コーチング経験の少ない者にも使用可能。3因子19項目6件法。（9章4節［p. 195］参照）

コーチングの多様性にもつながるだろう。それ以外にコーチングで使用が考えられる日本語の心理尺度を表3-2に示した。これらは論文や学会報告では妥当性・信頼性が確認されているが，市販されていないものである。使用手続きに十分留意することは当然であるが，研究目的であれば著者の許可のもとに無料で使用できる。しかし，CD-RISCなど一部有料なものや，市販されるなど変更もあるので，著者に確認してほしい。パーソナリティや行動傾向をタイプで理解するための尺度として欧米のビジネスコーチングで活用されることの多いMBTI，エニアグラム，DISCなどの尺度の多くが，日本ではライセンスが

特定の会社や団体に属し使用料も高いなど制限された使用となっている。また，これらの尺度についての妥当性と信頼性に関する学術的研究も少なく，今後コーチング心理学で使用するのに適するかどうかは十分検討されなければならない。コーチング心理学のアセスメントとして求められているパフォーマンス，動機づけ，能力などコーチングのターゲットのアセスメントツールの開発が本邦では十分ではなく，今後の開発が待たれる。なお，強みの評価については，コーチング心理学との関連性が強いポジティブ心理学のピータソンとセリグマンが開発した強みの診断尺度 VIA-IS をウェブ上で利用することができる。

(2) グループコーチングにおける心理アセスメント

　グループコーチングは近年の活用拡大とともに注目されてきている分野である。1 対 1 の個人コーチングと比べ少ない時間でコストも安く済む可能性をもった方法と言える。グループメンバー同士の相乗効果やチームワークをグループメンバー間で疑似体験できる，考える時間が取れてリラックスできるといった多くのメリットがある。しかし反面，アセスメントの観点から考えると，グループコーチングには信頼の確立とプライバシーの問題が伴い，グループコーチングにおけるアセスメントの実施には十分な注意が必要である（Van Nieuwerburgh, 2012）。グループコーチングのアセスメントとしても，質問紙など集団実施式検査はほとんど実施可能である。しかし，グループでのアセスメントだけではコーチがクライアントを深く理解することは難しく，個別のアセスメントセッションを設けることも考えた方がよいだろう。

　グループコーチングでは，コーチからの評価だけでなくメンバー同士の評価も受けられるメリットがある。そのことを活用して筆者が実施したコーチング研修では，相手の背中にその人の強みを付箋に書いて貼るというワークを実施したところ，コーチだけでなくメンバーからの多様な評価によって，他者視点の理解，自己理解の客観化，自尊心の向上などの効果が見られた。グループコーチングの効果を検討した研究では，コーチング満足度といった主観的評価だけでなく，就職率，体重減少，血糖値などの行動や生理データなど客観的指標での評価で優れた効果が示されている（Collins et al., 2013）。

5.　コーチング心理学の効果研究

　コーチングは実際にどの程度効果があるのかの確認には，主観的な感想だけでなく効果の内容を妥当性と信頼性の確認されたツールを用いたアセスメントが重要であることは先にも述べた通りである。しかしそれ以外にも，本来なら，エビデンスに基づいたコーチングの効果を示すためには，コーチング介入群だけでなくほかの技法による介入を実施するコントロール群を設けてクライアントを両群にランダムに割り当ててその効果を比較するといった方法を採用しなければならない。コーチング心理学では，心理療法と同様に多様なモデル・介入的アプローチが用いられており，それらのモデル・介入的アプローチのどの要素がどのような反応を引き起こすのかを明らかにしようと試みられている。たとえば，管理職者への認知行動的な解決焦点型コーチングの効果について検討したグラントらの研究ではコントロール群を設定した研究を行っており，目標達成，レジリエンス，職場ウェルビーイングなどの量的指標と自尊心や自己洞察，マネジメント能力の構築などの質的指標の両面から評価比較し効果を確かめている（Grant et al., 2009）。また，ヴァン・ニューワーバーグ（Van Nieuwerburgh, 2012）は中学校，高校，大学などの教育場面で生徒，教師，保護者などに対するコーチング導入の効果を検討している。そこではセルフエフィカシーやレジリエンスなどの心理的指標だけでなく学校の雰囲気などの社会的指標，学業成績という外的指標にも注目し，コーチング導入の効果があるとしている。ヘルスケア領域におけるコーチングの適用では，健康行動，体重，血糖値やコルステロール値などの生理的指標がアセスメントに含まれることも多い（たとえばRickheim et al., 2002）。一方，本邦におけるコーチング心理学による介入効果を示す学術的研究はまだ少なく（Ishikawa et al., 2012），効果評価の手続きの検討やアセスメントツールの開発が必要である。ところで，コーチングが有効だと信じられていると，種々のコーチング法の効果を対象者をランダムに割り付ける方法で検証しようとしても技法間で差がなく意味がないかもしれない。また，厳密な医学モデルで提案されるような条件のコントロールは現実的でないとも言われる（Westen et al., 2004）。厳格な医学モデ

ルに基づいた評価に限定することなく，妥当性・信頼性のある方法で実践の効果評価を行い，知見を積みかさねていくことがまずは大切ではないだろうか。コーチングモデル・介入的アプローチ法の効果は，クライアントの特徴，目標，用いられたアセスメントの内容や方法などによっても異なる可能性も考えられ，一般的な有効性検証にはまだ時間を要するだろう。

■5-1. 心理アセスメントのコーチング過程における実施方法

(1) カークパトリックモデルを活用したアセスメント

　ビジネス領域でこれまでもさまざまなトレーニングプログラムが実践されてきており，それらの効果を説明する責任が求められてきた。その効果を評価する指標としてビジネス領域で経営学者カークパトリック（Kirkpatrick, 1959）が提唱したカークパトリックモデルが一般的である。カークパトリックモデルでは，即時反応，学習，行動，結果という4段階で評価するよう推奨される。このモデルは効果評価方法として一般的に長い間使用されてきているものの，評価の80％が第1段階の研修満足度の評価であること，理論に基づいたモデルではないこと，それぞれの段階の移行に影響する要因がモデルには含まれていないことといった批判がなされている（Kraiger et al., 1993）。しかし，カークパトリックモデルをコーチングに活用するためのマッキー（Mackie, 2007）の提案を参考にし，さらに先に述べた心理テストや行動観察によるアセスメントを加えたならば，次のような段階でのコーチングアセスメントの実施が考えられる。

　第1段階　毎回のコーチング活動評価：
　　クライアントがコーチのやり方，コーチング内容にどの程度満足したかを評価する（例：満足度質問紙やビジュアル・アナログ尺度）
　　コーチ自身の自己評価（例：コーチングスキル尺度）
　第2段階　コーチングの内容の学習度と自己認識の向上：
　　クライアントのスキルや知識が増加したかを評価（例：学んだコーチングスキルのロールプレイによる行動評価）
　　クライアントの自己に対する評価の変化を評価（例：自尊感情など既存の心理尺度による評価）
　第3段階　職場や家庭などでの特定の行動の変化：
　　クライアントが現実場面で実際に行動できるか（例：学んだコーチング

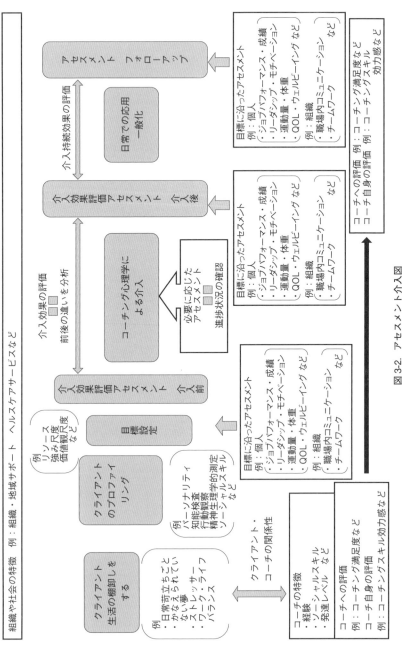

図 3-2. アセスメント介入図

スキルを現実場面でやっているかを自己評価・行動観察・360度評価）

第4段階　目標の達成，成果が出ているかを評価：

　クライアントの目標達成度と継続度，周囲への良い影響（例：体重コントロールや生理データ，就職活動，売り上げなど最初に設定した具体的な行動・数値目標が達成されたか，コーチング終了後も継続しているかを評価。通院回数の減少，医療費の低下，就職率の向上，プロジェクトの成功など）

(2) 心理的介入効果の研究を活用したアセスメント

　心理的介入効果を検討する多くの研究では，カークパトリックモデルのようなクライアントに対するアセスメントだけでは十分ではなく，介入実施者や社会的要因なども介入効果に影響する関連要因としてとして評価される。したがって，クライアントの要因以外に，コーチの要因，コーチ・クライアントの関係性の要因，地域，家庭，学校，会社などの環境的要因にも注意を向けることが必要となる。コーチングを実際に行ううえでどんなアセスメントをどのように組み込んでいくかは，クライアントの課題や目標，用いられるコーチングモデル，個人かグループなのかのコーチング形態などによっても異なってくる。アセスメントを活用する場合の例として図3-2のような方法が考えられる。心理アセスメントは一度実施するだけでは十分ではなく，コーチングプロセスの流れの中で複数回実施するのが望ましい。

　今後もますますコーチング心理学に基づくさまざまな領域への適用が拡大していくだろう。コーチング心理学が真に信頼できる有効な方法であるかを示していくことがますます求められる。妥当性，信頼性が高くクライアントの負担の少ないコーチングの評価法を考えていくことが必要となってくる。クライアントの成長が捉えられ，さまざまなコーチングの成果を評価できるようなアセスメントツールの開発が早急の課題であり，コーチングの実践効果を検証していくことがコーチング心理学研究者に課された課題である。

6.　心理アセスメントにおけるインフォームド・コンセントとプライバシーの保護

　最後にアセスメントにおけるインフォームド・コンセントとプライバシー

の保護について触れておく。心理アセスメントの使用に際しては，アセスメントの目的と利用の仕方についてクライアントに十分説明し同意を得なくてはならないのは当然である。このようなインフォームド・コンセントを十分行うというプロセスがクライアントとの信頼関係には重要なステップである。アセスメントによって得られた情報はクライアントに帰属するものであり，クライアントの同意のもとに開示されるべきである。このことはコーチング関係においてクライアントにスポンサーが存在する場合に特に留意しなくてはならない。得られた情報をどのように開示するかあらかじめ明確にしておくことが必要である。

引用文献

Allen, N. J., & Meyer, J. P. (1990). The measurement and antecedents of affective, continuance, and normative commitment to the organization. *Journal of Occupational Psychology, 63,* 1-18.

Allworth, E., & Passmore, J. (2008). Using psychometrics and psychological tools in coaching. In J. Passmore (Ed.), *Psychometrics in coaching* (pp. 7-25). London: Kogan Page.

American Psychiatric Association (Ed.) (2013). *Diagnostic and statistical manual of mental disorders* (5th ed.) (*DSM-5*). Arlington, VA: American Psychiatric Association. (日本語版用語(監修) 日本精神神経学会(監訳)　高橋三郎・大野　裕(監訳) (2014). DSM-5 精神疾患の診断・統計マニュアル　医学書院)

Biswas-Diener, R. (2010). *Practicing positive psychology coaching.* New York: John Wiley & Sons.

Cavanagh, M. (2005). Mental-health issues and challenging clients in executive coaching. In M. Cavanagh & T. Kemp (Eds.), *Evidence-based coaching: Theory, research and practice from the behavioural sciences* (pp. 21-36). Bowen Hills, QLD, Australia: Australian Academic Press.

Collins, M. J., Eisner, R., & O'Rourke, C. (2013). Bringing financial coaching to scale-The potential of group coaching models. *Research Brief, 7,* 1-5. Center for Financial Security, University of Wisconsin-Madison.

Connor, K. M., & Davidson, J. R. T. (2003). Development of a new resilience scale: The Connor-Davidson Resilience Scale (CD-RISC). *Depression and Anxiety, 18,* 76-82.

Fiedler, F. E. & Chemers, M. M. (1984). *Improving leadership effectiveness: The leader match concept* (2nd ed.). New York: John Wiley & Sons.

藤村直子 (2013). コーチングに関する実態調査　RMSmessage, 31, 14-21.〈http://www.recruit-ms.co.jp/research/journal/pdf/j201305/m31_research.pdf〉

Grant, A. M. (2013). The efficacy of coaching. In J. Passmore, B. D. Peterson, & T. Freire (Eds.), *The Wiley-Blackwell handbook of the psychology of coaching and mentoring* (pp. 15-35). Chichester, West Sussex, UK: Wiley-Blackwell.

Grant, A. M., Curtayne, L., & Burton, G. (2009). Executive coaching enhances goal attainment, resilience and workplace well-being: A randomized controlled study. *The Journal of Positive Psychology, 4,* 396-407.

林　潤一郎 (2007). General Procrastination Scale 日本語版の作成の試み―先延ばしを測定するために　パーソナリティ研究, 15 (2), 246-248.

平野真理 (2010). レジリエンスの資質的要因・獲得的要因の分類の試み―二次元レジリエンス要因尺度 (BRS)の作成　パーソナリティ研究, 19, 94-106.

石川利江・松田チャップマン与理子・神庭直子・石川　智・永峰大輝 (2021). セルフコーチング方略に関する検討　日本心理学会第 85 回大会, 224.

石川利江・松田与理子・神庭直子・奥田訓子 (2015). 社会的情動スキル尺度改訂版 SES-R 作成の試み：

コーチング心理学に基づく介入効果評価のために　日本健康心理学会第28大会発表論文集，83.

Ishikawa, R., Matsuda, Y., & Okuda, N. (2012). A pilot study for evaluating the effects of coaching seminar. Poster presented at the 26th Conference of European Health Psychology, August, 21-25, Prague, Czech.

Ishikawa, R., Matsuda, Y., & Yamaguchi, T. (2008). Study on the effect of social and emotinal control skill on the stress response in Japanese male workers. 10th International Congress of Behavior Medicine.

伊藤正哉・小玉正博（2005）．自分らしくある感覚（本来感）と自尊感情が well-being に及ぼす影響の検討　教育心理学研究，53, 74-85.

伊藤正哉・中島聡美・白井明美・金　吉晴（2010）．日本版コナー・デビッドソン回復力尺度の信頼性と妥当性：一般成人と大学生を対象とした検討　国立精神・神経センター精神保健研究所年報，22, 294.

Jenkins, L., Passmore, J., Palmer, S., & Short, E. (2012). The nature and focus of coaching in the UK today: A UK survey report. Coaching: An International Journal of Theory Research and Practice, 5 (2), 132-150.

Kashdan, T. B., & Silvia, P. J. (2009). Curiosity and interest: The benefits of thriving on novelty and challenge. In S. J. Lopez & C. R. Snyder (Eds.), Oxford handbook of positive psychology (pp. 367-374). New York: Oxford University Press.

加藤尚子（1995）．組織サポート尺度の分析　日本産業・組織心理学会第11回大会発表論文集，77-79.

川上潤子・大塚泰正・甲斐田幸佐・中田光紀（2011）．日本語版 The Positive and Negative Schedule (PANAS) 20項目の信頼性と妥当性の検討　広島大学心理学研究，11, 225-240.

川島一晃（2010）．困難状況を個人の成長に結びつける対処に関する基礎的研究―Proactive Coping Inventory 日本語版(PCI-J)における信頼性・妥当性の検討　心理臨床学研究，28 (2), 184-195.

Kirkpatrick, D., & Kirkpatrick, J. (2006). Evaluating training programs: The four levels (3rd ed.). San Francisco, CA: Berrett-Koehler.

Kirkpatrick, L. D. (1959). Techniques for evaluating training programs. Journal of American Society for Training and Development, 13 (11), 3-9.

木内敬太（2012）．一般解決志向コミュニケーション尺度の作成と信頼性・妥当性の検討　日本産業・組織心理学会第28回大会，32-35.

Kraiger, K., Ford, K., & Salas, E. (1993). Application of cognitive, skill-based and affective theories of learning outcomes to new methods of training evaluation. Journal of Applied Psychology, 78, 311-328.

Lyubomirsky, S., & Lepper, H. S. (1999). A measure of subjective happiness: Preliminary reliability and construct validation. Social Indicator Research, 46, 137-155.

Mackie, D. (2007). Evaluating the effectiveness of executive coaching: Where are we now and where do we need to be? Australian Psychologist, 42 (4), 310-318.

松田与理子（2011）．組織シニシズム(Organizational Cynicism Scale)の開発と妥当性，信頼性の検討　応用心理学研究，36 (2), 88-102.

Matsuda, Y., Pierce, J., & Ishikawa, R. (2011). Development and validation of Japanese version of Organization-based Self-esteem Scale. Journal of Occupational Health, 53 (3), 188-196.

McCain, V. D. (2005). Evaluation basics. Alexandri, VA: ASTD (American Society for Training and Development) Press.

永島大輝・武田清香・石川利江（2021）．日本語版 Proactive Coping Competence Scale の作成および因子構造の検討　日本健康心理学会第34回，25.

西垣悦代・堀　正・原口佳典（2014）．コーチのコーチングコンピテンシー自己効力感尺度開発の試み　日本心理学会第78大会発表論文集，140.

西垣悦代・宇津木成介（2015）．コーチングコンピテンシー自己効力感尺度改良版(CCSES-R)の妥当性　日本心理学会第79大会発表論文集，119.

西川一二（2012）．好奇心とその個人差　感情心理学会第20回大会発表論文集，3.

西田裕紀子（2000）．成人女性の多様なライフスタイルと心理的 well-being に関する研究　教育心理学研究，48 (4), 433-443.

小塩真司・阿部晋吾・Cutrone, P. (2012)．日本語版 Ten Item Personality Inventory (TIPI-J)作成の試み　パーソナリティ研究，21, 40-52.

小塩真司・中谷素之・金子一史・長峰伸治（2002）．ネガティブな出来事からの立ち直りを導く心理的特性―

精神的回復力尺度の作成　カウンセリング研究, *35*, 57-65.

大竹恵子・島井哲志・池見　陽・宇津木成介・Peterson, C.・Seligman, M. E.（2005）．日本版生き方の原則調査票（VIA-IS: Values in Action Inventory of Strengths）作成の試み　心理学研究, *76*, 461-467.

Rickheim, P. L., Weaver, T. W., Flader, J. L., & Kendall, D. M.（2002）. Assessment of group versus individual diabetes education: A randomized study. *Diabetes Care, 25*（2）, 269-274.

Rosenberg, M.（1965）. *Society and the adolescent self-image.* Princeton, NJ: Princeton University Press.

Ryff, C.（1989）. Happiness is everything, or is it? Explorations on the meaning of psychological well-being. *Journal of Personality and Social Psychology, 57,* 1069-1081.

坂柳恒夫（1999）．成人キャリア成熟尺度（ACMS）の信頼性と妥当性の検討　愛知教育大学研究報告（教育科学）, *48*, 115-122.

佐藤　徳・安田朝子（2001）．日本語版PANASの作成　性格心理学研究, *9,* 138-139.

Seligman, M. E.（2007）. Coaching and positive psychology. *Australian Psychologist, 42*（4）, 266-267.

島井哲志・大竹恵子・宇津木成介・池見　陽・Sonja Lyubomirsky（2004）．日本版主観的幸福感尺度（Subjective Happiness Scale:SHS）の信頼性と妥当性の検討　日本公衆衛生誌, *51,* 845-853.

Shimazu, A., Schaufeli, W. B., Kosugi, S., Suzuki, A., Nashiwa, H. , Kato, A., …Kitaoka-Higashiguchi, K.（2008）. Work engagement in Japan: Validation of the Japanese version of Utrecht Work Engagement Scale. *Applied Psychology: An International Review, 57,* 510-523.

清水秀美・今栄国晴（1981）. State-Trait Anxiety Inventory の日本語版（大学生用）の作成　教育心理学研究, *29,* 348-353.

白樫三四郎（1991）．管理・監督者の勤務ストレス―条件即応モデル的分析　組織科学, *25,* 42-51.

角野善司（1994）．人生に対する満足尺度（The Satisfaction With Life Scale（SWLS）日本版作成の試み　日本教育心理学会大会発表論文集, 192.

鈴木伸一・嶋田洋徳・三浦正江・片柳弘司・右馬埜力也・坂野雄二（1997）．新しい心理的ストレス反応尺度（SRS-18）の開発と信頼性・妥当性の検討　行動医学研究, *4*（1）, 22-29.

高橋弘司（1997）．組織コミットメント尺度の項目特性とその応用可能性　経営行動科学, *11*（2）, 123-136.

高橋　誠・森本哲介（2015a）．日本語版強み活用感尺度（SUS）作成と信頼性・妥当性の検討　感情心理学研究, *22*（2）, 94-99.

高橋　誠・森本哲介（2015b）．日本語版強み認識尺度の信頼性・妥当性の検討　パーソナリティ研究, *24*（2）, 70-172.

徳吉陽河・岩崎祥一（2012）．コーチング心理学の目標理論に基づく「目標行動スキル尺度（G-BEST）」の作成と妥当性の検証　東北大学高等教育開発推進センター紀要, *7,* 13-24.

藤南佳世・園田明人・大野　裕（1995）．主観的健康感尺度（SUBI）日本語版の作成と，信頼性，妥当性の検討　健康心理学研究, *8,* 12-19.

Van Nieuwerburgh, C.（Ed.）（2012）. *Coaching in education: Getting better results for students, educators and parents.* London: Karnac.

和田さゆり（1996）．性格特性用語を用いた Big Five 尺度の作成　心理学研究, *58,* 158-165.

Watson, D., Clark, L. A., & Tellegen, A.（1988）. Development and validation of brief measures of positive and negative affect: The PANAS Scales. *Journal of Personality and Social Psychology, 54,* 1063-1070.

Westen, D., Novotony, C., & Thompson-Brenner, H.（2004）. Empirical status of empirically supported psychotherapies: Assumptions, findings and reporting in controlled clinical trials. *Psychological Bulletin, 130,* 631-663.

World Health Organization（1992）. *The ICD-10 Classification of mental and behavioral disorders: Clinical descriptions and diagnostic guidelines.* Geneva: World Health Organization.（融　道夫（監訳）（2005）．精神および行動の障害―臨床記述と診断ガイドライン　医学書院）

山本眞理子・松井　豊・山成由紀子（1982）．認知された自己の諸側面の構造　教育心理学研究, *30,* 64-68.

背景理論

第4章
アドラー心理学と人間性心理学

向後千春・堂坂更夜香・伊澤幸代

　本章では，コーチングの源流のひとつとして，アドラー心理学と人間性心理学を位置づけたい。20世紀初頭に活躍したアルフレッド・アドラーが打ち立てたアドラー心理学は人間の生き方についての斬新な見方を提起し，より良い人生を送るためにはどうすればよいかということについての全体像を示した。その考え方は，マズローやロジャーズといった人間性心理学の実践者たちに引き継がれ，初期のコーチングの理論的背景となっている。そうした意味で，アドラーはマズローやロジャーズに思想的な影響を与えたことにより，間接的に初期のコーチングの成立に影響を与えたと言えるだろう。

　本章では，アドラーの考え方から出発して，マズロー，ロジャーズをたどり，彼らが提示した人間に関する考え方がどのようにコーチングに引き継がれているかを見ていこう。そして，もしアドラー心理学に基づくコーチングというものが構想できるとすればそれはどのようなものになり得るかを提起したい。

1.　アドラー心理学

■1-1.　アルフレッド・アドラーとアドラー心理学

　アルフレッド・アドラー（Adler, A.：1870-1937）は，オーストリアの精神科医であり，心理学者，社会理論家としても活躍した人物である。フロイト（Freud, S.），ユング（Jung, C. G.）と並び，世界的に「心理学の三大巨頭」と称されているが，日本では，フロイトやユングほど紹介されてこなかったため，あまり多くは知られていない。

　アドラーは，1870年にユダヤ人の7人兄弟の次男としてウィーンで生まれ

た。1888 年にはウィーン大学医学部に進み，卒業後はウィーンで診療所を開
設した。1902 年にはフロイトに招かれて精神分析協会の研究グループに参加
していた。1911 年に学説上の対立からフロイトと決別して，自由精神分析協
会を設立した。その翌年には，「個人心理学会」と改称された。

　アドラーが「個人心理学（individual psychology）」と呼んだのは，「個人」
とは「分割できない統一体（in-dividual）」であるという思想から発している。
フロイトはじめ多くの学派が原因論をとるのに対して，アドラーが提唱した心
理学は「分割できない全体としての個人が，目的を持ち，その目的を達成する
ために行動する」として，目的論をとるのが特徴である。アドラー（1929／邦
訳，1996）は，治療よりも予防が大切であるとして教育に力を入れる。その活
動の基盤は普通の人々の集まりで行われ，「私の心理学は［専門家だけのもの
ではなく］すべての人のものだ」と誰にでもわかる言葉で伝えられたのである
（岸見，2010）。日本では彼の理論体系は「個人心理学」あるいは創始者の名を
とって「アドラー心理学」と呼ばれている。

　アドラーは，楽観的な意見の持ち主で，個人心理学を通じて，世界をより良
くするための機会を提供できると確信していた。アドラーは，未来について
次のように述べている。「私の名前を誰も思い出さなくなる時がくるかもしれ
ない。アドラー派が存在したことすら忘れられてしまうかもしれない。それ
でもかまわない，心理学の分野で働くすべての人が，私たちと共に学んだか
のように，行動することになるだろうから」と（Manaster et al., 1977／邦訳，
2007）。

　アドラーの時代から百年たった今，アドラーの理論は，心理学者のみならず
広い領域で多くの人々の思索や著作に影響を与えてきたと言えるだろう。し
かし，その影響がアドラーの考え方に由来しているという言及はこれまであ
まりなされてこなかった。このことに関して，精神医学者のエレンベルガー
（Ellenberger, 1970／邦訳，1980）は，「アドラーの学説は，『共同採石場』み
たいなもので，誰もがみな平気でそこから何かを掘り出してくることができ
る」と紹介しているほどである。

■1-2. 劣 等 感

　私たちが普段感じるいわゆる「劣等感」を発見したのはアドラーである。一般的に，劣等感はネガティブなイメージで使われることが多い。これは，実はアドラーの言う「劣等コンプレックス」に相当するものである。アドラーが「劣等感」と「劣等コンプレックス」とを区別して考えたことは特に銘記したい。アドラーの言う劣等感は，誰もが普通に抱く感情であり，普通の感覚なのだとされた。

　劣等感は英語で，inferiority feelings，つまり自分が少し劣っているというフィーリング（感じ）である。人はもともと「優れた自分になりたい」という目的を持っている。その理想の状態（プラス）から見れば，今の自分は必ず少し劣っている状態（マイナス）にある。このときに抱く感情が劣等感である。この劣等感は，誰でも持っている感覚で，ごく普通の感情である。どんな人でも，どんな領域においても，完璧な人などいない。人はみな，「今日よりも明日，明日よりも明後日，より良くなろう」と願って生きている。誰もが少しずつでも進歩しようと目標を持って生きている。人は，その理想の状態を常に思い描くけれども，現状はそれを満たさないため，その差が劣等感となる。

　このことから，アドラーは劣等感こそが人間が行動するための原動力だと考えた。劣等を感じるので，人は今より良くなろうと努力する。この行動は，劣等感を「補償」しているのだと捉えることができる。しかし，このとき，その自分は劣っているという感情にこだわり，いろいろな理由や理屈をつけて実体化してしまうことをアドラーは「劣等コンプレックス」と呼んだ。たとえば身体的に劣っている部分（器官劣等性）があって，「A なので（あるいは A でないので）B ができないという論理を日常生活で多用すること」，つまり，やるべき課題を前にして，最初からやらないと決めてしまい，できない理由を後からいくらでも出してくるというのである。劣等コンプレックスを「道具」として，当面の課題から逃れようとしている。ここに「劣等コンプレックス」が機能している。

　劣等感と劣等コンプレックスの違いは，「劣等を感じるから努力する」ときには「劣等感」，「私には劣等コンプレックスがある。だから努力を避ける」ときには，言い訳として「劣等コンプレックス」を用いているところにあると理

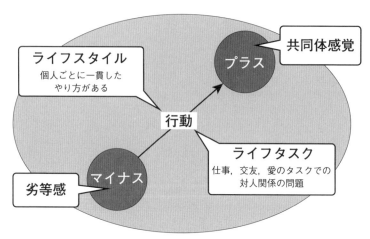

図 4-1.　アドラー心理学の全体像

解したらいいだろう。劣等感は努力のための原動力になる。つまり，劣等感に
は実はポジティブなイメージが埋め込まれており，より良い明日への活力にな
るとも言える。

■1-3.　ライフスタイル

　人はみな，誰もがより良い存在になろうと目的を持ち，その目標に向かって
行動している。しかし，何を一番優先するか（最優先目標）ということやその
行動の仕方は，人それぞれである。人それぞれの行動傾向を心理学では「性
格」や「人格」と呼ぶ。
　アドラー心理学では，その人独自の思考や行動傾向（＝生き方のパターン）
を「ライフスタイル」と呼ぶ。ライフスタイルは，遺伝的要因と環境的要因の
両方から形成されると考えられている。その人独自のライフスタイルが形成さ
れるのは，2-5歳頃であり，遅くとも10歳前後までにはそのライフスタイル
は安定すると考えられている。また，ライフスタイルは自分で選んで決めてい
ることから，決心次第でいつでも変えることが可能である。
　ライフスタイルは，その個人の最優先目標の特徴により大まかに次の4つの
タイプに分けることができる。

・Aタイプ＝安楽でいたい（保護されていたい，面倒なことは苦手）
・Bタイプ＝好かれたい（人気者でありたい，のけものにされることは苦手）
・Cタイプ＝リーダーでいたい（主導権を握りたい，服従するのは苦手）
・Dタイプ＝優秀でありたい（課題達成が喜びであり，無意味な時間が苦手）

　上記4つのタイプを大きく2つに分けると，AタイプとBタイプは受動的，CタイプとDタイプは能動的となる。また，BタイプとCタイプは対人関係重視，AタイプとDタイプは課題解決重視となる。このことから，Aタイプは課題解決優先の受動型，Bタイプは対人関係優先の受動型，Cタイプは対人関係優先の能動型，Dタイプは課題解決優先の能動型と分類できる。

　この4つのライフスタイルは，どのタイプが優れているとか劣っているなどはない。それぞれに長短がある。大事なことは，ライフスタイルは幼少期に決定され，あまりに当たり前に慣れ親しんでいるために，自分自身ではそれを意識することもなく特段それに気づくことはない。ところが，一方で他者からは，「あの人は，こういう人」という判断をされる。そのような体験を経てライフスタイルは一人ひとりタイプが異なるということ，その人には最優先目標があり，人はそれを探ることによって，ライフスタイルを確固なものとすること，それゆえにその人の判断や行動パターンを予測することができるのである。このように，自分自身のライフスタイルを知ることによって，自分の活かし方，対人関係のあり方，自分の役割を考えるヒントになるであろう。

■1-4. ライフタスク

　私たちは何のために生きているのだろうか。

　アドラーは，人間の悩みは，すべて対人関係の悩みだとした。人間は，決して一人では生きることはできない。私たちが今ここに存在しているのも，対人関係を営々と築いてきたからである。

　アドラーは，「私たちは地球上で生きている人類の一員である」として，私たち自身の幸福と人類の幸福のために，個人がなすべき課題は，「仕事・交友・愛」の3つであるとし，これをライフタスクと呼んだ。

　まず 1 つ目に，私たちは人類の一員であり続けるために，社会を形成し維持するための仕事をしなければならない。しかし，人間は一人では何もできない。そこで，人々が互いを認め合い，弱点を補い合いながら，それぞれの役割を果たしていく必要がある。これが「仕事のタスク」である。

　2 つ目は，他者と協力するために良好な関係をつくることが重要になる。人類の一員として生きていくために，仲間の中で自分の居場所をどのように見つけるかが課題となる。これが「交友のタスク」である。

　3 つ目は，人類が継続していくための活動に貢献することである。これは，良きパートナーを見つけ，家庭をつくり，子どもを育てることである。人類には男と女という性が存在するが，その性の役割を成就させることが「愛のタスク」になる。

　これらのタスクはすべて人類全体への関心へと向かっている。アドラーは，これこそが「人生の意味」だと主張した。どのような対人関係をもってライフタスクを果たしていくのかが，私たちの人生の課題なのである。人は他者に関心を持たなければ幸せにはなれない。

　アドラー心理学では，この基本となる 3 つのタスク「仕事・交友・愛」に加えて，「自己との調和」と「世界との調和」の 2 つのタスクも考える。「自己との調和」とは，自分自身と向き合い，完璧でない自分，常に不完全である自分を受け入れるタスクである。

　「世界との調和」とは，自分と世界・宇宙とのつながり，この地球上に生まれてきた自分自身の存在の意味を考えるタスクである。

　仕事・交友・愛のタスクが，自分がこの世界で生きていくための課題だとすれば，自己との調和・世界との調和のタスクは，この世界で生きていることの「意味」を探求する課題だということができる。

■1-5.　共同体感覚

　アドラーは，人は他者に関心を持たなければ幸せになれないと主張した。そして，そのためには「共同体感覚」の育成が重要であると説いている。「共同体感覚」とは，アドラー心理学のキー概念であり，social interest ＝社会への関心，他者への関心を意味している。

　では，具体的に「共同体感覚」とは，どのような感覚なのだろうか。それは，「自己受容→信頼→所属→貢献」の4つの感覚から成り立つと考えられる（野田，1991）。

　まず「自己受容」とは，ありのままの自分でいられること。背伸びをしたり，偽ったりせず，等身大のままの自分で共同体の中に存在できる感覚である。

　次に「信頼」とは，自分のまわりの人に安心して任せることができることである。つまり，相手を信頼して頼ることができる感覚のことである。

　三番目に「所属」とは，その共同体の中に自分の居場所がある感覚である。家庭や職場，友人とのコミュニティの中で安心して存在できる感覚である。

　最後に「貢献」とは，自分がまわりの人の役に立っている，役に立つことができるという感覚である。

　以上，4つの感覚のうち，所属と信頼を「人々は仲間だ」と思う感覚，自己受容と貢献を「私には能力がある」と思う感覚に分類することができる。

　人は共同体の中で常に自分の居場所を求めている。それは，誰も一人で生きられないからである。このとき，自分しか通用しない自己中心的な考え方で所属を目指すと，まわりの人からは不適切な行動とみなされ，孤立してしまうことになるだろう。人は所属できていないと幸せを感じることは難しいだろう。

　共同体感覚を育てる努力とは，自分だけの考え＝私的論理（private logic）から，共同体の仲間が共有できる考え＝共通感覚（common sense）へ変えていくことである。これは，相手の目で見て，相手の耳で聞き，相手の心で感じることである。

　アドラーは，「私は自分に価値があると思えるときにだけ，勇気を持てる」と言った。ここで言う勇気とは対人関係に立ち向かう勇気，つまり人生の課題に立ち向かう勇気のことである。自分に価値があると思えるのは，誰かの役に立っていると思えたときである。さらに，アドラーは，「幸福とは貢献感である」と主張している。つまり，共同体の中で，「人々は仲間だ，私には能力がある」と自然に感じられること，そして自分の役割を見出し人々に貢献していくことができれば，幸せな人生へと導かれるであろう。［堂坂］

2. 人間性心理学

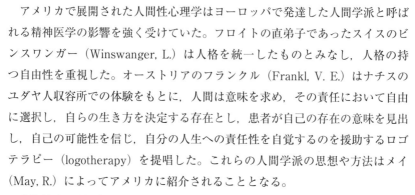

　アメリカで展開された人間性心理学はヨーロッパで発達した人間学派と呼ばれる精神医学の影響を強く受けていた。フロイトの直弟子であったスイスのビンスワンガー（Winswanger, L.）は人格を統一したものとみなし，人格の持つ自由性を重視した。オーストリアのフランクル（Frankl, V. E.）はナチスのユダヤ人収容所での体験をもとに，人間は意味を求め，その責任において自由に選択し，自らの生き方を決定する存在とし，患者が自己の存在の意味を見出し，自己の可能性を信じ，自分の人生への責任性を自覚するのを援助するロゴテラピー（logotherapy）を提唱した。これらの人間学派の思想や方法はメイ（May, R.）によってアメリカに紹介されることとなる。

　人間性心理学の提唱者でもあり中心メンバーであったマズローは，動物の行動実験によって人間の行動を説明しようとする行動主義の非人間的な捉え方に疑問を持った。一方，精神分析では，人間の病的で異常な側面に注目し研究していることから，どちらの理論も正常で健康な人間に注目するという視点が欠如しているとした。精神的に健康で幸福である人間を研究することこそ，真の人間理解につながると考えたのである。

　ここでは，マズローとロジャーズの心理学を取り上げる。

■2-1. マズロー

　アブラハム・マズロー（Maslow, A. H. : 1908-1970）は，20世紀初頭に起こった反ユダヤ主義の集団的迫害行為（ポグロム）から逃れるためアメリカに移住したユダヤ系ロシア移民の長男として，ニューヨーク州ブルックリンで誕生する。マズローの家族はユダヤ人コミュニティに属していなかったので，友人もなく，孤独な少年時代を過ごしたと言われている。また，マズローの家庭は貧しかったために，子どもの頃から働いて家計を助けていた。このような生い立ちがのちに社会的成功に関心を持つ動機となったとされる。

　高校卒業後2年間ほど法律学を学んだが，心理学を学ぶためにウィスコンシン大学へ転校する。そこでワトソン（Watson, J. B.）の提唱する「行動主

義」に出会い，行動心理学の研究に熱中した。1931年同大学で心理学の修士
号を取得し，さらに1934年に心理学博士号を取得した。徐々に行動主義の理
論に疑問を持ち始めたマズローは健全な精神活動に注目し，優れた先駆者た
ちがいかにして社会的成功を収めたかという独自の研究を始める。1937年，
ニューヨーク市立大学ブルックリン校に教授として招聘され，14年間従事し
た。1951年にはユダヤ系大学として有名なブランダイス大学に移り1969年ま
で在職する。

　1962年，その頃広く二大学派として台頭していた精神分析と行動主義に疑
問を持ったマズローは他の発起人たちとともに「人間性心理学会」を設立し，
心理学界の第3の勢力として注目された。1967-1968年にはアメリカ心理学会
会長を務め，1969年，トランスパーソナル学会を設立した翌年，心臓発作に
より倒れるまで「自己の持つ可能性を最大限に引き出すにはどう生きるべき
か」，「社会的に成功した人間はどのような考え方をするか」というところから
個人の領域を超えた意識の範囲まで精力的に研究した。

■2-2.　人間の5段階欲求説

　マズローは病者よりも健康な人間や自分の才能・可能性を十分に発揮してい
ると思われる人間を研究対象とし，精神的健康や人間の欲求を探求した。

　人間は本来生物学に基づく精神的本性を持っていて，それは生まれつき，あ
るいは遺伝により決定され，ある意味では不変であるとする。この精神的本性
は本質的には悪ではなく，むしろ良いものである。この本質的本性の実現が妨
げられたときに，それに対する二次的反応として悪いとされる行動になったり
病気になったりするとした。この精神的本性は動物の本能のように強いもので
はなく，習慣や文化，暗示などで容易に抑圧されてしまうが，正常な人間では
消失せず，常に実現へと向かっていると述べた。

　そのうえで，人間が生存し成長して次の段階へと進む行動をとるための欲求
や衝動は基本的に次のように段階的に存在し，1段階の欲求が充足し消失して
から次の欲求が出現するとした（マズロー，1954／邦訳，1987）（図4-2）。

　①第1段階　生理的欲求：摂食，排泄，睡眠，性行動など基本的生存行動へ
　　　　　　　の欲求

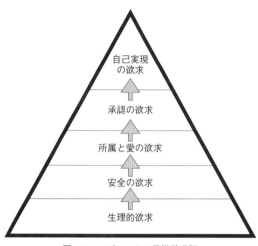

図 4-2. マズローの 5 段階欲求説

②第2段階　安全の欲求：安全であること，保護されていること，生活の秩
　　　　　　　　　序への欲求

③第3段階　所属と愛の欲求：家族，友人，属している集団に居場所があ
　　　　　　　　　る，愛されるといった帰属の欲求

④第4段階　承認の欲求：他者からの承認，自尊心の充足など自己認知の欲
　　　　　　　　　求

⑤第5段階　自己実現の欲求：自己の能力や可能性を広げ自分自身の本性へ
　　　　　　　　　忠実であろうとする欲求

　一方でマズロー（1954／邦訳，1987）は社会的に成功していると考えられる
人，人生の中で深い悟りや出産時の感動など特別な感情体験のある人の分析調
査から，以下のような精神的健康の特徴を挙げた。

　①現実をより正しく有効に知覚する

　②自己や他者が自然であることを受容する

　③自発性を持ち自然体である

　④課題中心的である

　⑤孤独やプライバシーを好む

　⑥文化や環境から独立し，能動的である

⑦物事の認識が絶えず新鮮である

⑧民主的な性格構造である

⑨創造性豊かである

⑩愛する能力がある

　マズローは以上のような特徴を持ち合わせた人間を「自己実現的人間」と呼んだ。晩年には第5段階の自己実現の欲求の先に自己を超越した領域があると提唱した。その至上の幸福と達成の瞬間を至高体験と名付け，自己実現した人にもこうした至高体験が見られるとした。

　しかし，マズローは，「自己実現」という言葉はいわゆる世俗的な成功であったり，自己の欲求を満たし，個人の充実を図ることと捉えられる欠点があることを，自著『完全なる人間―魂のめざすもの』（マズロー，1968／邦訳，1998）において述べている。自己実現とは他人から定義できるような「何か」ではない。マズローによれば，自己実現は自分がなしうる最大限のことをしていること，何かをしているというよりも，自分の存在に関わっているという意味である。そしてさまざまな本質的魅力が開花し，全体として自分らしくなっている状態を指している。単に欠乏している欲求を満たす能動性だけでなく，受動性や受容性も重視しているのである。

　世に広く知られることとなった5段階欲求説は，マズローにとっては人間理解のひとつのアイディアに過ぎず，固定的には考えていなかった。しばしば批判されるように自己実現という事象の操作的定義は曖昧である。マズロー自身も著書の中でその捉えどころのない自己実現という概念を幾度にもわたって多面的に表現している。「完全なる人間」という題名が意図した通り，自己実現に至る道程は何個かの要素に還元するかということよりもっと統合的で，ホリスティックな概念であると言えよう。

■2-3. マズローが与えた影響

　社会的成功者を対象にした研究を通してマズローは，社会的に成功を得た者ほど，他者への思いやりが強くなること，自己実現をした人ほど社会貢献に熱心であることに注目し，このことからさらに組織において成果をあげる組織とそうでない組織があることへも関心を移した。組織に属する人間が幸福で

いられるより良い組織とは何かを考察し，組織の経営にも言及をした。その著書は多くの研究者や経営理論家に読まれ，ピーター・ドラッカー（Peter F. Drucker），ダグラス・マクレガー（Douglas M. McGregor）など著名な経営学者がその影響を受けていると言われている（マズロー，1998／邦訳，2001）。

　また，人間の5段階欲求説は，会社経営，モチベーション理論，看護などさまざまな領域で人間理解の指針のひとつとして取り入れられている。マズローらの生んだ人間性心理学の潮流は，今日では個人の人生や属する組織，社会のあり方が本来あるべき方向へ向かう状態を構成する諸要素について科学的に実証を試みるポジティブ心理学へと受け継がれている。

■2-4. ロジャーズ

　カール・ランサム・ロジャーズ（Rogers, C. R. : 1902-1987）はアメリカイリノイ州オークパークにて，プロテスタントの宗教的に厳格で妥協のない家庭に6人兄弟の4番目として生まれた。教育熱心な両親はとても手厚く愛情をかけて育ててくれたが，愛に満ちた仕方で，強く子どもたちをコントロールもしていた，とロジャーズは著書の中で述べている。

　思春期の子たちを都会の誘惑から離すために，ロジャーズが12歳のとき一家は農園に移り住む。父親の農業経営の影響を受け，科学的農業に興味を持ったロジャーズは1919年にウィスコンシン大学の農学科に進学する。在学中，YMCA（キリスト教青年会）の活動に参加したことでキリスト教に興味を移し，牧師を目指すため1924年にユニオン神学校に入学，2年間学んだ。しかし，特定の信条を信じ続けなければならないところで働くことは難しいと考えたロジャーズは，コロンビア大学教育学部で心理学や精神医学を学び，在学中にニューヨーク州ロチェスターの児童虐待防止協会の児童研究部門の心理職として採用され，以後12年間臨床に携わることとなる。

　ロチェスター大学心理学科，社会学科，教育学科で教鞭をとっていたロジャーズは1940年，オハイオ州立大学で5年間，以後，シカゴ大学で12年間，ウィスコンシン大学で4年間，教授職を得て，教育と研究に従事した。1959年にファーソン（Farson, R.）らと設立した西部行動科学研究所に1963年にウィスコンシン大学から移ったのち，1968年，ラホイヤに人間研究セン

ターを設立し精力的にエンカウンター・グループの実践，研究に携わる。各国
の紛争地域で積極的にエンカウンター・グループを実施し，世界平和にも力を
注いだ。1987年に亡くなるまで生涯をここに捧げたロジャーズはノーベル平
和賞にもノミネートされている。

■2-5.　人間の持っている力

　ロジャーズは，心理療法の歴史上，最も影響力のある心理学者であったとさ
れる。また心理療法の完全なケースを詳細に記録して公開した初めての人物で
あり，膨大な客観的実証的研究を行って，医師ではない立場で初めて心理療法
の体系を作り上げた。治療者とクライエントの間に権威を持ち込まず，対等な
関係としたのもロジャーズの功績である。ロジャーズは，個人は自分自身の中
に，自分を理解し，自己概念や態度を変え，自己主導的な行動を引き起こすた
めの十分な力を持っており，条件さえ整えばこれらの力は働き出し個人の成長
を促進すると考えた。

(1) クライエント中心療法

　長い臨床活動の中でロジャーズのセラピーは，初期には「非指示的アプロー
チ」，中期には「クライエント中心療法」，後期では「パーソン・センタード・
アプローチ（人間中心的アプローチ）」とその名称が変遷したが，この経緯そ
のものが成長する人間の優れたモデルとなっている。治療者は知識を誇示した
り明確な指示をしたりせずとも，クライエント自らが気づき，成長していくこ
とができるとした。ロジャーズ（1957／邦訳，2001）はクライエントを援助す
る治療者の態度（条件）を3つにまとめている。

　①共感的理解：クライエントの内的世界をあたかも自分自身のものであるか
のように感じ取りクライエントに正しく伝える。このとき「あたかも〜のよう
に（as 〜 if)」という態度が大切である。

　②無条件の肯定的配慮：治療者はクライエントを自己成長の潜在能力をもっ
た人間として尊重しあるがままを受け入れ，クライエントと向かい合う。

　③真実性：治療者は自らを取り繕ったり，見せかけを保とうとせず，ありの
ままの正直な自分であるべきである。治療者は感情と意識，言葉や行動が自己

一致していなければならない。

　以上の条件が整ったとき，セラピーの場はクライエントにとって安心で安全なところとなり，そうして初めて自らを自由に語れるようになるとした。

(2) 自己理論

　ロジャーズ（1961／邦訳，2005）は人間の本質を生命体として統合性を持つ有機体と捉えた。この生命体は自らを維持したり成長や成熟へと向かう自己を実現するための能力を持っている。生命体が置かれた環境の中で，自己が意識され，その「自分はこういうものである」という自己概念と実際の経験とが一致した状態を人間にとって理想の状態であるとみなしている。自己が一致しているときに自己一致の状態となり，人間は実現傾向の力を発揮し自己成長の実感を得ることができる。自己概念は人間の現実の行動を規定していくものであるが，自己概念と現実での経験が一致していない状態になるとパーソナリティの統合性が崩れ，自己不一致状態となり心的苦痛が生じるとした。

(3) エンカウンター・グループ

　エンカウンターとは「出会い」という意味を持つ。1960年代のアメリカは，末期的状態であったベトナム戦争の反戦運動，人種差別解消運動，ウーマン・リブ運動などによって社会の構造が動かされ，家族や地域の崩壊が進んでいた。アメリカ西海岸を中心に全世界へ広がった人間性回復運動のアプローチのひとつとしてエンカウンター・グループ運動が広がっていった。ロジャーズは「今世紀最も将来性のある社会的発明」と評し，多くのワークショップを主催した。

　エンカウンター・グループは治療を求めない一般人が，より深い心理的成長を求めて参加するものであり，非臨床機関で集中的にセッションを行う。「今・ここ（Here & now）」というその場での正直さや相互交流が強調され，自己開示や感情や情動を含む全人的参加が求められる。従来のような治療者／クライエントという関係ではなく，リーダーも参加者と同等位置であり，ファシリテーターと呼ばれることが多い。一方で心的外傷を受ける者が出たり，現実生活に持続的な効果を与えていないなど，問題点も指摘されている。

■2-6. ロジャーズが与えた影響

　ロジャーズは現代カウンセリングの祖とされ，特に日本においてはカウンセリングと言えばロジャーズのクライエント中心療法を指すほどの多大な影響をもたらした。傾聴，感情の反射，内容の繰り返し，開かれた質問等，その理論や技法はあらゆるカウンセリング場面での基礎となっている。また，個人が成長や成熟の方向へ向かって変化していく力と傾向をロジャーズは「生命というものの根本的な動機である」と述べた。クライエントを受容し，クライエント自らの成長の力を信じて引き出すクライエント中心療法は動機づけ面接へと発展し，現代の動機づけ概念に大きな影響を与えている。[伊澤]

3.　アドラー，マズロー，ロジャーズからコーチングへ

　以上，アドラー，マズロー，ロジャーズが，人間性心理学の流れの中で，提起してきた人間の見方について説明した。本節では，人間性心理学の考え方が，コーチングにどのように引き継がれているかということについて述べる。

■3-1. モダンな人間観から"第3勢力"人間性心理学へ

　実証科学としての心理学は，1879年にライプツィヒ大学のヴント（Wundt, W. M.）が心理学研究室を創設したことで始まったとされている。このあと，19世紀末から20世紀前半にかけて，心理学の中では3つの潮流があった。それは，精神分析学，行動分析学，人間性心理学であり，それぞれ「第1勢力，第2勢力，第3勢力の心理学」と呼ばれている。

　"第1勢力"の精神分析学は，人間の精神の内的世界とそのメカニズムを重視しようとした。一方，"第2勢力"の行動分析学は，人間の観察可能な外的行動とそれが環境によって制御されることを重視しようとした。このように両者は正反対の立場を取ったものであったにもかかわらず，人間を分解可能なメカニズムのひとつとして見ようとする立場は共通であった。それはモダンな世界観に立脚していた。人間の自我や理性に信頼を置き，思考や行動は理性的にコントロールされるか，あるいは外的な環境条件によって統制されるかのどちらかであると考えられた。

　精神分析学と行動分析学の両者に対して，"第3勢力"の人間性心理学は，人間を分解不可能な有機体として扱おうとした。理性と感情，意識と無意識，心と身体という区別は可能であるとしても，それら全体を動かすものは「個人」全体である。どのようなメカニズムを想定しようとも，最後に自分の行動を決めるのは，その個人以外にはないという立場を堅持した。

　アドラーが，精神分析学から袂を分かったのちに，自分の心理学理論に「個人心理学」という名前を付けたのは，「個人」全体がその人の人生を決めているという基本前提を表明したものであった。人間性心理学の中心人物である，ロジャーズとマズローが若いときにアドラーの講演を聴き，そこから大きな影響を受けていることはもとより，アドラーの「主体的な個人」という概念が人間性心理学の源流になっていることは明らかである。

　しかし，人間性心理学の方針は，近代科学の枠組みからは，常にはみだすものであった。人間性心理学は，人間の直接経験や長期的な成長と変容を重視していた。しかし，それらを扱おうとする限り，実証主義科学の枠組みの中では，客観的データとして提示しにくいという不利が常に働いていた。そのため，データに基づいた実証科学という大きな流れの中では，人間性心理学は決して主流ではなかったのである。

　しかし，人間とはいったい何なのか，何のために生きているのかという根源的な問いはいつの時代でも絶えることはない。その問いの答えを求める人々とそれに答えようとする心理学者たちは，人間性心理学の流れを絶やすことなく発展させてきた。

■3-2.　人間性心理学からコーチングへ

　オコナーとラゲス（O'Conner & Lages, 2007／邦訳，2012）は，人間性心理学をコーチングの土台のひとつであるとし，さらにマズローとロジャーズをコーチングの祖父と位置づけている。

　彼らによれば，人間性心理学では，人間は成長と発展を望む存在であるとしている。マズローはこれを「自己実現」という概念として提示した。マズローは自己実現について「人間性心理学が取り上げるのは，……人間が実際に自分のなれるものになろう，自分がなれるもののすべてになろうとする性質なの

だ」と言っている。現代のコーチングは，クライアントが持っている「自分がなれるもののすべてになろうとする性質」を基本的な前提として考えている。したがって，コーチの仕事は，クライアントに指示したり，方向性や解決策を示したりするのではなく，クライアント自身の「なれるもののすべてになろうとする性質」を実現するために手助けをするということになる。

　また，人間性心理学では，人間を全体的な存在として扱うと同時に，個人の独自性も重視しているとオコナーとラゲスは言う。

　全体的な存在というのは，人間を分割していっても，その全体の理解には至ることはなく，不可分なその人全体という見方が不可欠であるということである。もちろん，身体と精神や，理性と感情というような分け方は，対象を分析していくことには役立つかもしれない。しかし，最終的には，その個人全体とその人の人生という包括的な見方が必要となる。人間性心理学は，人間を全体として扱おうとしている。

　また同時に，人間性心理学は個人の独自性を重視している。全体として不可分な個人は，それぞれに独自性があり，一人ひとりがユニークな個性を持ち，そして独自の人生を歩んでいる。コーチングにおいてはその独自性を尊重する必要がある。

　ロジャーズはクライエントに関わるにあたって「無条件の肯定的関係」を前提として「クライエント中心主義」を提示した（のちに「パーソン・センタード」と表明する）。これは，相手を全体的な存在として受け入れ，相手の独自性を尊重するという態度を重視していることから発している。ロジャーズのカウンセリングでは，クライエントに指示を出すことはできるだけ控えられる。これは，相手を唯一の独自性を持った存在全体として，受け入れるということにほかならない。

　以上，人間性心理学は，人間を「成長と発展を望む，独自性を持った存在全体」として見ようとする。これは，コーチングにおいても共通に受け入れられている前提条件であるということができるだろう。

■3-3. 現代アドラー心理学の枠組みとコーチングの対応

　もしオコナーとラゲスが言うように，人間性心理学がコーチングの土台であ

り，マズローとロジャーズがコーチングの祖父であるとするならば，人間性心理学の源流であるアドラーは，同様にコーチングの源流であると言うことができるだろう。

　また，アルバート・エリス（Ellis, A.）が開発した REBT（Rational Emotive Behavior Therapy, 論理情動行動療法）は，その後のコーチングに大きな影響を与えている。REBT の中の，どんな人も多かれ少なかれ持っている「イラショナル・ビリーフ（不合理な信念）」というアイディアは，アドラーから影響を受けたものだろう。とすると，アドラーはエリスを介して，間接的にコーチングに影響を与えていることになる。

　現代のアドラー心理学の理論的枠組みは，アドラーがオリジナルのアイディアを提示したのち，アンスバッハー（Ansbacher, H. L.）によってその概念が整理され，ドライカース（Dreikurs, R.）をはじめとしたその後の研究者や実践者に継承され発展してきた。現代アドラー心理学が採用している理論的な基本前提は，「全体論，目的論，社会統合論，仮想論，個人の主体性」の5つにまとめることができる。以下に5つの基本前提が現代のコーチングにどのように関係づけられるかについて考えたい。

(1) 全体論（Holism）

　全体論とは，人間は統合された全体であり，分割することができない存在であると考えることである。たとえ意識と無意識，理性と感情というような区別はできるにしても，それらを統合しているのはその個人以外にはないとする考え方である。これは，ロジャーズの「有機的自己」という考え方に受け継がれている。そして，それはコーチングにおいても「成長と発展を望む存在」としてクライアントを扱う考え方に合致している。

(2) 目的論（Teleology）

　目的論とは，人はまず目的を持ち，そのために行動すると考えることである。アドラーは，人はまず，より優れた自分になろうという目的を持ち，そのために現在の自分に劣等感を抱くのだと考えた。これはマズローの自己実現という概念に影響を与えているだろう。また，ロジャーズの，人は自己成長を果

たそうとする存在であるという考え方にも取り入れられている。目的論もまた
コーチングの考え方に合致していると言えるだろう。

(3) 社会統合論 (Social-embeddedness)

　社会統合論とは，人は社会に埋め込まれた存在であり，対人関係の問題を考
えざるをえないとすることである。アドラーは，人生のほとんどすべての悩み
は対人関係の悩みであるということを指摘した。この文脈において，ロジャー
ズが，地域や家族における対人関係の崩壊を危機的なものと感じて，それに対
抗する方法としてエンカウンター・グループを開発したのは必然的なもので
あったとも言えるだろう。人生のあらゆる場面で現れてくる対人関係の問題を
扱わなければならないコーチングは，社会統合論の考え方に合致していると言
えるだろう。

(4) 仮想論 (Fictionalism)

　仮想論とは，人は自分が見たいように自分と他者，および世界を見ていると
いうことである。エリスの REBT では，人はそれぞれに「こうなりたい」と
いう人生の目的を持っている（アドラー心理学の目的論）ことを前提として，
しばしばそれを妨害するようなイベント（たとえば「仕事を失う」）が起こっ
たときに，その人は感情的あるいは行動的な結果（たとえば「ふさぎこむ」）
を体験すると考える。しかし，「仕事を失う」→「ふさぎこむ」の間には，そ
の人の信念（たとえば「仕事を失うのは私に価値がないからだ」）が介在して
いる。そしてこの信念の多くは不合理（イラショナル・ビリーフ）であり，そ
れを合理的な信念（たとえば「仕事を失ったのはたまたまであり，よりよい職
に就ける可能性はある」）に変換していこうとするのである。アドラー心理学
でも，その人が見ていることはすべてその人が「あたかも現実であるかのよう
に認識していること」にすぎないとするのである。エリスの REBT はその後
のコーチング心理学の認知行動アプローチに影響を与えている。

(5) 個人の主体性 (Creativity)

　個人の主体性とは，自分の人生はほかでもない自分自身が決めるということ

である。マズロー，ロジャーズをはじめとした人間性心理学の研究者は，産業化された社会の中で，ともすれば規格化され部品化されてしまいがちな人間の存在に，主体性と尊厳を取り戻すことを常に意図していた。そしてこれは現代のコーチングに変わらず引き継がれている基本前提である。

■3-4. アドラー心理学に基づくコーチングの構想

　以上見てきたように，アドラー心理学の5つの基本前提とコーチングとは，共通の枠組みを使っていることがわかる。アドラーのアイディアは，その後の研究者たちに，まるで共同採石場から取ってきたもののように自由に使われたと言われている（Ellenberger, 1970／邦訳, 1980）。そう考えると，アドラーが提示した重要なアイディアが，マズローやロジャーズ，そして人間性心理学の研究者たちに受け継がれ，今日のコーチングと共通の土台になっていることは不思議ではない（表4-1 参照）。

　アドラーは，人間の成長と行動の原理についていくつか重要な発見をした。たとえば，劣等感と補償，ライフスタイルの形成，私的感覚と共通感覚，そして共同体感覚の育成といった概念である。しかしこれらは断片的に取り上げてキーワードとしても使ってもあまり意味はない。あくまでも人間を全体として捉えるという文脈の中で考えなくてはならない。もしアドラー心理学の概念を，コーチングの中でこのように使うことができるのであれば，そのとき「アドラー心理学コーチ」とも呼ぶべきものが構築できるかもしれない。

　アドラー心理学では，人間全体を次のように捉えようとしている。人間は生まれついて，より良い存在であろうとする目的を目指している。そのために現在の自分について常に劣等感を感じ，それを補償しようとして努力を続ける。

表4-1. アドラー心理学の基本前提とその影響

アドラー心理学	その影響
全体論（Holism）	ロジャーズの「有機的自己」
目的論（Teleology）	マズローの「自己実現」 ロジャーズの「自己成長」
社会統合論（Social-embeddedness）	ロジャーズの「エンカウンター・グループ」
仮想論（Fictionalism）	エリスの「イラショナル・ビリーフ（不合理な信念）」
個人の主体性（Creativity）	人間性心理学の「主体性と尊厳」

ナカニシヤ出版
心理学図書案内

〒606-8161
京都市左京区一乗寺木ノ本町15番地
tel. 075-723-0111
fax. 075-723-0095
URL http://www.nakanishiya.co.jp/
＊価格は2018年11月現在の本体価格です。
＊最寄りの書店にご注文下さい。

教材心理学 [新装版]
心の世界を実験する
木下冨雄他編　2400円

学生が自ら手を下して実験することで心理学の理解を深める、学生実験用の教材セット。ロングセラーの新装版。

アイゼンク教授の心理学ハンドブック
マイケル W.アイゼンク著／
日本語版監修山内光哉　22000円

現代心理学入門の決定版、待望の邦訳！　ＴＥＥアプローチに基づき各章を構成。豊富で多彩な内容を効率的に学び、さらに自分で考える術が身につく。

心 理 学 概 論
京都大学心理学連合編　3000円

学部を越えた京都大学気鋭の心理学系研究者達による、正確かつ読みやすい本格的大型テキスト。心理学の先端を支える研究者の養成はここから始まる。

心理学概論 [第2版]
岡市廣成・鈴木直人監修　3200円

古典から最新トピックまで網羅した学部生向けスタンダード教科書の改訂版。各専門家が実証的根拠・データを提示しつつ、必須内容をわかりやすく解説。

心 理 学 概 論
向井希宏・水野邦夫編　3400円

関連分野を広げ続ける心理学を平易に解説。基本分野はもちろん交通心理や自殺予防といった諸分野まで幅広く取り上げる。

エッセンシャル心理学
長谷川千洋編　2400円

公認心理師の教育の基本である生物－心理－社会モデルを意識し、ブループリントに即した内容をバランスよく解説。コラム等も充実。

現 代 心 理 学 入 門
磯崎三喜年他著　2400円

刺激があれば反応する。その反応の仕方は人さまざまである。それを心理学という方法でどのように見て、そこに何を発見するのか。

犯罪心理学
再犯防止とリスクアセスメントの科学
森丈弓著　4600円

再犯研究、リスクアセスメント理論、分析ツールの構成手続きまで総合的に解説。矯正現場での経験を踏まえた筆致で実務家にも役立つ。

天地海人
防災・減災えっせい辞典
矢守克也著　1700円

いつ起こるかわからない自然災害に常に備える心構えと災害後の未来に勇気を与える、天・地・海・人4部のエッセイとキーワード。

アジアの質的心理学
日韓中台越クロストーク
伊藤哲司他編　2500円

日本で盛り上がりを見せる質的心理学だが、近隣のアジアではどのような研究が行われているのか。クロストークを交えて紹介。

パーソナリティ心理学入門
ストーリーとトピックで学ぶ心の個性
鈴木公啓他著　2000円

馬田人工知能研究所へようこそ！博士とヒューマノイド、研究者のキムとジョージのストーリーから、パーソナリティ心理学を楽しく学ぶ。

心理臨床の視座の転換をめざして
倉戸ヨシヤ著　2000円

臨床における神秘的体験の記述、怒り、弱さ、包括的心理療法、震災時ケアの考察など、日本のゲシュタルト療法の第一人者の論考を集約。

基礎から学ぶ心理療法
矢澤美香子編　2600円

初学者が広く心理療法にふれ、その基礎を学べるよう、統一された構成で、それぞれの心理療法の歴史や理論、技法などバランスよく解説。

心の専門家養成講座シリーズ
森田美弥子他　監修　2500〜3500円

①臨床心理学実践の基礎その１／②臨床心理学実践の基礎その２／③心理アセスメント／⑦学校心理臨床実践／⑧産業心理臨床実践（2020年5月。以降続刊）

保健と健康の心理学 標準テキストシリーズ
島井哲志監修　3200〜3400円

①保健と健康の心理学／②法律と倫理／③測定法・アセスメント／④臨床健康心理学／⑤産業保健心理学／⑥健康・医療心理学（一部書名省略表記）

コラージュ療法
材料からの再考
今村友木子他著　3200円

コラージュ療法の材料に本当に必要なものは何か。材料シート集の開発を中心に、事例やアセスメント、関連技法など幅広く解説する。

自閉症スペクトラム児の遊戯療法
古市真智子著　5900円

遊戯療法は自閉症児に何ができるのか。遊戯療法を通して彼らが主体的に世界を理解していこうとする様相を事例研究をもとに論じる。

スクールカウンセリングにおける投影描画アセスメント
加藤大樹・鈴木美樹江著　3000円

思春期・青年期の心理的問題、描画に現れる不適応のサインやパーソナリティとの関連を解説。現場で活用可能な解釈の視点を提供する。

傾聴・心理臨床学アップデートとフォーカシング
池見陽編　2800円

相手の話を追体験する過程に何が起こっているのだろうか。話し手と聴き手の双方に機能している「鏡」はどう在るのか。

人とのつながりとこころ
人と社会を見通す心理学
今川民雄・山口司・渡辺舞編　2200円

日常の気になる光景に社会心理学・臨床心理学から分かりやすい考察を加えることで、知らず知らずに科学的・学問的な態度が身につく。

その補償の仕方は人によりさまざまであり，それをライフスタイルと呼ぶ。ライフスタイルは子どものときからの体験や対人経験などにより 10 歳くらいまでには固まる。しかし，それを自覚することは少ない。対人葛藤を乗り越え，自分のライフスタイルを自覚し，他者と競合するのではなく，協力をしていくことを学んでいくことにより，徐々に共同体感覚が育成されていく。幸福な人生とは，共同体感覚が育成されたことによる副産物である。

　もしアドラー心理学に基づく以上のような枠組みに基づいてコーチングを設計していくとすれば，それはアドラー心理学に基づくコーチングと呼ぶことができるだろう。とはいえ，アドラー心理学は思想抜きには使えない。その思想とは，アドラーが最終的に提示した「共同体感覚の育成」ということである。対人葛藤の中から自分の私的論理を探し出し，それを変えることで他者との協力関係を作っていく能力をすべての人が身につけなければならない。それが共同体感覚の育成である。それは必ずしも人生を「成功」に導くことはしないかもしれない。「成功」ではないけれども，しかし，必ず人生を「幸福」に導くことになる考え方であり，思想なのである。もし，コーチングが「人生の成功」を目指したものであるとすれば，「アドラー心理学に基づくコーチング」はそれそのものが自己矛盾になるかもしれない。しかし，人を幸福にするためのコーチングがあるとすれば，それはアドラー心理学に合致したものになる可能性があるだろう。［向後］

引用文献

Adler, A. (1929). *The science of living.* New York: Greenberg.(Original work.)(Edited and with an introduction by H. L. Ansbacher (1969). Garden City, NY: Doubleday Anchor Books.)(岸見一郎（訳）野田俊作（監訳）(1996). 個人心理学講義―生きることの科学　一光社)

Ellenberger, H. F. (1970). *The discovery of the unconscious: The history and evolution of dynamic psychiatry.* New York: Basic Books.（木村　敏・中井久夫（監訳）(1980). 無意識の発見・下　弘文堂）

岸見一郎 (2010). アドラー心理学：シンプルな幸福論　KK ベストセラーズ

Manaster, G. J., Painter, G., Deutsch, D., & Overholt, B. J. (Eds.) (1977). *Alfred Adler as we remember him.* Chicago, IL: North American Society of Adlerian Psychology.（柿内邦博・井原文子・野田俊作（訳）(2007). アドラーの思い出　創元社）

Maslow, A. H. (1954). *Motivation and personality* (2nd ed.). New York: Harper.（小口忠彦（訳）(1987). 人間性の心理学　産業能率大学出版部）

Maslow, A. H. (1968). *Toward a psychology of being* (2nd ed.). New York: Van Nostrand Reinhold.（上田吉一（訳）(1998). 完全なる人間―魂のめざすもの　誠信書房）

Maslow, A. H. (With added interviews and edited by D. Stephens, & G. Heil.) (1998). *Maslow on management.* New York: John Wiley & Sons. (大川修二・金井壽宏(監訳)(2001). 完全なる経営　日本経済新聞出版社)

野田俊作 (1991). 続アドラー心理学トーキングセミナー：勇気づけの家族コミュニケーション　アニマ2001

O'Connor, J., & Lages, A. (2007). *How coaching works: The essential guide to the history and practice of effective coaching.* London: A & C Black. (杉井要一郎(訳)(2012). コーチングのすべて　英治出版)

Rogers, C. R. (1957). The necessary and sufficient conditions of therapeutic personality change. *Journal of Consulting Psychology, 21,* 95-103. Cited in H. Kirschbaum, & V. Henderson (Eds.), *The Carl Rogers reader.* Boston, MA: Houghton Mifflin. (伊藤　博・村上正治(監訳) (2001). ロジャーズ選集(上)　誠信書房)

Rogers, C. R. (1961). *On becoming a person: A therapist's view of psychotherapy.* Boston, MA: Houghton Mifflin. (諸富祥彦・末武康弘・保坂　亨(共訳) (2005). ロジャーズが語る自己実現の道　岩崎学術出版社)

第5章
ポジティブ心理学

大竹恵子

　本章では，ポジティブ心理学の応用として位置づけられているコーチング心理学の理解を深めるために，ポジティブ心理学について紹介する。ポジティブ心理学が誕生した歴史的経緯を含めてポジティブ心理学が重視している実証科学に基づいた理論的研究と研究枠組みから，コーチング心理学の今後の展開と可能性について考える。

1.　ポジティブ心理学とは

　ポジティブ心理学（positive psychology）とは，人間が持っているポジティブな側面に着目し，心理学の使命を再確認しようという心理学全体に対する新しい方向性と可能性を示した21世紀の心理学と称される研究動向である。
　ポジティブ心理学の始まりについては後に詳しく述べるが，セリグマン（Seligman, Martin E. P.）とともにポジティブ心理学の骨組みを作り上げたと言っても過言ではないピーターソン（Peterson, Christopher）は，ポジティブ心理学とは，「私たち人間が生まれてから死ぬまでの人生すべての時間において，"何が良いことなのか"ということを科学的に研究する心理学」と述べている（Peterson, 2006）。また，ポジティブ心理学は，人間が持っているポジティブな機能を解明し，それらを促進するための科学的で応用的なアプローチとも定義されている（Snyder & Lopez, 2007）。いずれにしても，ポジティブ心理学は，私たちの人生において生きる意味とは何なのかということや，価値のある人生をつくりだすものは何なのかという問いに対して実証科学として積極的に取り組もうとする心理学の運動である。

■1-1. ポジティブ心理学の提唱と広がり

　ポジティブ心理学は，1998 年に当時アメリカ心理学会（APA）の会長で
あったセリグマンが *APA Monitor* に "Building human strength: Psychology's
forgotten mission" というコラム記事を書き，これからの 21 世紀の心理学の方
向性として人間が持つ強さ（human strength）を科学的に検証することの意
義を述べたことから始まる（Seligman, 1998a）。彼は，これまでの心理学を振
り返り，第 2 次世界大戦以降の心理学は目覚ましい発展を遂げ，とりわけ臨床
心理学は精神的な問題を持つ人々に焦点を当て，人間の弱い部分や精神的な問
題をどのように治療し，改善するのかということに多大な努力と労力を費やし
てきたことを強調した。第 2 次世界大戦以前の心理学は，①精神的な問題や障
害を治療すること，②すべての人たちの生活をより幸福で充実したものにする
こと，③優れた才能を持つ人たちを見出して育てること，という 3 つの使命
があったが，第 2 次世界大戦後は，①に焦点を当て，他の 2 つの使命は忘れ去
られてきたと述べたのである。つまり，そこには，心理学の焦点が精神病理に
当てられていたという反省を込めたセリグマンの認識と今後の展望が込められ
ている。そして，彼は，引き続き 1998 年の *APA Monitor* に "Positive social
science" と "What is the 'good life' ? " というコラムを書き（Seligman, 1998b,
1998c），この段階ではまだ「ポジティブ心理学（positive psychology）」とい
う言葉は用いていないが，人間がより良い生き方をするためにはどうしたらよ
いのかということを科学的に考える，というポジティブ心理学の主張を展開し
ている。

　もちろん，これまでの心理学の成果は誇るべきものであり，多くのすばらし
い研究が行われ，精神的な問題や障害の理解の拡大と治療や予防に関する有意
義な知見によって信頼できるさまざまなアセスメント法が開発され，治療効
果をあげてきたことは言うまでもない。しかしながら，これまでの心理学の
発展は，人間の精神病理の解明に過度に集中してきた結果，本来の心理学の使
命が忘れ去られてしまった状態になっている。そして，この本来の心理学が
目指してきたものこそ，人間の弱みばかりではなく，人間が持っている強さ
（human strength）や人徳・美徳（virtue）を科学的に研究することなのでは
ないだろうかとセリグマンは考えたのである。彼は，APA 総会の会長講演で

20世紀の心理学を振り返り，21世紀の心理学の課題の1つとして「ポジティブ心理学」という言葉を用いて演説し，ポジティブ心理学運動が展開したのである。2000年，2001年と立て続けにAPA発行の*American Psychologist*にポジティブ心理学の特集号が組まれ，研究テーマやポジティブ心理学が目指す内容が展開されている（Seligman & Csikszentmihalyi, 2000; Sheldon & King, 2001）。これについて詳しくは，次節で述べるが，①ポジティブな主観的経験の研究，②ポジティブな個人特性の研究，③ポジティブな環境の研究という3つのテーマを推進することを提唱している。

　この流れを受けてその後，ポジティブ心理学という言葉を用いた研究発表や出版物が多く見られるようになり，2002年には，セリグマンの*"Authentic happiness: Using the new positive psychology to realize your potential for lasting fulfillment"*（邦題『世界でひとつだけの幸せ』2004）が出版され，一般向けへのポジティブ心理学の宣伝としても大きな反響を生んだ。また，同年には800ページを超えるハンドブック（Snyder & Lopez, 2002）が出版された。この本は，10のパートから構成され，たとえば人間が持つ強みであるストレングス（strengths）や，情動，認知，自己，対人，生物学的研究，対処法，特定の対象者やテーマなどアプローチごとにこれまでのさまざまな研究成果とポジティブ心理学としての展望がまとめられている。さらに翌年には同編者によってポジティブ心理学におけるモデルや測定法をまとめたアセスメントに関するハンドブックが出版された（Lopez & Snyder, 2003）。この本の内容は，ポジティブとは何なのかという定義に始まり，認知，感情，対人，宗教・哲学に関する各モデルと測定法，そして最終的に目指すべきポジティブな過程とその結果に関する個人から環境レベルまでのモデルと測定法であり，2002年のハンドブックとともにポジティブ心理学における初期の重要な基礎資料である。その後もさまざまな出版物や論文が公表され，わが国では2006年にポジティブ心理学の本が出版された（島井，2006）。

■1-2. ポジティブ心理学が生まれた背景

　ポジティブ心理学は，21世紀の心理学と呼ばれ，この十数年の間に急激に発展した「新しい」心理学のように感じるかもしれないが，実際はそうではな

いと思われる。その理由は，ポジティブ心理学が主張していることは，これま
での心理学がまったく考えてこなかったことではなく，むしろ，これまでもさ
まざまな観点から考えられてきたことを再認識させるきっかけとなった，と考
える方が納得できるからである。

　たとえば，マズロー（Maslow, 1970）が述べた自己実現の欲求に代表される
ように，人間が持っているポジティブな要因に関する研究には過去の多くの成
果や積み重ねがある。ポジティブ心理学における主要な研究テーマのひとつで
あるポジティブ感情についても，1970年代の認知革命以降さまざまな研究が
行われており，たとえばアイセンらは，ポジティブ感情が独創的な思考を引き
起こすこと（Isen et al., 1985）や，柔軟性や創造性を高めること（Isen et al.,
1987），問題解決や意思決定に影響を与えること（Isen, 1993）など，さまざま
な機能があることを明らかにしている。また社会心理学や臨床心理学，健康心
理学といった領域でもポジティブな自己認知や個人特性についての研究が多く
行われ，自己効力感（Bandura, 1986）や，ハーディネス（Kobasa, 1979），近
年注目されているセンス・オブ・コヒアランス（首尾一貫感覚）と呼ばれる
健康生成論（Antonovsky, 1979, 1987），楽観性（optimism）やポジティブ・
イリュージョンと呼ばれる自己高揚的動機に基づく認知バイアス（Taylor &
Brown, 1988），日本語では復元力などと訳されるレジリエンス（Masten et al.,
1990; Jew et al., 1999; Wagnild & Young, 1993）など，適応との関連からさま
ざまなポジティブな精神機能について検討されている。

　このように考えると，ポジティブ心理学はこれまでの研究と社会的状況のも
と，時を得て関心と反響を呼んだ，心理学がこれまでも考えてきたことにあら
ためて焦点を当て直そうとした運動だと言える。先進諸国における衛生栄養環
境の改善と疾病構造の変化を受けて，心理学においても精神疾患や障害の回復
を疾病モデルから理解していたこれまでの考え方を見直し，疾病の予防や健康
増進に関連して充実した人生を探求する必要性が生じた。そして，高齢化社会
とともにQOL（quality of life）や主観的ウェルビーイング（subjective well-
being）の研究が多く行われるようになったこと（Diener, 1984; Diener et al.,
1999; Kahneman et al., 1999）は，ポジティブ心理学運動を促進した背景とし
て大きい。

■1-3. ポジティブ心理学に対する批判

　ポジティブ心理学の誕生は風のごとく世界中で反響を巻き起こした現象と言えるが，同時にさまざまな批判や警告を含んだ懸念があることも事実である。

　ポジティブ心理学を論じるうえで避けて通ることができない心理学のひとつが，本書の第4章に詳しく紹介されているが，人間性心理学（humanistic psychology）と言えるだろう。人間性心理学は，アメリカの行動主義における考え方とは対照的な人間の見方をしており，人間の経験や価値，意味などに重きを置き，主体性や自己実現などの人間のポジティブな側面に焦点を当てている（Smith, 1994）。この意味で，人間性心理学とポジティブ心理学は極めて研究対象が似ていると感じるかもしれないが，両者は以下に述べるいくつかの点で"対立"した経緯がある。

　セリグマンとチクセントミハイ（Seligman & Csikszentmihalyi, 2000）は，人間性心理学の研究について科学的および実証的ではない点を指摘し，その意味で人間性心理学はポジティブ心理学とは異なると述べた。これに対して *Journal of Humanistic Psychology* でポジティブ心理学の特集が組まれ，テイラー（Taylor, 2001）は，人間性心理学はナルシスティック（narcissistic）で反科学的（antiscientific）であるというセリグマンらの指摘に対して，人間性心理学の研究には伝統があり，科学に反していないことを歴史的な経緯や他領域の業績等を例に挙げながら猛然と批判論文を展開した。そして，セリグマンのような立場の心理学者こそ，「ポジティブ」という言葉の用い方が適切ではなく，科学主義的に偏っていると反論した。また2004年には，ポジティブ心理学が，ネガティブ側面を軽視することに対して疑問や批評をなげかけている（Held, 2004）。このように，両心理学の対立については近年も続いており，存在論，認識論，実践哲学という観点から対比され議論が展開されている（Waterman, 2013）。

　本書では，両心理学のどちらが正しいといったことを論じることは目的ではなく，また筆者にとっては批判論文等から両者の関係を理解しているにすぎないため，実際にどのような対立が存在した（する）のかは推察の域を超えない部分がある。しかし両者には，たとえば「ポジティブ」の捉え方に違いがあるように感じられる。人間性心理学は，自己実現に代表されるように人間は常に

成長可能性を持っており，個人にとって何が良いか悪いかということも含めて
個人が探求するのだという個人の発達的過程を重視していると考えられる。一
方，ポジティブ心理学は，人間には良い面と悪い面があるが，あえて良い面に
注目し，人間に共通するような満足感や幸せを研究対象として，得られた知見
の応用可能性や公共性を重視していると考えられる。セリグマンは「ポジティ
ブ」な側面に注目することを提唱したが，それはどちらが元祖だといった「ポ
ジティブ」に関する優先権（priority）を主張しているのではないと述べてい
る（Seligman & Csikszentmihalyi, 2000）。ポジティブ心理学の立場から考え
ると，人間性心理学の一部の研究者に見られる実証性に欠ける方法論や議論で
はなく，あくまで科学性と客観性のある主張として展開することを強調したの
である。それは，得てしてポジティブ心理学の主張が大衆心理学化する危険性
を十分に有しているゆえの自戒の念でもあるのかもしれない。

　このほかにも人間性心理学とポジティブ心理学の違いとして，研究対象とそ
の範囲を指摘できるかもしれない。どちらの心理学も人間のポジティブな側面
を扱う点では共通しているが，人間性心理学では基本的にひとりの人間をまる
ごと研究対象として人間全体を統合的に扱うことを重視している。そのため，
当然その中には人間のネガティブな側面も含まれており，主体的な自己理解と
成長の可能性を主要なテーマとして質的データや事例といった研究手法を積極
的に用いることが特徴だと言える。他方，ポジティブ心理学は，ひとりの人間
の諸側面を統合的に判断するというよりはむしろ，人類に共通する特定のポジ
ティブな要因を研究データとして取り出して検討する。すなわち，エビデンス
に基づいた介入研究を実現すべく，科学的手法を用いて客観的で普遍的な知見
を見出すことに重きを置いていると言える。このように比較してみると，人間
性心理学とポジティブ心理学は，一見似ているようで，実は研究対象とする人
間の捉え方やその範囲が本質的に違うと考えることもできる。本書では，両心
理学の差異についての詳細な比較は行わないが，コーチング心理学を含めたさ
まざまな心理学においても，両心理学の発展や議論によって人間のポジティブ
な側面に関する興味深い研究が展開するかもしれない。

　ポジティブ心理学に対するもうひとつの批判として，ストレス研究で著名な
ラザルス（Lazarus, 2003）の指摘を挙げることができる。ラザルスは，ポジ

ティブ心理学運動は足が地に着いているのか？というタイトルの批判論文を執筆し，その中で，心理学という学問に流行があることへの嘆きとポジティブな感情や特性だけで人間の健康や幸せは導かれないのではないかと述べている。ラザルスは，自身の研究内容であるストレスという言葉や流行現象に対する思いを重ねたのかもしれないが，ある種の流行によって，基礎研究に支えられていない知見が一般社会に誤解とともに普及してしまうことを懸念したのである。ポジティブ心理学はその名前からして誤解を生じやすい心理学であることは事実であり，実際，ポジティブ心理学をポジティブシンキングだと誤解している人は多いかもしれない。セリグマンら（Seligman & Pawelski, 2003）は，人間にとってネガティブな側面が重要であることは言うまでもなく，ポジティブ心理学はそれを否定するものではないことを強調したうえで，人間のポジティブな側面に目を向けることには意義があると考えている。ポジティブ心理学はポジティブで幸せな感情だけではなく，個人の特性や強み，社会や制度も取り扱うことを目指している。それは，単なる安らぎやポジティブ感情だけでは，われわれ人間は幸せな状態にはならないだろうと考えているからである。また，ポジティブ心理学は，行動を伴わない単に座って考えだけを変えるプラス思考やポジティブシンキングとは異なるため，人間のポジティブな経験や感情，特性を研究することは，苦悩などのネガティブな側面においても有用な影響を与えるだろうと位置づけている。

　このように，ポジティブ心理学には批判も含めて現在もさまざまな反響があるが，重要なことは科学的な方法論に基づいた実証研究を行うことであり，その成果によって多くの質疑の答えが明らかになると期待できる。

2.　ポジティブ心理学とコーチング心理学

　コーチング心理学とは何かということは第1章を参照いただければと思うが，コーチングは，個人だけではなく組織を変容する際に有効なツールのひとつとみなされている一方で（Grant et al., 2010），その根拠となる実証研究が少なく，理論的基盤や妥当な方法論が欠如していることが指摘されてきた（Passmore & Fillery-Travis, 2011; Bozer & Sarros, 2012）。しかし近年，この

コーチング研究に「flourish（繁栄・活力）」をもたらす2つの心理学が登場したのである。それらが本章で取り上げているポジティブ心理学とコーチング心理学である（Theeboom et al., 2014）。

　先にも紹介したように，ポジティブ心理学と人間性心理学には激しい論争がある。その理由の1つの側面は，本書でも紹介されているように人間性心理学からコーチングへと研究が展開し，コーチングからコーチング心理学へと変化していく過程があったことが挙げられる。つまり，人間性心理学を基盤にコーチングさらにはコーチング心理学へと学問が展開してきた経緯を考えると，厳密にはポジティブ心理学とコーチング心理学は相いれない部分が存在していると考えることもできる。しかしながら，両者の心理学はともに，人間のパフォーマンスを高め，人間が持っている強さやポジティブな側面に焦点を当て，人生を幸福で生きがいのあるものにすることを目指しているという点で似ていると考えることができる（Linley & Harrington, 2005）。各心理学の領域にはそれぞれの特徴があるが，コーチング心理学が発展するためには，一部の研究に対して科学的根拠が保証されていないと指摘されている人間性心理学のみを研究基盤にするのではなく，ポジティブ心理学が主張する実証科学に基づいた理論的研究とその実践に関する業績を蓄積することが必要であり，それによって新しい応用心理学として生まれ変わる可能性が期待できる。実際，オーストラリア心理学会（Australia Psychological Society）ではコーチング心理学部門の説明として，「ポジティブ心理学の応用としてのコーチング心理学」と明言しており，このことからもコーチング心理学がポジティブ心理学を基盤として発展する応用心理学と位置づけられていることがわかる。つまり，コーチング研究における理論的な枠組みの欠如という弱点に対する1つの解決策は，ポジティブ心理学が目指そうとしている研究枠組みにあるのではないだろうか。

　セリグマンら（Seligman & Csikszentmihalyi, 2000）は，ポジティブ心理学の研究領域として，①ポジティブな主観的経験の研究，②ポジティブな個人特性の研究，③ポジティブな環境の研究という3つのレベルを想定している。そこで本章では，このポジティブ心理学の3つの研究テーマを紹介しながらコーチング心理学の発展と可能性について考えてみたい。

■2-1. ポジティブな主観的経験とコーチング心理学

　ポジティブな主観的経験には，ポジティブ感情や，幸福感，満足感，充実感といった多面的側面を含む主観的ウェルビーイングなどが含まれている。ポジティブ感情は，主観的ウェルビーイングや幸福感に影響を及ぼすものである（Diener, 2000）。

　ポジティブな主観的経験のうち，コーチング心理学においても注目すべきポジティブ感情の機能を説明する理論として，フレドリクソン（Fredrickson, 1998, 2001）が提唱した"拡張－形成理論（broaden-and-build theory）"がある。この理論では，ポジティブ感情には「拡張（broaden）」と「形成（build）」という2つの機能があることを，図5-1で示されるように4つのプロセスから説明している（Fredrickson, 2002）。

　まず第1の機能として，私たち人間はポジティブ感情を経験することによって，思考－行動レパートリーが一時的に広がる，つまり，ポジティブ感情は注意や認知的情報処理を「拡張」する働きを持つということである。このポジティブ感情の拡張機能については，前述したアイセンらの一連の研究からも実証されているが，フレドリクソンらはさまざまな感情喚起実験を行い，検討している（Fredrickson & Branigan, 2001）。具体的には実験対象者

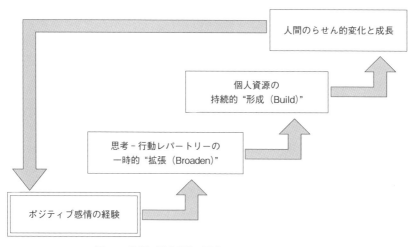

図5-1．拡張－形成理論の図式（Fredrickson, 2002 より）

を，喜び（joy），満足（content），ニュートラル（neutral），恐怖（fear），怒り（anger）という 5 つの感情状態のいずれかの条件に振り分け，感情喚起後に「私は○○をしたい」という文章の○○に思いつくことを記入するという認知課題を行い，それを思考‐行動レパートリーとして想起数を比較した。その結果，レパートリー数が多かった感情条件は，喜び，満足，ニュートラル，恐怖，怒りの順であり，ポジティブ感情（喜びと満足）群は，ニュートラルやネガティブ感情群（恐怖と怒り）に比べて有意に多くのレパートリー数を想起していたことを明らかにした。このほかにも同様に感情喚起実験を行い，ポジティブ感情によって注意の範囲や思考‐行動レパートリーが拡張し，課題に対して注意を向ける速度や識別反応が高まることを示している（Fredrickson & Branigan, 2005）。

　もう 1 つのポジティブ感情の機能である「形成」とは，「拡張」の結果として，身体的（physical），知的（intellectual），社会的（social）などのさまざまな資源（resources）が継続的に形成されることを意味している。フレドリクソンら（Fredrickson et al., 2008）は，社会人を対象に介入実験を行い，日常的なポジティブ感情の経験を増加させることによって，2 ヶ月後の個人的な資源（personal resources）が形成されることを示している。具体的には，認知的資源であるマインドフルネス，心理的資源である人生の目的や自己受容，社会的資源であるソーシャルサポートが増加し，身体的資源である病気の自覚症状が減少したことが報告されている。つまり，これらの結果から，個人の状態としてポジティブ感情が増加することによって自己に対するポジティブな認識や他者との良い人間関係を築く動機づけが高まり，結果的に個人のさまざまな資源の獲得と形成につながる可能性が示唆されている。

　ポジティブ感情の拡張と形成によって生じる最後の段階として，「人間のらせん的変化と成長」が想定されている。これは，個人のさまざまな対処能力やレジリエンスが向上し，最終的に個人の健康やウェルビーイングの促進につながり，それによってまたポジティブな感情が生み出されるようになるという上方のらせん的変化が生じることを意味している（Fredrickson & Joiner, 2002; Tugade et al., 2004）。

　このように考えると，私たちの心身の健康やウェルビーイングを高めるうえ

で，ポジティブ感情の経験は1つの重要な要因であることがわかる。そして，そこには，ポジティブ感情の経験によってさまざまな人生の課題に対処するためのレパートリーが拡張され，個人的資源を獲得し，その結果，上向きの変化や成長が生じるというメカニズムがあるのだと理解できる。ポジティブ感情の機能に関する実証研究とその活用法こそ，ポジティブ心理学が目指している予防的介入においても極めて重要な課題のひとつだと言えるが，このようなポジティブ感情の理論やアプローチ法は，まさにコーチング心理学においても重要であり，コーチング心理学を実証科学として確立し，発展させるうえで非常に意義のある研究上のヒントとなるだろう。

　ポジティブ感情のほかにもポジティブな主観的経験に関する研究は多く，なかでも主観的ウェルビーイングの研究は，ディーナーら（Diener et al., 2003）を中心にさまざまな知見が報告されている。そこでは個人が自分の人生をどのように評価し，満足しているのかという主観による判断を重視している。近年では，一時的な幸福感や満足感といった状態だけではなく，持続的な幸福感に関するアプローチも増えている（Diener, 2013）。たとえば，主観的幸福感（subjective happiness）の規定要因のうち，40％は自分で変容可能な意図的な活動要因であることが提唱されたり（Lyubomirsky et al., 2005），主観的ウェルビーイングの指標として「flourish（繁栄・活力）」という新しい概念の重要性も提案されている（Seligman, 2011）。

　このようなポジティブな状態は，ポジティブ心理学はもちろんであるが，コーチング心理学が目指している最終目標でもあると考えられる。主観的なウェルビーイングや幸福感に関連する諸要因を明らかにし，その科学的な測定法と評価法を理解することによって，コーチング心理学における実証研究が可能になり，長期的な効果検証も含めた実践への活用可能性が高まることが期待できる。

■2-2. ポジティブな個人特性とコーチング心理学

　個人特性についてはパーソナリティ心理学を中心にさまざまな尺度が開発され，心身の状態との関連についても多くの研究が行われてきた。たとえば外向性や神経症傾向の特性や楽観性は，主観的ウェルビーイングと関連があること

から注目されてきた（Peterson, 2006）。このような個人特性と心身の状態に関する研究は，疾病モデルに基づいた人間の精神病理やそのメカニズムの解明と治療に大きく貢献し，そのすばらしい成果の1つが，精神疾患の分類基準である DSM（Diagnostic and Statistical Manual of Mental Disorders）である。

　しかしながら当然ではあるが，DSM には人間のポジティブな精神機能や特性については含まれていない。そこでピーターソンとセリグマン（Peterson & Seligman, 2004）は，DSM とは対照的なものとして，人間のポジティブな機能や能力，強さ，特徴を包括的に捉え，それらを「ヒューマン・ストレングス（human strengths）」と定義し，その分類や測定する枠組みを提案した。彼らは，どの国や文化でも当てはまる普遍的で包括的な人間の強さや長所，人徳を表しているものを作成する必要があると考え，さまざまな哲学書や教典からヒューマン・ストレングスと考えられる概念や道徳的基準を検討し，「知恵と知識」「勇気」「人間性」「正義」「節度」「超越性」という6つの中核概念を見出した。次に，この6つの領域に含まれる具体的な特性を検討するため，たとえば，①良い人生につながる充実をもたらす，②それ自体が精神的，道徳的に価値を持つ，③発揮することが他の人を傷つけない，などの10の基準を設け，これらを満たす24の特徴をヒューマン・ストレングスとして選出した（表5-1）。そして，このヒューマン・ストレングスを測定するために，各24の特性にそれぞれ10項目，全体で240項目の VIA-IS（Value in Action Inventory of Strengths）という自己評定式の質問紙が開発され（Peterson & Seligman, 2004），その邦訳も試みられている（大竹ら，2005）。このほか，10歳から17歳を対象にした青少年版も開発されている（Park & Peterson, 2005,

表 5-1. VIA-IS の構成：6つの領域と各ヒューマン・ストレングス

領域	ヒューマン・ストレングス
知恵と知識	独創性，好奇心・興味，判断，向学心，見通し
勇気	勇敢，勤勉，誠実性，熱意
人間性	愛する力・愛される力，親切，社会的知能
正義	チームワーク，平等・公正，リーダーシップ
節度	寛大，謙虚，思慮深さ・慎重，自己コントロール
超越性	審美心，感謝，希望・楽観性，ユーモア・遊戯心，精神性

2006)。VIA-IS は心理尺度という点では，妥当性の検討など検討すべき課題も残されているが，ピーターソンらは人間のポジティブな個人特性を理解し，それらの形成を目指すうえで必要な研究の基礎としての大きな枠組みを整理したのである。

このヒューマン・ストレングスに関して，興味深い知見がいくつか報告されている（Peterson, 2006）。本章ではそれらを詳しく紹介することはしないが，たとえば54の国や日米比較のデータ（Shimai et al., 2006）から，文化的，民族的，宗教的，経済的な差異にもかかわらず，自己評価として高く順位づけをするものと低く順位づけする特性が共通していることや，部分的に世代による違いがあること，他者に対する特性（感謝，希望・楽観性，愛する力・愛される力など）は人生満足感と高い相関を示すこと，人は高く自己評価している特性に合致した仕事や人間関係を選ぶ傾向があること，人生におけるさまざまな危機を経験し，それを乗り越えた人たちは特定の特性が高いこと，などが示されている。このほか，各24のヒューマン・ストレングスの関係性についても検討されており，それは，いくつかのヒューマン・ストレングスはトレードオフの関係（二律背反的関係）にあるという指摘である。図5-2は，各ヒューマン・ストレングスの関係性を2次元の円環モデルとして表したものであり，横軸は自己あるいは他者に対する焦点の軸，縦軸は感情的な側面としての心あるいは思考や知性などの意識的な側面としての心の軸とされている。相互の相対的な距離が近い特性は同時に発現するが，一方，相互の距離が遠い特性はトレードオフの関係にあるため，同一人物内では発揮されにくいことを意味している。

ここで紹介したヒューマン・ストレングスというポジティブな個人特性は，「幸福で価値のある人生」を自分で実現するために重要だと考えられている。問題は，どのようにすれば，これらのポジティブな特性を育成することができるのかということであるが，これについては，効果的な介入を実現するためにもポジティブな特性に関する基礎的で実証的な研究の蓄積が必要不可欠であり，現在もさまざまな研究とその科学的な知見が求められている。このことは，コーチング心理学が直面している課題の1つでもあり，同時に，コーチング心理学が目指している個人や組織のパフォーマンスを高め，より幸せで生き

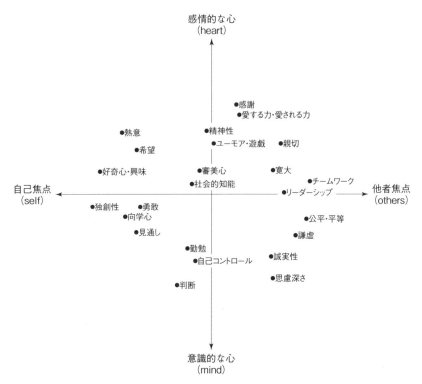

図 5-2. ヒューマン・ストレングス間における二律背反的関係
（Peterson, 2006 より）

がいのある人生を実現するために人間が持っている強みを活用するというポジ
ティブ心理学の枠組みは，コーチング心理学にとって 1 つの新しいアプローチ
を提供してくれるのではないだろうか。今後，ポジティブ心理学だけではな
く，コーチング心理学においても，ヒューマン・ストレングスの発達過程や介
入方法など，さらなる研究成果とその発展が期待される。

■2-3. ポジティブな環境とコーチング心理学

　ポジティブな環境とは，ポジティブな人間関係や集団，組織，コミュニティ
というレベルから機構や制度といった大きな規模までのすべてを含む。家族や
友人，職場，学校といったさまざまな人間関係に関する心理学的研究はこれま

でも多く行われており，なかでもソーシャルサポートや資源，ネットワークといった概念も含めてポジティブな環境要因が心身の健康や適応に影響することが明らかにされてきた。スナイダーら（Snyder & Lopez, 2007）は，子どもたちのポジティブな学習活動を促進するためにはポジティブな学校の雰囲気や環境づくりが重要であり，子ども同士での配慮し合える関係や環境，教師と子どもの間の信頼関係，多様性に対して許容される環境は，ポジティブな学校教育を行ううえで基盤となることを指摘している。

　ポジティブ心理学は，最終的にはさまざまな政策や制度づくりという大きなレベルでのポジティブな環境づくりを目指している。それは，ポジティブな環境が，先に紹介したポジティブな主観的経験を高めたり，ポジティブな個人特性を伸ばす可能性を高めると考えているからである。そしてもちろん，これらの関係は一方向ではなく，相互に影響し合うと考えられている。ポジティブ心理学もコーチング心理学も，個人だけではなく，集団や組織のウェルビーイングが高まることを目指しているという点では共通している。しかしながら，とりわけスポーツやビジネス業界で普及しているコーチング心理学では，個人と組織の関係や変化について，実証データとは言えないレベルであるとしても経験を含めた質的なデータを多く蓄積しているのではないかと思われる。その意味で，コーチング心理学の発展に必要なことは，さまざまな環境と個人の主観的経験や特性との関係性に関する基礎研究に基づいた介入研究の実現とその効果検証だと言える。そして同時に，これこそポジティブ心理学が提案している心理学の応用の1つの形でもある。

3.　応用ポジティブ心理学：コーチング心理学から　ポジティブ心理学コーチングへ

■3-1.　コーチング心理学の展開

　これまでポジティブ心理学を紹介しながら，コーチング心理学の可能性について検討してきたが，ここでは最後に，コーチング心理学の展開に重要な2つの点について考えてみたい。

　まず第1点は，これまでも述べてきたように，コーチング心理学は理論的枠

組みをより強化し，エビデンスに基づいた行動科学としての研究を行うことが必要だということである。ジーブームら（Theeboom et al., 2014）は，メタ分析を行い，コーチングは，個人レベルにおける5つのカテゴリーについて効果があることを指摘している。そして，この効果が認められる5つは，パフォーマンスやスキル，ウェルビーイング，コーピング，態度，自己制御の向上であり，個人の変化によって組織の変化という効果も十分に期待できることを考察している。このことは，コーチングという手法が極めて有用性が高いこと，科学的手法を用いることによって学問としての発展と応用可能性が十分に期待できることを意味していると言える。また近年，メタ分析によってポジティブ心理学の介入研究における効果検証が試みられており（Bolier et al., 2013; Donaldson et al., 2015），介入によって主観的ウェルビーイングや幸福感が高まる可能性が指摘されている。ドナルドソンら（Donaldson et al., 2015）は，ポジティブ心理学で用いられている主要な介入タイプを5つ（コーチング，マインドフルネス，ポジティブ感情，人間の強み，感謝）に分類し，各介入タイプとその介入効果について検討している。それによると，コーチングの実証研究のメタ分析では，介入の結果，ウェルビーイングやハーディネス，希望，レジリエンス，エンゲイジメント，自己動機づけ，目標達成，メンタルヘルスなどの変数に効果が見られることが明らかにされている。

　コーチングやコーチング心理学における実践研究では，勘やコツといった経験値を含むさまざまな蓄積された，ある種の「データ」が存在していると思われる。それを科学的に適切なアセスメント法を用いて実証し，理論に基づいて行動のメカニズムを検討しようとしているのが，まさにポジティブ心理学であるのかもしれない。その意味でもポジティブ心理学の基盤とアプローチを活用することでコーチング心理学が実証科学として発展する可能性は非常に高い。

　コーチング心理学の展開に関して筆者が考える第2点は，健康領域への応用である。具体的には，医療や健康心理学に代表される領域にコーチング心理学が積極的に参入することで，より予防的な健康対策が実現できるだろうという確信を込めた期待である。健康増進や健康教育のためのコーチングである「ヘルスコーチング（health coaching）」は，ポジティブ心理学の誕生と同時期に本格的に展開され始めたと言えるが，西垣（2013）が指摘しているように，と

りわけ，わが国の医療や健康領域では，医学教育や医療システムという点も含めて理論的基盤を持つ実証研究としてのコーチング心理学が十分に機能していないと言える。健康をウェルビーイングとして捉える現代社会においては，衛生・栄養の改善と医療水準の向上，疾病構造の変化によって，一次予防対策がより重要視されている。効果的な一次予防対策を実現するためには，心理学の知見が必要不可欠であり，その意味でも，コーチング心理学の応用可能性は，医療や健康領域でこそ，健康心理学やポジティブ心理学と手を取りながら発展できるのではないかと考えられる。

■3-2.　ポジティブ心理学コーチングの展開

　先にコーチング心理学の展開において重要だと思われる2点を指摘したが，コーチング心理学（的な）介入と，ポジティブ心理学（的な）介入は，厳密には異なる面があるものの，両者は極めて共通する点が多く，どちらも類似・共通したアプローチと方向性を持つと言える。コーチング心理学介入（coaching psychology interventions: CPIs）とポジティブ心理学介入（positive psychology interventions: PPIs）について対照群を設定したうえで直接比較し，効果検証を試みた研究がある（Grant & Atad, 2021）。それによると，コーチング心理学介入（CPIs）群とポジティブ心理学介入（PPIs）群はどちらも対照群に比べて主観的ウェルビーイングや問題に焦点を当てた思考といった目標達成のための認知能力が有意に向上しており，両介入の効果が実証されている。そして，コーチング心理学介入（CPIs）群とポジティブ心理学介入（PPIs）群を直接比較した結果，コーチング心理学介入（CPIs）群の方が目標達成や自己洞察，心理的ウェルビーイング，問題解決型思考が増加していることが明らかにされている。しかしながら，この結果については，慎重に議論する必要性が指摘されている。すなわち，コーチング心理学の特徴であるコーチとクライアントとの共同的で良好な関係性や，個人的あるいは心理的な強みや資源を個人の主体性や行動のために意識して利用するという点に焦点が当てられていたことが，ポジティブ心理学介入（PPIs）群よりもコーチング心理学介入（CPIs）群の方が得点が高く示されたという可能性は否めない。したがって，単純にどちらか一方の介入法の方が優れているといった解釈や結論を

持つことは適切ではなく，両者の介入内容や特徴を考慮したうえで多面的に介入効果について検討し，理解する必要があると言える。

　冒頭でも述べたように，コーチング心理学介入とポジティブ心理学介入はどちらもポジティブな側面を強化し，良い結果を目指すという点で共通している点が多い。しかし，あえて違いを探して比較すると，第1に，ポジティブ心理学介入は，主に個人が独立して自身の内的な認知的，行動的側面の活性化に焦点を当てるが，コーチング心理学介入はコーチングという組織や関係性に依存する面があり，個人だけではない他者や組織といったさまざまな関係性が重視される側面がある。第2に，ポジティブ心理学介入では，個人の主観的幸福感やウェルビーイングの向上を最終目標と位置づけることが多いが，一方，コーチング心理学介入では，介入の目的として何らかの狭義の個人の目標や関係性があり，その副産物として広い意味でのウェルビーイングの向上を最終目標と位置づけることが多い。このように，若干の違いはあるものの，繰り返しになるが，両者の介入の方向性は極めて類似しており，ポジティブ心理学の学術的な理論的背景をコーチング心理学が良い形で踏襲することで，より新しい効果的なアプローチが展開すると確信できる。そして実際，このような新しいアプローチがすでに2007年に誕生し，発展しているのである。

　「ポジティブ心理学コーチング（positive psychology coaching）」という用語が書籍タイトルとして2007年に登場・使用され（Biswas-Diener & Dean, 2007），それを受けて，ポジティブ心理学コーチングと称される研究が実践を含めて拡大・展開している（Biswas-Diener, 2020）。2020年のシステマティックレビュー論文によると（van Zyl et al., 2020），ポジティブ心理学コーチング[1]は，何らかの欠如や不足といったネガティブな要因というよりはむしろ，個人の成長や目標達成のための個人の能力等を高め発達させることを目指した個人の強みの活性化や育成に焦点を当てたポジティブなアプローチだと位置づけられている。そこでは，人生に影響する複合的な要因を認識し，自身の個人特性や強みを活用できる形で理解し，行動へとつなげるアプローチを実践

---

1)　この論文で用いられている英語表現は"positive psychological coaching"であり，"positive psychology coaching"とは異なるが，本章ではどちらも「ポジティブ心理学コーチング」と翻訳して用いる。

しており，このような新しい方向性を促すポジティブ心理学コーチングは，パフォーマンスの改善や向上，自己効力感や自信，自己肯定感，人生満足感，主観的幸福感といった個人に関する側面はもちろん，有能な人材の確保や労働意欲や従事の活性化，顧客満足度，経済的成長といった組織においてもポジティブな結果をもたらすことが指摘されている。特に，ポジティブ心理学では有名な国や文化を超えて普遍的で包括的な人間の強さや長所，人徳を表すヒューマン・ストレングス（human strengths）と呼ばれる人間のポジティブな個人特性に焦点を当てたアプローチは，個人の強みを意識させ，実際の行動を促進させ，個人の成長や良好な関係性の構築や資源の活用，ウェルビーイングの向上につながるため，ストレングスや個人の資源を上手に活用しながらエビデンスに基づいた実証研究を行うことの重要性がポジティブ心理学コーチングモデルとして提唱されている。つまり，ポジティブ心理学とコーチング心理学を融合させ，相互のすばらしい側面や知見を採用しながら，すでに新しいポジティブ心理学コーチングというアプローチが存在しており，その介入効果と研究の展開が今後さらに期待できる。

　以上，本章では，ポジティブ心理学を紹介しながらコーチング心理学の今後の可能性と展開について考えてきた。人間のポジティブな側面に着目することによって生じる現象を，個人だけではなく，集団や組織，社会全体のウェルビーイングなどさまざまなレベルから検討することによって，充実した人生や幸福の持続とは何なのかということが解明されると期待できる。その鍵を握っている分野こそ，コーチング心理学であり，そのことは近年のポジティブ心理学コーチングという新しいアプローチの存在からも十分に理解できるだろう。ポジティブな個人特性は，幸福で意義を感じる人生の実現において重要だと考えられているが，それらをどのように育むことができるのかということが，心理学的な介入研究への期待でもある。心身の健康の維持・促進を目指す心理学領域において，ポジティブ心理学コーチングという予防的アプローチへの期待がますます高まっていると言える。

引用文献

Antonovsky, A. (1979). *Health, stress and coping: New perspective on mental and physical well-being.* San Francisco, CA: Jossey-Basss Publishers.

Antonovsky, A. (1987). *Unraveling the mystery of health: How people manage stress and stay well.* San Francisco, CA: Jossey-Bass Publishers.

Bandura, A. (1986). *Social foundations of thought and action: A social cognitive theory.* Englewood Cliffs, NJ: Prentice Hall.

Biswas-Diener, R., & Dean, B. (2007). *Positive psychology coaching: Putting the science of happiness to work for your clients.* Hoboken, NJ: John Wiley & Sons.

Biswas-Diener, R. (2020). The practice of positive psychology coaching. *The Journal of Positive Psychology, 15,* 701-704.

Bolier, L., Haverman, M., Westerhof, G. J., Riper, H., Smit, F., & Bohlmeijer, E. (2013). Positive psychology interventions: A meta-analysis of randomized controlled studies. *BMC Public Health, 13,* 119.

Bozer, G., & Sarros, J. (2012). Examining the effectiveness of executive coaching on coachees' performance in the Israeli context. *International Journal of Evidence Based Coaching and Mentoring, 10,* 14-32.

Diener, E. (1984). Subjective well-being. *Psychological Bulletin, 95,* 542-575.

Diener, E. (2000). Subjective well-being: The science of happiness and a proposal of a national index. *American Psychologist, 55,* 34-43.

Diener, E. (2013). The remarkable changes in the science of subjective well-being. *Perspectives on Psychological Science, 8,* 663-666.

Diener, E., Oishi, S., & Lucas, R. E. (2003). Personality, culture, and subjective well-being: Emotional and cognitive evaluations of life. *Annual Review of Psychology, 54,* 403-425.

Diener, E., Suh, E. M., Lucas, R. E., & Smith, H. E. (1999). Subjective well-being: Three decades of progress. *Psychological Bulletin, 125,* 276-302.

Donaldson, S. I., Dollwet, M., & Rao, M. A. (2015). Happiness, excellence, and optimal human functioning revisited: Examining the peer-reviewed literature linked to positive psychology. *The Journal of Positive Psychology, 10,* 185-195.

Fredrickson, B. L. (1998). What good are positive emotions? *Review of General Psychology, 2,* 300-319.

Fredrickson, B. L. (2001). The role of positive emotions in positive psychology: The broaden-and-build theory of positive emotions. *American Psychologist, 56,* 218-226.

Fredrickson, B. L. (2002). Positive emotion. In C. R. Snyder, & S. J. Lopez (Eds.), *Handbook of positive psychology* (pp. 120-134). New York: Oxford University Press.

Fredrickson, B. L., & Branigan, C. (2001). Positive emotions. In T. J. Mayer, & G. A. Bonnano (Eds.), *Emotion: Current issues and future directions* (pp. 123-151). New York: Guilford Press.

Fredrickson, B. L., & Branigan, C. (2005). Positive emotions broaden the scope of attention and thought-action repertoires. *Cognition & Emotion, 19,* 313-332.

Fredrickson, B. L., Cohn, M. A., Coffey, K. A., Pek, J., & Finkel, S. M. (2008). Open hearts build lives: Positive emotions, induced through loving-kindness meditation, build consequential personal resources. *Journal of Personality and Social Psychology, 95,* 1045-1062.

Fredrickson, B. L., & Joiner, T. (2002). Positive emotions trigger upward spirals toward emotional well-being. *Psychological Sciences, 13,* 172-175.

Grant, A. M., & Atad, O. I. (2021). Coaching psychology interventions vs. positive psychology interventions: The measurable benefits of a coaching relationship. *The Journal of Positive Psychology,* 1-13.

Grant, A. M., Passmore, J., Cavanagh, M. J., & Parker, H. M. (2010). The state of play in coaching today: A comprehensive review of the field. *International Review of Industrial and Organizational Psychology, 25,* 125-167.

Held, B. S. (2004). The negative side of positive psychology. *Journal of Humanistic Psychology, 44,* 9-46.

Isen, A. M. (1987). Positive affect, cognitive processes, and social behavior. In L. Berkowitz (Ed.), *Advances in experimental social psychology* (Vol. 20, pp. 203-253). San Diego, CA: Academic Press.

Isen, A. M. (1993). Positive affect and decision making. In M. Lewis, & J. M. Haviland (Eds.), *Handbook of emotions* (pp. 261-277). New York: Guilford Press.

Isen, A. M., Daubman, K. A., & Nowicki, G. P. (1987). Positive affect facilitates creative problem solving. *Journal of Personality & Social Psychology, 52,* 1122-1131.

Isen, A. M., Johnson, M. M. S., Mertz, E., & Robinson, G. F. (1985). The influence of positive affect on the unusualness of word associations. *Journal of Personality & Social Psychology, 48,* 1413-1426.

Jew, C. L., Green, K. E., & Kroger, J. (1999). Development and validation of a measure of resiliency. *Measurement and Evaluation in Counseling and Development, 32,* 75-89.

Kahneman, D., Diener, E., & Schwarz, N. (Eds.) (1999). *Well-being: The foundations of hedonic psychology.* New York: Russell Sage Foundation.

Kobasa, S. C. (1979). Stressful life events, personality, and health: An inquiry into hardiness. *Journal of Personality and Social Psychology, 37,* 1-11.

Lazarus, L. R. (2003). Dose the positive psychology movement have legs? *Psychological Inquiry, 14,* 93-109.

Linley, P. A., & Harrington, S. (2005). Positive psychology and coaching psychology: Perspectives on integration. *The Coaching Psychologist, 1,* 13-14.

Lopez, S. J., & Snyder, C. R. (2003). *Positive psychological assessment: A handbook of models and measures.* Washington, DC: American Psychological Association.

Lyubomirsky, S., Sheldon, K. M., & Schkade, D. (2005). Pursuing happiness: The architecture of sustainable change. *Review of General Psychology, 9,* 111-131.

Maslow, A. H. (1970). *Motivation and personality* (2nd ed.). New York: Harper & Row. (小口忠彦 (訳) (1987). 人間性の心理学(改訂新版) 産業能率大学出版部)

Masten, A. S., Best, K., & Garmezy, N. (1990). Resilience and development: Contributions from the study of children who overcame adversity. *Development and Psychopathology, 2,* 425-444.

西垣悦代 (2013). ヘルスコーチングの展望：コーチングの歴史と課題を基に 支援対話研究, *1,* 7-22.

大竹恵子・島井哲志・池見 陽・宇津木成介・Peterson, C.・Seligman, M. E. P. (2005). 日本版生き方の原則調査票(VIA-IS: Values in Action Inventory of Strengths)作成の試み 心理学研究, *76,* 461-467.

Park, N., & Peterson, C. (2005). The Values in Action Inventory of Character Strengths for Youth. In K. A. Moore & L. H. Lippman (Eds.), *What do children need to flourish? Conceptualizing and measuring indicators of positive development* (pp. 13-23). New York: Springer.

Park, N., & Peterson, C. (2006). Moral competence and character strengths among adolescents: The development and validation of the Values in Action Inventory of Strengths for Youth. *Journal of Adolescence, 29,* 891-905.

Passmore, J., & Fillery-Travis, A. (2011). A critical review of executive coaching research: A decade of progress and what's to come. *Coaching: An International Journal of Theory, Research and Practice, 4,* 70-88.

Peterson, C. (2006). *A primer in positive psychology.* Oxford, NY: Oxford University Press.

ピーターソン, C. (著) 大竹恵子 (訳) (2006). ポジティブ心理学の課題と挑戦 島井哲志 (編)ポジティブ心理学：21世紀の心理学の可能性(pp. 253-268) ナカニシヤ出版

Peterson, C., & Seligman, M. E. P. (2004). *Human strengths: A classification manual.* Washington, DC: American Psychological Association.

Seligman, M. E. P. (1998a). President's column: Building human strength: Psychology's forgotten mission. *APA Monitor, 29* (1), 1.

Seligman, M. E. P. (1998b). President's column: Positive social science. *APA Monitor, 29* (4), 1.

Seligman, M. E. P. (1998c). President's column: What is the 'good life' ? *APA Monitor, 29* (10), 1.

Seligman, M. E. (2002). *Authentic happiness: Using the new positive psychology to realize your potential for lasting fulfillment.* New York: Free Press.

Seligman, M. E. P. (2011). *Flourish: A visionary new understanding of happiness and well-being.* New York: Free Press.

Seligman, M. E. P., & Csikszentmihalyi, M. (2000). Positive psychology: An introduction. *American Psychologist, 55,* 5-14.

Seligman, M. E. P., & Pawelski, J. O. (2003). Positive psychology: FAQs. *Psychological Inquiry, 14,* 159-

163.

Sheldon, K. M., & King, L.（2001）. Why positive psychology is necessary? *American Psychologist, 56*, 216-217.

島井哲志（編）（2006）. ポジティブ心理学：21 世紀の心理学の可能性　ナカニシヤ出版

Shimai, S., Otake, K., Peterson, C., & Seligman, M. E. P.（2006）. Convergence of character strengths in American and Japanese young adults. *Journal of Happiness Studies, 7*, 311-322.

Smith, M. B.（1994）. Humanistic psychology. In R. J. Corsini（Ed.）, *Encyclopedia of psychology*（2nd ed., Vol. 2, pp. 176-180）. New York: John Wiley & Sons.

Snyder, C. R., & Lopez, S. J.（2002）. *Handbook of positive psychology*. London: Oxford University Press.

Snyder, C. R., & Lopez, S. J.（2007）. *Positive psychology: The scientific and practical explorations of human strengths*. Thousand Oaks, CA: Sage Publications.

Spence, G. B., & Oades, L. G.（2011）. Coaching with self-determination theory in mind: Using theory to advance evidence-based coaching practice. *International Journal of Evidence-Based Coaching and Mentoring, 9*, 37-55.

Taylor, E.（2001）. Positive psychology and humanistic psychology: A reply to Seligman. *Journal of Humanistic Psychology, 41*, 13-29.

Taylor, S. E., & Brown, J. D.（1988）. Illusion and well-being: A social psychological perspective on mental health. *Psychological Bulletin, 103*, 193-210.

Theeboom, T., Beersma, B., & van Vianen, A. E.（2014）. Does coaching work? A meta-analysis on the effects of coaching on individual level outcomes in an organizational context. *The Journal of Positive Psychology, 9*, 1-18.

Tugade, M. M., Fredrickson, B. L., & Barrett, L. F.（2004）. Psychological resilience and positive emotional granularity: Examining the benefits of positive emotions on coping and health. *Journal of Personality, 72*, 1161-1190.

van Zyl, L. E., Roll, L. C., Stander, M. W., & Richter, S.（2020）. Positive psychological coaching definitions and models: A systematic literature review. *Frontiers in Psychology, 11*, 793.

Wagnild, G. M., & Young, H. M.（1993）. Development and psychometric evaluation of the resilience scale. *Journal of Nursing Measurement, 1*, 165-178.

Waterman, A. S.（2013）. The humanistic psychology-positive psychology divide: Contrasts in philosophical foundations. *American Psychologist, 68*, 124-133.

第6章
認知行動コーチング

吉田　悟・大島裕子・荒木　光

　本章では，感情問題の改善に定評がある認知行動療法に基づくコーチングの
理論と技法を紹介する。コーチングの実践では，抑うつ・不安・怒りなどの強
いネガティブな感情が目標達成の妨げになっていることがよくある。そのよう
な場合，認知行動コーチングでは，まず，感情の使い方を改善し，次に，目標
達成や成果の妨げになっている実際の問題への対処を扱う。感情問題の改善に
は認知技法が，実際の問題への対処には問題解決技法が主に用いられる。さ
らに，認知行動療法の新しいトレンドとなっているマインドフルネスに関して
は，マインドフルネス実践の主要な構成要素，エビデンス，そして代表的な技
法を紹介する。認知行動コーチングの基礎となる認知行動療法の特徴やエビデ
ンスなどに関しては，これまでに多くの図書が刊行されているので，そちらを
参照していただきたい（たとえば，Kazantzis et al., 2010／邦訳，2012 参照）。

1.　認知技法

　認知行動療法において認知技法は，うつ病，不安障害，怒りといった主
要な感情問題の治療に活用されてきた（たとえば，Nezu et al., 2004／邦訳,
2008 参照）。このセクションでは認知技法として，REBT（Rational Emotive
Behavior Therapy）の主要な理論と技法を紹介する。以下，文中で用いられ
る A, B, C, B-C 関係という用語は，REBT の専門用語である。

　A（activating events）：きっかけとなる出来事（事実・体験）
　B（beliefs or thoughts）：ビリーフ／考え。REBT で言う認知とは通常，ビ
　　　　　　　　　　　　　リーフ／考えのことである。

C（emotional and behavioral consequences）：結果（感情と行動）
B-C 関係（B-C connection）：ビリーフ／考え（B: Belief）が変わることに
　　　　　　　　　　　　　　　より感情（C: Consequence）が変わること

　REBT はアルバート・エリス（Albert Ellis, 1913-2007）が創始した認知行動療法の主要な一派で、「認知と感情との関係（B-C 関係）」に関わる技法に定評がある（Kazantzis et al., 2010／邦訳, 2012 参照）。すなわち REBT の実践は、ビリーフ／考えが変わることによって感情問題が改善し、感情問題の改善によって建設的な行動が促進する、ということに焦点を当てる（Dryden & DiGiuseppe, 1990）。REBT の理論と技法は、認知行動コーチングに活用されてきた（たとえば、Neenan & Dryden, 2002／邦訳, 2010 参照）。

■1-1.　ABC理論

　まず、REBT の中核理論である ABC 理論を、事例を使って説明する。

> 事例：Y さんは、数週間後に資格試験を控えている 30 代の女性です。その資格は年1回しか受験の機会がなく、Y さんは今回が2回目の受験になります。Y さんはここ数日、上司から残業を指示され、定時に帰宅できません。今日も夕方頃上司から「Y さん、明日の会議の資料を、急いでまとめてくれないか？　私はこれから本部で打ち合わせがあるから、頼んだよ」と言われてしまいました。しかし、強い怒りを感じて資料作成に集中できず、帰宅が遅くなってしまいました。そして、帰宅後も試験勉強に集中できませんでした。そこで、資格取得を目標としたコーチングを受けました。

　この事例において、Y さんが問題となる感情（強い怒り）を感じた原因は何だろうか？　資格試験間際の連日の残業だろうか？　それとも、資格試験間際にもかかわらず連日残業を頼む上司だろうか？　このように一般的には、自分の感情の原因は、出来事や他者にあると考えるかもしれない。しかし、REBT は、出来事や他者が感情の原因だ（図 6-1）とは考えず、Y さんの A（出来事）に対する受け止め方（iB または rB）が C（感情）を作り出すと考える（図 6-2）。
　図 6-2 に示したように、嫌な出来事が生じて、苦痛な感情を感じるとき、その前段階では、その出来事に対する考えを自らが作り出している。出来事に対する考え方は2種類あり、1つはイラショナル・ビリーフ（irrational Belief:

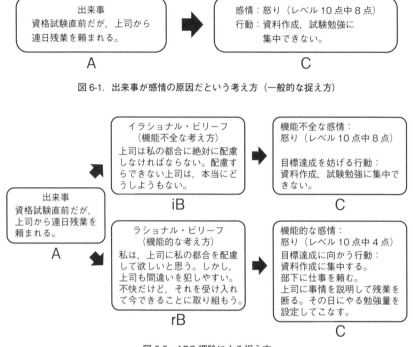

図6-1. 出来事が感情の原因だという考え方（一般的な捉え方）

図6-2. ABC理論による捉え方

iB）であり，もう1つはラショナル・ビリーフ（rational Belief: rB）である
（2種類の考え方の対比の詳細は表6-2参照）。iBは機能不全な感情を作り出す
機能不全な考え方であり，rBは機能的な感情を作り出す機能的な考え方であ
る。すなわち，iBをrBに変えることで，機能不全な感情を，機能的な感情に
変えることができる。

　REBTの提唱者であるエリスは，上記のような感情問題を分析するために，
ABC理論を提唱した。ABC理論を使った感情問題の分析の中核は，出来事
（A）に対する受け止め方（iBまたはrB）が，自分の感情（C）を作り出して
いることを理解すること，すなわちB-C関係を理解することである。

■1-2. ABC記録表をつけるエクササイズ

　REBT に基づく実践では，B-C 関係を理解するため前提として ABC 理論の習得が必要である。ABC 理論の習得には，機能不全な感情を感じた場面を ABC で分析する ABC 記録表のエクササイズが有効である。以下は，ABC 記録表（表6-1 参照）をつけるエクササイズの導入に関するセッション例である。

　　　コーチ：そのときあなたは，どんな感情を感じたのですか？【C（感情）の査定】
　　　クライアント：すごくムシャクシャしました。怒りです。
　　　コーチ：10点が最も高いレベルの怒りだとした場合，何点ぐらいの怒りですか？
　　　クライアント：そうですね。8点です。
　　　コーチ：他に感じた感情はありますか？
　　　クライアント：ありません。
　　　コーチ：では，その8点の怒りを感じたとき，自分にとって役に立たない行動をしてしまいましたか？【C（行動）の査定】
　　　クライアント：はい。指示された資料作成に集中できませんでした。あと，帰ったあとも怒りが収まらずに，試験勉強に集中できませんでした。
　　　コーチ：そうでしたか。8点の怒りを感じた場面を，簡潔に，かつ具体的に聞かせてください。【A（出来事）の査定】
　　　クライアント：はい。夕方，今日こそは定時で帰ろうと思っていた矢先に，上司に「Y さん，明日の会議の資料なんだけど，これから急いでまとめてくれないか？　私はこれから本部で打ち合わせがあるから，頼んだよ」と言われた場面です。
　　　コーチ：その場面で，Y さんはどんな"ねばならない"を頭の中でつぶやいていましたか？【B（ビリーフ）の査定】
　　　クライアント：上司は私の都合に絶対に配慮しなければならない。
　　　コーチ：そうでない上司は？
　　　クライアント：本当にどうしようもない。

　ABC 記録表を使ったセッションのポイントは以下の4つである。
　①コーチは，クライアントの ABC にクライアント自身で注意を向けられるよう，ソクラテス的質問を行う。ソクラテス的質問とは，コーチが開かれた質

表 6-1.　ABC 記録表の記入例

日付	C：感情と行動	A：出来事	B：機能不全な考え方
1月15日	□不安　　　／10点 □抑うつ　　／10点 ☑怒り　　8／10点 □羞恥心　　／10点 □罪悪感　　／10点 目標達成を妨げる行動： 資料作成に集中できない 試験勉強に集中できない	上司に「Yさん，明日の会議の資料なんだけど，これから急いでまとめてくれないか？　私はこれから本部で打ち合わせがあるから，頼んだよ」と言われた。	上司は私の都合に絶対に配慮しなければならない。そうでない上司は，本当にどうしようもない。

問（「はい」か「いいえ」で答えられない質問）をすることで，クライアントの気づき（特に，自分の思考，感情，行動や，それらの連関に気づくこと）を促す技法である。

②ABC 記録表への記入の順序は，C（感情），C（行動），A（出来事），B（ビリーフ）の順である。これは，ABC に注意を向け，識別することのきっかけはC（感情）にあるためである。

③感情が複数挙げられる場合もあるが，1回のセッションで取り上げるC（感情）は，1つに絞る。

④REBT に基づく実践が初めての場合，Bを特定することが難しいだろう。Bを特定するには，表 6-2 掲載のビリーフが参考になる。

ABC 記録表に日常生活で生じた自身の ABC を毎日記入することは，"感情日記をつける"と呼ばれている。セッションの中で，ABC 記録表への記入方法をクライアントに示して，次回のセッションまでに感情日記をつけることをホームワークの課題にする。そして，毎回のセッションの初めに，感情日記をつけて気づいたことや疑問点などを，振り返る。クライアントは，ABC 記録表をつけるエクササイズをホームワークで行い，セッションで振り返ることによって，ABC 理論の理解が深まるだろう。

■1-3.　ビリーフを覚えるエクササイズ

REBT に基づく実践が初めての場合は，まず典型的な iB と rB をペアで覚えることが有用である。その際，苦痛な感情を感じる場面で iB と rB をつぶやいたときの感情の違いを体感することが必要である。

　ビリーフの典型例を覚えることの有効性に関する実証研究（Lupu & Iftene, 2009）では，10代の若者（88人）を対象にした介入（1時間の研修および，iBとrBのペア10パターンを2週間毎日音読するというホームワーク）によって，不安が低減すると報告されている。

　ここでは，ビジネス場面における典型的なiBとrBのペアを表6-2に示す[1]。

　iBの一般的な言語表現は，「～でなければならない」という絶対的な要求に加えて，自己卑下（例：自分はダメな人間だ），他者非難（例：彼はダメな人間だ），低い欲求不満耐性（例：耐えられない）から構成される。一方rBの一般的な言語表現は，「～であって欲しいと思う」という願望に加えて，無条件の自己受容，高い欲求不満耐性（例：不快だけど耐えられる）から構成される。REBTでは，絶対的な要求，自己卑下・他者非難，低い欲求不満耐性といった言語表現が，感情問題の原因であると考える（Yankura & Dryden, 1994／邦訳，1998）。

■1-4.　無条件の自己受容（Unconditional Self-Acceptance: USA）の習得

　REBTは，無条件の自己受容を特に重視する。エリス（Ellis, 1990／邦訳，1997）は，無条件の自己受容に関して，自分の存在価値は評価できないが，特定の一時点での自分の行動のみを評価することができる，と述べている。

　以下に，無条件の自己受容を習得することを目標としたREBTの実践事例を紹介する（詳細は，Neenan & Dryden, 2002／邦訳，2010, pp. 232-271参照）。クライアントであるアリソン（女性）は，コーチングセッションを通して「自分には教養がないから，自分は劣った人間である」というビリーフ（iB）が，不安感や気疲れ，生き辛さの原因であることに気づいた。他者から認められるために教養を身につけることで問題解決を図ろうとするアリソンに対して，コーチは無条件の自己受容の習得を促す支援を行った。セッションの終盤で，アリソンは，他者からの評価を過度に気にせずに，自分が本心からやりたいことを自ら選択するようになった。つまり，セッションの終了時点において，無条件の自己受容の習得，そのことによるウェルビーイングの向上が達成された

---

1)　より一般的なイラショナル・ビリーフとラショナル・ビリーフの典型例については，『論理療法トレーニング』（Waren et al., 1992／邦訳，2004, pp. 210-230）を参照。

表6-2. ビジネス場面における典型的な iB と rB のペア（吉田，2014を改変して作成）

1	iB：私は，周囲から認められなければならない。そうでないなら，私は価値がない。 rB：私は，周囲から認められたいと思う。しかし，残念だが認められない場合もあるだろう。認められようが，認められまいが，そのことと私の価値に関係はないことを受け入れ，今できることをしよう。
2	iB：彼は，周りに協調的でなければならない。独善的な彼は，ダメだ。 rB：私は，彼にできる限り周りに協調的にして欲しいと思う。 しかし，私が強く望むからといって，彼が絶対にそうでなければならない根拠はどこにあるだろうか？ 彼が周りに協調的でないことは残念だが，人は過ちを犯しやすいものであることを受け入れ，今私ができることをしよう。
3	iB：私は，高い成果を出さなければならない。高い成果を出せない私は，価値がない。 rB：私は，高い成果を出したいと思う。しかし，満足のいく成果が出せない場合もあるだろう。満足のいく成果が出せないことは残念だが，成果と私の価値は関係しないことを受け入れ，今私ができることをしよう。
4	iB：彼は，高い成果を出さなければならない。高い成果を出せない彼は，価値がない。 rB：私は，彼に高い成果を出して欲しいと思う。しかし，残念だが出せない場合もあるだろう。たとえそうであっても，人は過ちを犯しやすいものであることを受け入れ，今私ができることをしよう。
5	iB：ルールは守られなければならない。ルールを守らない彼は，ダメだ。 rB：私はできるだけルールは守った方が良いと思う。しかし，残念だがルールを守らない人もいる。 たとえそうであっても，人は過ちを犯しやすいものであることを受け入れ，今私ができることをしよう。
6	iB：私は，公平に処遇されなければならない。公平に扱われなければ，耐えられない。 rB：私は，できる限り公平に処遇されたいと思う。しかし，残念だが不遇な扱いを受ける場合もあるだろう。 不快ではあるが，本当に耐えられないほどだろうか？　今を受け入れ，今私ができることをしよう。
7	iB：いつも自分の思い通りにならなければならない。そうでないなら，耐えられない。 rB：私は，できるだけ自分の思い通りになって欲しいと思う。しかし，残念だがそうならない場合もあるだろう。 不満を感じるが，本当に耐えられないほどだろうか？　今を受け入れ，今私ができることをしよう。
8	iB：仕事はやりがいがなければならない。そうでない仕事は，意味がない。 rB：私は，できるだけやりがいがある仕事がしたいと思う。しかし，そうでないと感じる仕事もあるだろう。 私がやりがいを感じるかどうかと，その仕事の価値には関係がないことを受け入れて，今私ができることをしよう。
9	iB：仕事は楽しくなければならない。そうでないなら，耐えられない。 rB：私はできるだけ，楽しく仕事をしたいと思う。しかし，仕事は楽しくないこともあるだろう。 楽しく感じない仕事をすることは，私にとって不快ではあるが，今の状態を受け入れ，今私ができることをしよう。
10	iB：彼は，私を批評してはならない。私を批評する彼は，ろくでもない奴だ。 rB：私は，できれば彼から批評されたくないと思う。しかし，残念だが批評されることもあるだろう。 彼に批評されることは，私にとって不快ではあるが，そのことだけで彼をろくでもない奴と決め付けるのは早合点ではないだろうか？　彼の意見に対するより建設的な対応を考え，今私ができることをしよう。

のである。

■1-5.「B-C関係の体験的理解」を促すエクササイズ

REBT では，B-C 関係の体験的理解を重視する。REBT のセッションでは，REI（Rational Emotive Imagery）というイメージと感情喚起の技法（Yankura & Dryden, 1994／邦訳，1998, pp. 149-150）がよく使用される。REI は REBT の主要な技法のひとつで，出来事に対する考え方が変わると感情が変わること（つまり B-C 関係）を体感的にクライアントが気づくことを支援する技法である。以下に REI を使った B-C 関係の体験的理解を促す6ステップのエクササイズを提示する。

> 事例：H さんは，機械メーカーでメンテナンス業務に従事する若手社員です。客先には，H さんが見たことない機械が数多くあります。最近，先輩社員が多忙なこともあり H さんは，一人で修理をすることが多く，客先へ行くことが億劫でたまりません。

ステップ1. 本人にとっての最悪の場面を特定する。

客先で機械を修理できず，「どうしてくれるんだ！　責任をとってくれ！」と怒鳴られる場面。

ステップ2.「最悪の場面をイメージして，感情をピークまで高めてください」，「いま，頭の中にどんなつぶやきがありますか？」と質問する。REBT に基づく実践が初めての場合は表6-2 のリストが参考になる。

H さんは iB として，表6-2 のリストから，たとえば，「私は，周囲から認められなければならない。そうでないなら，私は価値がない」を選択した。

ステップ3. iB の感情体験：ステップ1 で特定した最悪の場面をイメージして iB をつぶやいて感情体験し，感情とそのレベルを査定する。

H さんの感情は抑うつで，レベルは10点評価で8点であった。

ステップ4. rB の感情体験：ステップ3 と同一の場面をイメージして，rB を

つぶやいて感情体験し，感情の種類およびそのレベルを査定する。

　表6-2のiBのペアとなるrBは，「私は，周囲から認められたいと思う。し
かし，残念だが認められない場合も少なくないだろう。認められようが，認め
られまいが，そのことと私の価値に関係はないことを受け入れ，今できること
に取り組もう」である。

　ステップ3と同一の場面をイメージして，rBをつぶやいたときのHさんの
感情は抑うつで，レベルは5点であった。

ステップ5. iBをつぶやいたときと，rBをつぶやいたときの感情のレベルの
違い，Bが変わればCが変わる，iBとrBのどちらが有用なつぶやきか，につ
いて振り返る。

　Hさんは，iBをつぶやいたときよりも，rBをつぶやいたときに感じる感情
のレベルが低いことを体験した。

ステップ6. iBとrBの機能と言語表現の違いについて，話し合う（場合に
よって教える）。

　Hさんは，ステップ全体を通し，iBがより強い苦痛な感情（抑うつ：レベ
ル8）を生むこと，rBはiBに比べて感情のレベルが低くなることを，体験的
に理解した。つまり，iBをつぶやく場合とrBをつぶやく場合では感情のレベ
ルに違いがあることを体感したのである。さらに，rBは無条件の自己受容に
関わる表現が含まれていることを確認した。

　セッションの最後に，Hさんは，日常生活の中で強い苦痛な感情を感じたと
き，この6ステップを実行する，というホームワークに取り組むことをコーチ
と合意した。

2.　問題解決技法

　認知行動コーチングは感情問題の改善を重視するが，認知技法を使って感情
問題が改善しても実際の問題が解決しないことがよくある。REBTの実践家
は，感情問題の改善後に実際の問題を扱う際に，7段階モデルを用いる（たと

えば，Neenan & Palmer, 2000／邦訳，2001，pp. 181-198; Neenan & Dryden，
2002／邦訳，2010，pp. 53-65 参照）。7 段階モデルは，①問題の特定，②目標
設定，③解決策の洗い出し，④結果の予想と査定，⑤解決策の選定，⑥実行，
⑦評価，から構成される。

事例：福祉系大学に通う S さん（3 年生）は，3 月になり友人が就職活動を始めて
いるのを目の当たりにし，「自分も就活しなければ」と思いました。しかし S さん
は，就職活動を始めるといっても，どのようなことから始めれば良いのか皆目見当
もつきません。

ステップ 1. 問題の特定

　ここでは，問題を具体的に表現し，特定化する。問題が複数ある場合は，問
題リストを作り，優先順位の高いものから 1 つを選ぶ。さらに，問題に関連す
る自身の長所，知識，技能，過去の経験などを明らかにする。

S さんの事例：
コーチ：具体的に就職活動の，どのようなことに困っているのでしょう？
クライアント：就職活動ができていないし，何も進んでいません。
コーチ：就職活動ができていないことの，どこに最も困っているのですか？
クライアント：就職活動の取り掛かりとして，まず何を始めたら良いかわからない
　　　　　　　し，動けないことに一番困っています。

ステップ 2. 目標設定

　目標設定する際は，5 つのポイントが重要である。それは一般に，"SMART"
な目標と呼ばれている。

　① S（Specific）：目標は具体的か？

　② M（Measurable）：目標は測定可能か？

　③ A（Achievable）：目標は達成可能か？

　④ R（Realistic）：目標は現実的か？

　⑤ T（Timebound）：目標はいつまでに達成可能か？

> Ｓさんの事例：
> コーチ：どのような目標を設定すれば良いと思いますか？
> クライアント：就職活動のきっかけをつかみたいです。
> コーチ：具体的な行動で表現するとどうなりますか？　また，いつまでに実行する
> 　　　　ことが望ましいでしょうか？
> クライアント：1週間以内に，就職活動（職種：福祉職）の流れを知る。そして，就
> 　　　　　　　職活動の最初にやることをリストアップする，これを目標にします。

ステップ 3. 解決策の洗い出し

　ステップ 2 で設定した目標を達成するための解決策を可能な限り多く考え出す。解決策は，バカバカしく思えるものでも構わない。すなわち，このステップでは，各解決策を評価しない。

> Ｓさんの事例：以下の 7 つの解決策が出された。
> 　①自分で就職活動の流れをイメージする
> 　②施設や病院の新卒採用説明会に参加して，他の参加者にアドバイスをもらう
> 　③すでに福祉職で働いている先輩に話を聞く
> 　④就職活動に関する書籍を，図書館で借りる
> 　⑤大学のキャリア支援課で福祉職の就職活動に詳しい職員から話を聞く
> 　⑥有料の就職活動支援相談を受ける
> 　⑦近所の福祉施設のパンフレットを集める

ステップ 4. 結果の予想と査定

　ステップ 3 で出した各解決策の長所と短所，および実行した場合予想される結果を評価する。評価に際しては，0 点（最も低い）～10 点（最も高い）で点数をつける。

> Ｓさんの事例：結果の予想と評価は以下の通りである。
> 　①どこからイメージしていいか全然わからない。（評価：0 点）
> 　②今の自分にはハードルが高すぎるし，有益な情報が得られるか不明。（評価：2 点）
> 　③話は聞けると思う。しかし，どこまで自分の参考になるだろうか。（評価：5 点）
> 　④何か参考になることが得られるかもしれない。（評価：8 点）

　⑤職員から小言を言われるかもしれないが，良いアドバイスがもらえそう。（評
　　価：9 点）
　⑥良さそうだが，お金がかかる。これは最終手段ではないか。（評価：5 点）
　⑦施設のパンフレットでは，就職活動の流れがわかるとは思えない。（評価：0 点）

ステップ 5.　解決策の選定

　ステップ 4 で評価した解決策の中から，実行するものを選ぶ。解決策は，複
数選定しても良い。さらに，目標（ステップ 2 参照）を達成するために，選定
した解決策をいつ，どのように実行するか，具体的な計画を立てる。

S さんの事例：
選定した解決策：（案④）
具体的計画：図書館に行き，司書に福祉職の就職活動で参考になる本を紹介しても
　　　　　　らう。借りた本を読み，やるべきことのリストを作る。

選定した解決策：（案⑤）
具体的計画：明日の午前中，キャリア支援課で福祉職の就職活動に詳しい職員との
　　　　　　面談を予約する。職員との面談当日は，就職活動の流れとやるべきこ
　　　　　　とを確認し，リストを作る。

ステップ 6.　実　　　行

　ステップ 5 で立てた解決策を実行する。実行する前に，必要であれば練習す
る。実行したが解決しない場合は，ステップ 5 もしくは，ステップ 3 に戻るこ
とが必要である。

ステップ 7.　評　　　価

　ステップ 2 で設定した目標の，達成度を査定する。
　目標が達成されていない場合は，達成されていない点とその原因を検討す
る。スキル不足が原因であれば，練習して再度実行する。また，別の解決策
や，新たな解決策を選定しても良い。
　すでに達成されている場合は，ステップ 1 で作成した問題リストから次に取
り組む問題を選び，もう一度ステップ 1 からはじめる。

実際の問題を扱っている途中で，感情問題が生じることがよくある。その場合には，感情問題を優先的に扱うことが，目標を達成するために有用である。REBT に基づく実践では，実際の問題を解決するうえでも，感情問題を解決することが必須であると考える。

3.　マインドフルネス技法

マインドフルネスは認知行動療法の新しいトレンドであり，マインドフルネス認知療法，ACT（Acceptance and Commitment Therapy），弁証法的行動療法など比較的新しい認知行動指向の療法には「注意の集中」に関わるエクササイズが含まれている（たとえば，Kazantzis et al., 2010／邦訳，2010 参照）。しかし，認知行動コーチングにおいてマインドフルネス実践をどのように活用するかについては，意見が一致していない[2]。そこで本節では，マインドフルネス実践の主要な構成要素，エビデンス，そして代表的な技法などについて紹介するにとどめる。

MBSR（Mindfulness Based Stress Reduction：マインドフルネスストレス低減法）の創始者であるジョン・カバットジン（John Kabat-Zinn, 1944-）は，マインドフルネスを「注意を集中すること」（Kabat-Zinn, 1990／邦訳，2007, p. 34）と定義し，さらに「何もしないことの学び」「自分が存在することの学び」（同書，pp. 31-32）とも述べている。

マインドフルネス実践の主要な構成要素は，①瞑想，②呼吸法，③ボディスキャン，④ヨガのアーサナ（身体的ポーズ），⑤ヨガのシャバーサナ（リラクゼーション），の5つである。心理療法としてのマインドフルネス実践の代表は，MBSR である（Kabat-Zinn, 1990／邦訳，2007）。MBSR の標準プログラムは，主にボディスキャン，瞑想，アーサナから構成される（Kabat-Zinn, 1990／邦訳，2007, pp. 181-186 参照）。一方，保健医療（特に代替補完医療）におけるマインドフルネス実践の代表は，ヨガである。ヨガクラスで行うエ

2)　たとえば，定評あるコーチングのハンドブック最新版（*The Complete Handbook of Coaching, 3rd ed.*）には，「認知行動コーチング」の章にマインドフルネス実践が一切含まれていない（Williams et al., 2018参照）。

クササイズは主に，アーサナ，呼吸法，シャバーサナ，瞑想から構成される（NCCIH, 2020, p. 4 参照）。

　ヨガと MBSR はうつ病と不安障害，ウェルビーイングの向上，その他多くの障害に効果がある。MBSR は慢性疼痛，不安，抑うつなどに効果がある（菅村, 2013, pp. 44-47 参照）。ヨガに関しては，米国国立補完統合衛生センター（National Center for Complementary and Integrative Health: NCCIH）が 4 領域 21 のアウトカムに効果があることを公表している（NCCIH, 2020, pp. 17-23 参照）。それは，(1) 健康とウェルビーイングの向上（①ストレスマネジメント，②健康バランス，③ポジティブな精神健康，④健康習慣，⑤禁煙，⑥体重管理），(2) 痛みの緩和（⑦線維筋痛症，⑧腰痛，⑨首痛，⑩頭痛，⑪関節痛），(3) 慢性疾患（⑫がん，⑬多発性硬化症，⑭慢性閉塞性肺疾患（COPD），⑮喘息），(4) その他の疾患（⑯うつ病と不安障害，⑰心血管疾患，⑱ 2 型糖尿病，⑲過敏性腸症候群（IBS），⑳更年期障害，㉑睡眠障害）である。

　マインドフルネス実践には，上記のように主要な障害の改善やウェルビーイングの向上という誰にとっても重要な問題を扱う指向ばかりでなく，後述するように自分流のマインドフルな生活を探求する指向もある。コーチング心理学の観点からすると，後者の方がより重要かもしれない。自分独自のマインドフルな生活を探求する実践に，フェニックスライジング・ヨガセラピー（PRYT: Phoenix Rising Yoga Therapy）がある（Lee, 1999）。PRYT は，アメリカ心理学会刊行の「トーク・セラピーを超えて（*Beyond talk therapy*）」に掲載されている定評ある心理療法で，マインドフルネス実践（主にボディスキャン，呼吸瞑想，アーサナなど）に，クライアントと PRYT セラピストとの対話による「日常生活の振り返り」を加えた点が特徴である（Lee, 1999）。PRYT の主要な構成要素は以下に示すように，洞察，日常生活での体験，日常生活の振り返り，対話の 4 つである。

　①クライアント（マインドフルネス実践の初心者）のマインドフルネス実践での体験と PRYT セラピスト（PRYT の専門家，マインドフルネス実践の熟練者）との対話に基づく洞察
　②クライアントの日常生活での体験

③日常生活の振り返り（①による②の振り返り）

④PRYTセラピストとの対話：①，②，③

PRYTは，マインドフルネス実践の体験とセラピストとの対話で得た洞察（上記①に該当）を，クライアントの日常生活での体験（上記②に該当）に適用して振り返る（上記③に該当）ことによって，その人独自のマインドフルな生活を探求するアプローチである。後述するシルビアの事例で描かれているように，シルビアはボディスキャンの体験とセラピストとの対話から得た洞察を，彼女の現在の生活に適用することによって，彼女流のマインドフルな生活を探求している。さらにPRYTは，クライアントと専門家であるセラピストとの対話型共同作業であるため，初心者単独でマインドフルネス実践を行うよりも適切な指導が得られる，という強みがPRYTにある。

以下に，マインドフルネス実践の主要な構成要素に関わる技法[3]，さらに「日常生活の振り返り」技法を紹介する。

■3-1. 瞑　　想

瞑想とは，概して座位で目を閉じるか半眼で，呼吸や体の状態など，今ここでの自分の内側に注意を集中するエクササイズである。瞑想の代表は呼吸瞑想である（呼吸瞑想の詳細は，Kabat-Zinn, 1990／邦訳，2007，pp. 91-114参照）。呼吸瞑想とは，呼吸に注意を集中するエクササイズ，すなわち，通常呼吸の出入り口である鼻孔，あるいは呼吸による横隔膜の収縮によって動く腹部のどちらかに，注意を集中し観察を続けるエクササイズ，である。呼吸への注意が他の身体部位や考えやイメージなどに逸れた場合，鼻孔や腹部に注意を戻して観察を続ける。60〜80分のヨガクラスにおいて，呼吸瞑想をクラスの最初と最後に各5〜10分程度行うことが一般的である。

---

3)　マインドフルネス実践の主要な構成要素であるヨガのアーサナとシャバーサナについては，紙面に限りがあるのでここでは紹介しない。ヨガのアーサナとシャバーサナについては，『クリパルヨガ：ヨガの実践と人生へのガイド』（Faulds, 2005／邦訳，2011, pp. 74-153）を参照。MBSRでのアーサナの使用については，『マインドフルネスストレス低減法』（Kabat-Zinn, 1990／邦訳，2007, pp. 141-167）を参照。

■3-2. ボディスキャン

　ボディスキャンとは，体をスキャンするように順番に自分の体の特定の部位に注意を向けるエクササイズである（詳細は，Kabat-Zinn, 1990／邦訳，2007, pp. 115-138 参照）。通常のやり方としては，仰向けの状態，座位または立位で目を閉じて行う。足から注意を向け始め，ふくらはぎ，脛，大腿，股関節，腰，腹部，胸，肩，手や腕，首，顔，頭というように，下から上へと注意を向ける対象を移動していく。

■3-3. 呼 吸 法

　代表的な呼吸法は腹式呼吸と完全呼吸である。完全呼吸は，胸式呼吸と腹式呼吸を合わせたものである（呼吸法，特に腹式呼吸の詳細は，Kabat-Zinn, 1990／邦訳，2007, pp. 75-90 参照）。また，ヨガの代表的な呼吸法かつ呼吸瞑想にウジャイ呼吸（海の音の呼吸）がある（ヨガの呼吸については，Faulds, 2005／邦訳，2011, pp. 22-31 参照）。ヨガでは呼吸瞑想やアーサナにおいて，ウジャイ呼吸で出す呼吸音に注意を集中するエクササイズが，よく行われる。

■3-4. 日常生活の振り返り

　日常生活の振り返りは，先述したように PRYT の主要な要素の1つである。この技法は，以下の3ステップで行われる。各ステップのテーマとセラピストが対話で用いる質問例，実践事例を紹介する。実践事例はステップに沿って記述する。先に PRYT の特徴で述べたように，この技法によって，自分独自のマインドフルな生活が探求される。

ステップ1. マインドフルネス実践での体験を把握する

> 質問例：
> ・マインドフルネス実践において，印象的な体験はどのようなものでしたか？
> ・この体験について，呼吸の状態，リラックスの程度，体の感覚，観察したこと，感じたこと，考えたこと，体験をありのままに受容しているかどうかなどについて，できるだけ詳しく話して下さい。

ステップ 2.　この体験から洞察を得る

質問例：
・この体験から，あなたはどのようなことに気づきましたか？
・この体験は，どのようなことを示唆しているでしょうか？

ステップ 3.　洞察を日常生活に適用し振り返る

質問例：
・あなたの日常生活には，どのような問題があるでしょうか？
・問題があるとすれば，具体的にどのようなことをしたらよいでしょうか？

　以下に，ボディスキャンの事例を紹介する（詳細は Lee, 1999, Case 1: pp. 209-212 参照）。クライアントであるシルビアは，30 代後半の女性で投資家として成功していたが，時間に追われる日々で心身ともに疲弊していた。彼女は 2 回目のセッションで 20 分間のボディスキャンを行い，その後セラピストと対話した。

①ステップ 1. マインドフルネス実践での体験を把握する
　シルビアは，自分の足に注意を向けると，実家の農場の牧草地を駆回る少女時代の自分を思い出した。また，体の右側と左側の感じがまったく異なること，左側は子どもの筋肉みたいに柔らかく感じるのに対して，右側は硬く特に顎や首の筋肉が緊張していると感じた。
②ステップ 2. この体験から洞察を得る
　シルビアはこの体験とセラピストとの対話から，少女時代のように「生き生きと感じる」体の感覚を取り戻す必要があると感じた。
③ステップ 3. 洞察を日常生活に適用し振り返る
　・彼女はすぐにできる行動として，来週時間をつくって実家の農場を訪れて家族や友人と休暇で過ごすことを選択した。
　・セラピストはシルビアに，この休暇に関わる諸場面（たとえば，訪問の計画を立てているとき，旅行中，家族や友人と出会うとき，牧草地で走るときなど）で感じる身体感覚，呼吸，観察，感情や考えなどに注意を集中するように示唆した。
④次回のセッションの予告
　次回のセッションで特に印象的な体験について対話することを約束した。

4. おわりに

　事例で挙げたように，プライベートや家庭であれ，ビジネスであれ，感情問題があって，成果が上がらないケースは多い。認知行動コーチングの中核である認知技法は，感情の使い方を改善して，成果やウェルビーイングを高めるために役立つ。認知技法と問題解決技法を実践することによって，目標達成に向けた行動がとれるようになる。またマインドフルネス技法は，主要なアウトカムの改善といった万人の利益を目指す側面と，その一方でその人独自のマインドフルな生活を探求するアプローチもあることを示した。本章で紹介した認知技法，問題解決技法，それからマインドフルネス技法を活用して，ご自身の人生／生活をより良いものにしていただくとともに，コーチングの実践に生かしていただきたい。

引用文献

Dryden, W., & DiGiuseppe, R.（1990）. *A primer on rational-emotive therapy*. Champaign, IL: Research Press.（菅沼憲治（訳）(1997). 実践論理療法入門：カウンセリングを学ぶ人のために　岩崎学術出版社）

Ellis, A.（1990）. Special features of rational emotive therapy. In W. Dryden & R. DiGiuseppe, *A primer on rational-emotive therapy*（pp. 79-93）. Champaign, IL: Research Press.（菅沼憲治（訳）(1997). 特別寄稿論文 REBT の特徴　実践論理療法入門：カウンセリングを学ぶ人のために(pp. 81-96)　岩崎学術出版社）

Faulds, R.（2005）. *Kripalu Yoga: A guide to practice on and off the mat*. New York: Bantam.（三浦徒志郎（監訳）(2011). クリバルヨガ：ヨガの実践と人生へのガイド　インフォレスト）

Kabat-Zinn, J.（1990）. *Full catastrophe living: Using the wisdom of your body and mind to face stress, pain and illness*. New York: Delacorte.（春木　豊（訳）(2007). マインドフルネスストレス低減法　北大路書房）

Kazantzis, N., Reinecke, A. M., & Freeman, A.（Eds.）(2010). *Cognitive and behavioral theories in clinical practice*. New York: Guilford Press.（小堀　修・沢宮容子・勝倉りえこ・佐藤美奈（訳）(2012). 臨床実践を導く認知行動療法の 10 の理論：「ベックの認知療法」から「ACT」・「マインドフルネス」まで　星和書店）

Lee, M.（1999）. Phoenix Rising Yoga Therapy. In D. J. Wiener（Ed.）, *Beyond talk therapy: Using movement and expressive techniques in clinical practice*（pp. 205-221）. Washingtan, DC: American Psychological Association.

Lupu, V., & Iftene, F.（2009）. The impact of rational emotive behavior education on anxiety in teenagers. *Journal of Cognitive and Behavioral Psychotherapies, 9*(1), 95-105.

National Center for Complementary and Integrative Health（NCCIH）(2020). *Yoga for health*.（eBook）Retrieved from 〈https://www.nccih.nih.gov/health-info/yoga-for-health-ebook〉

Neenan, M., & Dryden, W.（2002）. *Life coaching: A cognitive-behavioural approach*. Hove, East Sussex, UK: Burunner-Routledge.（吉田　悟（監訳）(2010). 認知行動療法に学ぶコーチング 東京図書）

Neenan, M., & Palmer, S.（2000）. Problem focused counselling and psychotherapy. In S. Palmer（Ed.）,

Introduction to counselling and psychotherapy: The essential guide. London, UK: Sage. (小林和佳子(訳)(2001). 問題焦点療法 島 悟(監訳) ガイドブック心理療法 (pp. 181-198) 日本評論社)

Nezu, A. M., Nezu, C. M., & Lombardo, E. (2004). *Cognitive-behavioral case formulation and treatment design: A problem solving approach.* New York: Springer. (伊藤絵美(監訳)(2008). 認知行動療法における事例定式化と治療デザインの作成：問題解決アプローチ 星和書店)

菅村玄二(2013). マインドフルネスとは？：意味と効果とそのメカニズム 春木 豊・菅村玄二(編訳) 4枚組の CD で実践する マインドフルネス瞑想ガイド (pp. 40-51) 北大路書房 (原書：Kabat-Zinn, J. (2005). *Guided mindfulness meditation, Series 1: A complete guided mindfulness meditation program.* Louisville, CO: Sounds True.)

Waren, R. S., DiGiuseppe, R., & Dryden, W. (1992). *A practioner's guide to Rational-Emotive Therapy* (2nd ed.). New York: Oxford University Press. (菅沼憲治(監訳)(2004). 論理療法トレーニング 東京図書)

Williams, H., Palmer, S., & Edgerton, N. (2018). Cognitive behavioural coaching. In E. Cox, T. Bachkirova, & D. Cluttebuck (Eds.), *The complete handbook of coaching* (3rd ed., pp. 17-34). London: Sage Publications.

Yankura, J., & Dryden, W. (1994). *Albert Ellis.* Thousand Oaks, CA: Sage. (國分康孝・國分久子(監訳)(1998). アルバート・エリス 人と業績：論理療法の誕生とその展開 川島書店)

吉田 悟(2014). ビジネス・コーチング心理学 大木桃代・小林孝雄・田積 徹(編著) 日々の生活に役立つ心理学(pp. 243-256) 川島書店

コラム2

英国のコーチング心理学トレーニング：
Centre for Coaching, London, UK の例

西垣悦代

　ロンドン・シティ大学のコーチング心理学課程の元主任教授のパーマー（Palmer, S.）は国際コーチング心理学会（ISCP）の初代会長であり，シドニー大学のグラント（Grant, A.）とともにコーチング心理学界を牽引してきた。認知行動コーチング（CBC）を最初に提唱した人でもある。パーマーと認知行動療法家のニーナン（Neenan, M.）が共同プログラムディレクターとなって設立したのが Centre for Coaching で，本センターで開講されるトレーニングコースは国際コーチング心理学会の認証を受けている。

　Centre for Coaching はロンドン市内にある英国心理学会（BPS）の本部ビルの研修室を会場（一部はロンドン以外でも開催）に，2 日から 5 日のコーチングのショートコースを年に 36 回程度開催するほか，Zoom を用いた遠隔通信教育も行っている。受講者は原則として自分の都合に合わせて自由に科目を選択することが可能で，入門コースの受講にコーチングの特別な知識と技能は必要ないが，その難易度は英国の大学教育の level5（学部レベル）から level7（大学院レベル）に相当する。また，5 日間のコースは英国の大学の授業の 15 単位分となる。

　以下は筆者が受講した Certificate for coaching と Stress management の両コースの概要である。コースの申込みをすると，事前に読むべき課題図書が送られてくる。コースは朝 9 時から昼食と午後の休憩をはさんで 16 時半まで行われる。インストラクターはパーマーをはじめ全員サイコロジスト資格を持っており，コーチとしても活動している。受講生は 10 名から 15 名程度で，プロのコーチ，カウンセラー，教員，会社員，会社経営者，退職者，キャリアチェンジを目指す人など多様で，筆者以外にも海外からの受講生がいた。コースの冒頭で，コース内で知りえた個人情報に関する守秘義務についての説明があり，続いて，コーチの契約，倫理規範の話に入る。修了後すぐにコーチとしての活動を始めることを前提としているので内容は非常に実践的・具体的で，コーチに起こり得る倫理的ジレンマに関するケーススタディなども行われた。コースはインストラクターの説明，ピア・コーチング，ディスカッションを中心に進められたが，活発な質問や意見がでるので，大変インタラクティブな雰囲気で，互いの経験のシェアも積極的に行われた。ピア・コーチングで用いる内容はすべて現実の問題で，いわゆるロールプレイングは行われない。1 日が終了すると，その日の学びを振り返り，文章化する宿題がでる。

　コース修了後 2ヶ月以内に課題レポートの提出が義務づけられるが，BPS（英国心

理学会）スタイルと呼ばれる学術論文の様式で書くことが求められる。日頃から論文を書き慣れていない受講生は，英国人でも苦労した人がいたようである。特に制約は課されないが，筆者の課題レポートは 20 ページ，引用文献は 20 近く使用した。実際に経験してみて，たしかに大学院レベルのコースであると実感した。全日程の出席と課題レポートの合格をもって，certificate が授与される。

　Centre for Coaching の各コースは，ISCP のほか，Association for Coaching（AC: 英国に本部のあるコーチ団体），英国心理学会継続学習センター，などの認定も受けており，さらにミドルセックス大学の大学院ディプロマの対象にもなっている。ディプロマを取得するには全部で 5 つのコースの履修と各課題レポートのほか，コーチングセッションの逐語記録と批判的分析のレポート，セッションの録音記録とその振り返り，クライアントとともに作成したコーチング記録，学習ログの記録，スーパービジョン，Centre for Coaching が主催するフォーラムへの出席が課され，さらに 5,000~7,500 ワード（ディプロマの種類によって異なる）の論文または実証研究論文の作成，5~8 冊の学術書の書評レポートの提出が必要となり，かなりハードルが高い。

　英国には現在，ロンドン・シティ大学（City University London），イーストロンドン大学（UEL）など数校にコーチング心理学の大学院課程があり，社会人学生にも配慮したカリキュラムを組んでいるが，いずれも難関のようである。Centre for Coaching は，国際コーチング心理学会の認証コースの中でも英国の認知行動コーチングをしっかりと身につけることができる点，短期のコースを自分の都合に合わせて履修できる点がメリットと言えるだろう。

参考

Centre for Coaching, London, UK HP 〈http://www.centreforcoaching.com/〉

第7章
解決志向コーチング

木内敬太

　心理支援法として開発された解決志向アプローチ（SFA：solution-focused approach）は，その後，コーチング，組織開発，コミュニティアプローチなど，適用範囲を拡大してきた。狭義の解決志向コーチング（SFC：solution-focused coaching）は，コーチとクライアントとの1対1の面接場面で行う，SFA に基づくコーチングと考えることができる。一方で，本章では，SFA の適用範囲の広さを踏まえ，グループコーチング，社内研修を含めた組織開発，コミュニティの活性化や目標達成を目指した SFA の応用も広く SFC の実践と位置づけ，SFA の特徴，SFC の発展，SFC の実際について説明する。

1.　解決志向アプローチとは

　SFA は，臨床心理学における心理支援法の1つで，家族療法から発展した，ブリーフセラピーに属する手法である。催眠療法家ミルトン・エリクソン（Milton Erickson）の卓越した実践技術が，家族内コミュニケーション研究や家族療法への応用を通して体系化され，短期に効率的にクライアントの抱えている問題を解決することのできる心理支援法として，ブリーフセラピーと名づけられた（Bavelas et al., 1968）。ブリーフセラピーは，1対1面接で活用されることもあるが，人や物事の関連性，相互作用，全体の構造に着目するシステム論的な視点で問題をアセスメントし，課題の提示（介入）を行う点を特徴としている。

　ブリーフセラピーが多岐の流派に分かれて発展するなかでさまざまな問題に対する統一鍵となりうるシンプルな支援法を確立することを目指して開発されたのが，スティーブ・ドゥ・シューザー（Steve De Shazer），インスー・キ

ム・バーグ（Insoo Kim Berg）による SFA である（De Shazer, 1985）。SFA
は，クライアントのリソースや強み，例外（問題が少しはましなとき），解決
像（望む未来像）の明確化を通した支援法で，ミルトン・エリクソンの活用
（utilization）や前提（assumption）の考えに強く影響を受けている。

2.　解決志向コーチングの発展

■2-1.　SFAのコーチングへの応用

　SFA は早くからコーチングに応用されていた（Berg & Szabó, 2005）。近年
では，エビデンスに基づくコーチング心理学の実践としても一役を担ってい
る。特に，SFC と認知行動コーチング（CBC: cognitive behavioral coaching）
を組み合わせた解決志向認知行動コーチング（SF-CBC: solution-focused
cognitive behavioral coaching）は，広く実践・研究されている（Grant &
Greene, 2004; Wang et al., 2021）。また，ストレングス・ベースト・コーチ
ング（SBC: strength based coaching）などとともにポジティブ心理学的介
入（PPI: positive psychological intervention）[1] の一群に含まれることもある。
1997～2018 年に発表されたコーチング心理学の効果研究 36 報のうち，GROW
モデルや目標設定などの行動コーチングが用いられたものが最も多く 12 報，
SFC 単独もしくは SBC との組み合わせが 3 報，CBC 単独が 8 報，SFC と
CBC の組み合わせが 4 報であった（Lai & Palmer, 2019）。

■2-2.　SFCの産業・コミュニティ領域での発展

　SFC は，1 対 1 面接のコーチングにとどまらず，産業組織におけるさまざま
な活動に応用されてきた。この文脈では，「ソリューション・フォーカス（SF:
solution focus）」と呼ばれることがある（Jackson & McKergow, 2007）。ヨー
ロッパでは，2006 年の段階で，すでに，リーダーシップ開発，マーケティン
グとセールス，人的資源管理，組織開発，組織の学習と文化の醸成，コンフリ

---

1)　ポジティブ心理学的介入（positive psychological intervention）とポジティブ心理学介入
　　（positive psychology intervention）の違いには，後者は厳密にポジティブ心理学に基づく手
　　法であるとする議論がある（Hone et al., 2015）。

クトマネジメント，プロジェクト・マネジメント，労働環境のデザインなどの
実践例が報告されている（Lueger & Korn, 2006）。同時期に日本にもソリュー
ション・フォーカスが紹介され（青木, 2006），その後，企業での活用が広がっ
ている（進藤・松永，2017）。

　近年では，自治体や国家レベルの政策立案のトレーニングに SFC が応用さ
れている。ニュージーランドでは，警察官が SFC を学び，人の強みに目を向
け，希望を構築するコミュニケーションを身につけたことで，2010～2017 年
にかけて，再犯率の低下，子どもによる犯罪の減少，地域の支援サービスに
紹介される家庭の増加，警察に対する市民の肯定的な態度の促進につながった
（Burns, 2020）。フィンランドでは，2017-2018 年に，国務長官や局長など政府
のシニア・リーダー約 140 名を対象として，SFC に基づく大規模なリーダー
シップ研修が行われた（Virtanen & Tammeaid, 2020）。この研修では，強み
に着目したリーダーシップの促進と，予測困難な VUCA（ブーカ）[2] の時代に
おいて，スモールステップで成果を積み重ねながら，長期的なビジョンを実現
する方法が教えられた。

■2-3.　1対1面接にとどまらないSFCの定義

　SFA の応用範囲が心理支援からコーチング，組織開発，コミュニティアプ
ローチへと展開していくなかで，どのような実践を SFA とするかということ
に対する認証制度の必要性が高まった。SFCT（Association for the Quality
Development of Solution Focused Consulting and Training）は，Clues（手が
かり）（SFCT, 2015）を定義し，活動の認証を行っている[3]。Clues は，1 対 1
面接や，心理的活動からの脱却のために作られた経緯があり，相互作用の視点
に偏り，個人内システムの理解を含めた，概念的な視点が極端に抜けてしまっ
ているという印象を受ける。

　同時期に，ヨーロッパブリーフセラピー学会（EBTA: European Brief

---

2)　Volatility（変動性），Uncertainty（不確実性），Complexity（複雑性），Ambiguity（曖昧性）
　　の頭文字をとったもの。
3)　この役割は，現在は，SFiO（Association for Solution Focus in Organisations）に引き継がれ
　　ている。

Therapy Association）も，1対1面接やセラピーに限らない，SFA の包括的
な定義を開発するためのプロジェクトを開始し，その成果が 2020 年にまとめ
られた（EBTA, 2020）。「解決志向実践の理論 2020 年版」と題された，この
プロジェクトチームの報告書は，SFC を含めた解決志向実践の指針とすべき
内容である。一方で，2020 年版と題され，巻末に 6 人のチーム外の専門家に
よる批評が掲載されている。これは，解決志向実践の指針自体が，対話を通し
て，時代とともに柔軟に，変化していくことの必要性を示している。

　「解決志向実践の理論」の概要を表 7-1 に示す。「実践：文脈になること」で
は，報告書のスタンスとして，実践とは文脈を作ることであり，解決志向実践
の文脈は，「クライアントが，自分の望む変化に向けて，リソース，スキル，
強み，未来への望み，環境との相互作用についての対話を通して，自己，他
者，未来に対して，新しい認識を得ること」という考えが示されている。「説
明：なぜ解決志向か」では，意味，自己認識と方向性，行動の3つの観点か
ら，解決志向実践の作用機序が説明されている。社会構成主義に基づくと，世
界はあいまいなものであり，意味づけによって成り立っている。意味は，人々
の相互交流の中で決定されるが，解決志向実践では，クライアントと実践家と
の創造的な相互作用を通して，クライアントの人生の目的（望む未来）に沿っ
た形で，共同構築される。敬意とエンパワーメントに満ちた関係性の中で，ク
ライアントは，自分の考えを自由に表現し，自分の強みやリソース，希望に改
めて気づく。また，「最善の変化（best possible change）」についての対話を
通して，自分の望む未来の方向性を明らかにし，実際に日常生活での行動を変
化させる。

　「記述：何が実践を解決志向たらしめるか」では，解決志向実践における意
味の共同構築のための9つの要素が示されている[4]。まずセッションにおける
実践家の態度として，①尊重，関与，ポジティブさ，②クライアントの言葉の
取り入れ，③クライアントの望む変化に向けたサポート，④最適なサポートの
提供，がある。実践家は常にクライアントを尊重し，興味と関心を向け，ポジ
ティブな雰囲気を作る。その1つの方法として，専門的な枠組みに当てはめ

4）　各トピックについての具体的な応答例は，原著を参照されたい。

るのではなく，クライアントの言葉を使って対話を行う。論理，メタファー，ユーモアなど，クライアントに合わせて，対話のチャンネルを調整する。支援がどこに向かって進んでいくか，いつ終わるかを決めるのもクライアント自身である。実践家は，クライアントが主体性を発揮しやすくなるように，適度な支援を提供する。次に，対話の紡ぎ方として，⑤能力を引き出し，リソースを活性化する，⑥進展に気づき増幅する，⑦違う方法で考え，行動する，がある。変化は多くの場合，クライアントや関係者の成功体験や問題解決能力，レジリエンス，リソース，強みについての対話の中から生まれる。実践家は，クライアントが過去や現在についての語りを通して，自身の能力やリソース，進展に気づけるように対話を展開する。場合によっては，状況が悪化していないことが進展であり，平凡な日常の中に望む未来に向けた変化の兆候が表れる。これまでとは違う考え方や，行動を試してみることが，望む未来に向けた気づきのきっかけになることもある。最後に，支援の構造として，⑧変化を確認する—セッション間の生活，⑨プロセスの追跡と評価，がある。支援は，日常生活における行動の変化，特に，他者や環境との相互作用の変化と，セッションにおけるその振り返りを通して進んでいく。解決志向実践においてもケース

表7-1　解決志向実践の理論（EBTA, 2020）の概要

1　実践：文脈になること
・理論とは，サポートを通してどのような文脈を形成しようとするか。
・解決志向実践の文脈では，リソース，スキル，強み，未来への望み，環境との相互作用についての対話を通して，クライアントは，望む未来の実現に役立つ，自己，他者，未来についての新しい認識を得る。
2　説明：なぜ解決志向か
・言葉の意味が変わり，生活の文脈が変わることで，個々人の認識の世界が変化する。問題は問題ではなくなり，クライアントは，自分がすでに望む未来に向けて動き出していることに気づく。
3　記述：何が実践を解決志向たらしめるか
＜実践家の態度＞
①尊重，関与，ポジティブさ，②クライアントの言葉の取り入れ，③クライアントの望む変化に向けたサポート，④最適なサポートの提供
＜対話の紡ぎ方＞
⑤能力を引き出し，リソースを活性化する，⑥進展に気づき増幅する，⑦違う方法で考え，行動する
＜支援の構造＞
⑧変化を確認する—セッション間の生活，⑨プロセスの追跡と評価

フォーミュレーションは行われ，支援の有効性が評価される。ただし，理論的な枠組みに基づくフォーミュレーションではなく，クライアントの言いたいこと，重視していること，望んでいること，希望の進め方など，クライアントの語りに沿ったフォーミュレーションが行われる。

　ドゥ・シェーザーの考えもあり，SFC は理論モデルの導入を嫌う。Clues はそれに忠実であるのかもしれない。理論を示すと，実践がそれに縛られ，単一化し，クライアントが置き去りになる危険性がある。それを理解しつつ，説明責任を果たすためにまとめられたのがこの解決志向実践の理論である。巻末の批評ではこの点の議論も取り上げられている。また，変化を重視しすぎているという点も指摘されている。SFC の前提の1つに，「変化は必然である」というものがある。変化は常に起こっているので，その中で望む未来に向けて役に立つ変化を見つけるのが SFC の態度であり，努力して変化を起こそうとするものではないという点は，誤解がないようにしたい。

3.　解決志向コーチングの実際

■3-1.　個人コーチングのSFC

　本節では，解決志向認知行動コーチング（SF-CBC: solution-focused cognitive behavioral coaching）を例に，SFC の実際について説明する。SF-CBC は，12 のステップで構成されたプログラムである。グループで行う際には各ステップを1セッションで扱うが，本事例は個人面接のため，隔週50分を3セッションと1ヶ月後のブースターセッションを行った。また，オリジナル版にいくつか変更を加えた。変化のステージモデル（DiClemente & Prochaska, 1998）に沿った心理教育，ピア・コーチングの促進など，他者との助け合いの促進，終了後のアクションプランを設定するステップを省略し，SFC の理論に合うようにステップの順番を入れかえた。表7-2 にケースの概要を示す。クライアントは30 代の医療従事者で，仕事が忙しく，キャリアの不安があり，心身に不調感があった[5]。ブースターセッションでは，資格取得に

---

5)　実際のケースに基づいて一部修正を加えて提示している。

表 7-2.　SF-CBC を実施したケースの概要

クライアントの概要：30 代，医療福祉，専門的・技術的職業従事者	
支援のステップ	内容
【第 1 セッション】 1．人生の振り返り	スケーリングを使いながら人生の各側面についての満足度を振り返った。余暇活動や趣味，友人関係に関する社会性や，家族との関係はある程度の点数を示したが，仕事が忙しいわりに，満足のいく収入が得られていないということで，健康やキャリアの点数が下がっていた。 10 点満点中：仕事 1 点，家族 3 点，キャリア 1 点，体の健康 1 点，心の健康 1 点，経済 1 点，自己 1 点，社会性 5 点
2．扱う領域を決める	仕事
3．夢を描く	自分にとって最も重要な側面ということで，仕事について扱うことを決めた。夢として，労働環境が変化し，人間関係も良好になる。研究参加への金銭的支援や時間的余裕が持てる。職場のハード面が充実し，仕事が効率化する。職場や社会において資格の価値が高まり，報酬も増加することなどを語った。価値を置いていることとして，他者を助けられる技術と知識，他者の喜び，職場での評価（承認，報酬），知識と技術向上のための時間を挙げた。振り返りでは，人生の振り返りは落ち込むところも多かったが，夢を描く中で，自分の希望が明確になったと語った。次のセッションに向けて，仕事に関して良いことがあれば，それをメモしておきたいということだった。
【第 2 セッション】 4．目標を立て， 　　やる気を高める	前のセッションからは，特段良いことはなかったというが，いくつか，患者や職場の方とのやり取りの中でうれしく感じたことを語った。目標については，資格試験の合格を挙げた。その時点の重要度は 6/10，達成の自信は 50％ だった。重要だという認識はあるが，必須ではない。このままいって受かるかどうかは五分五分ということだった。
5．リソースに 　　目を向ける	強みについては，すでに別の資格を持っていること，職場での新人研修を終えたことなどを挙げた。それを踏まえて，自分のリソースとして向上心があること，それが専門的な知識と技能への思いや，新たな資格の取得を目標にしていることにつながっていると語った。現在できていることは問題集を購入すること，今後できそうなことは，月の勉強時間の設定とのこと。
6．目標達成に役立つ 　　セルフ・トーク 　　（自己対話）を 　　身につける	目標達成の妨げになるセルフ・トークとして，「もう時間がない」，「諦めよう」を挙げた。その裏には，やるからにはしっかり時間をかけてやらないといけないという完璧主義な性格があった。役に立つセルフ・トークとして，「ある時間を有効活用しよう」を作った。完璧主義の幅を狭めて，現実的に活用できる時間に対する完璧主義を磨いていきたいとのこと。次回に向けて，週に 1 回は平日に隙間時間を見つけて勉強することとした。
【第 3 セッション】 7．解決像を思い描く	勉強については，休日に加え，平日も，短い時間ではあるが 2 日に 1 回程度はできているとのこと。目標が達成された後の状態について語ってもらった。資格取得により，多様な視点から患者支援を考えることができるようになり，他職種との連携もうまくいくという話だった。仕事に対する意欲と自信が高まり，待遇改善に向けた活動もできるだろうとのこと。職場での自分に満足できれば，キャリアの不安もなくなり，働

	きすぎることもなくなるだろうという見通しを持っていた。
8. 計画を立てる	具体的な行動計画として，時間管理のためのスケジュールを把握することを挙げた。日によって残業があったり，仕事以外の予定があったりするが，2日に1回，30分〜1時間程度なら確保できるとのこと。スケジュールは手帳で管理する。妨げとして仕事量の多さや残業を挙げたが，スケジュールを把握することで，残業を後回しにすることができるようになるだろうとのこと。また，仕事でも完璧主義を手放すことが役に立ちそうだという。隙間時間の勉強と手帳によるスケジュール管理を課題とした。
【ブースター】 （1ヶ月後） 9. 進展のモニタリングと成功のお祝い	年内の試験に向けて勉強は順調に進んでいる。荒くはあるが，スケジュール管理をすることで，時間を残業と勉強とに振り分けられるようになった。目標を持って充実した生活を送っていると余暇時間に友人と会うことも，今まで以上に楽しくできた。今後もできることを少しずつ積み重ねていきたいと思うとのこと。目標達成の重要度は6/10で変わらず，自信は60%に上がっていた。試験の合否についてはわからないが，自分がやるべきことについては，はっきりしているとのこと。 第1セッション前の心理尺度の得点と比較して，完璧主義に関するイラショナルな信念の低下は認められなかったが，抑うつの低下と活力の向上が確認された。

　向けた勉強は大方計画通り進んでいた。第1セッション前の心理尺度の得点と比較して，抑うつの低下と活力の向上を確認した。一般にSF-CBCは，認知行動アプローチを基礎として，パフォーマンス促進思考の探索，解決像の描写，強みの探索を加えたもので，ポジティブ認知行動療法に近い（Bannink, 2012）。「解決志向」というからには，セッションで何をするかだけではなく，それをどのように行うか，支援を通して「解決志向」の文脈が構築されているかどうかが重要である。解決志向実践の理論が示され，表面的には捉えにくいSFCの特徴の重要性の検討や，認知行動アプローチとSFCの理論的統合に向けた研究が，今後増えていくことが期待される。

■3-2.　組織開発のSFC

　SFCの組織開発への応用例として，企業研修の一例を示す。SFCに基づく組織開発は，①事前ヒアリング，②デザイン，③実施，④評価とフォローアップの4段階で行われる。まず事前ヒアリングでは，組織の担当者との面談を通して，組織の要望を聞くととともに，担当者の視点から，解決像と組織のリ

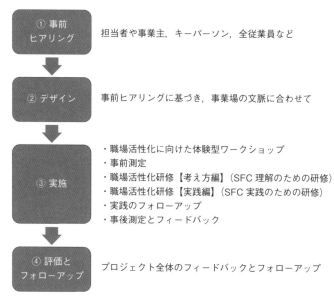

図 7-1. 組織開発プログラム「職場活性化プロジェクト」の全体像

ソースや強みを聞き取る。それを踏まえて，プログラムのデザインを行うが，場合によっては，事前に経営者や管理職を含めたキーパーソンや，全従業員を対象としたヒアリングや調査を行うこともある。デザインは，コーチングや単回の研修，それらの組み合わせなど，事業場の事情に合わせて行われる。今回は，半年から 1 年程度の期間で数回の研修を行う場合を考える。図 7-1 がプログラムの全体像である。従業員 30 名程度の小規模の事業場で，人事担当者から，職場のコミュニケーションが良くない，特に事業主がワンマンで，事業主派とそれ以外に分断しているような状態があるという依頼があったとする[6]。担当者からの事前のヒアリングで，望む未来像は職場でオープンにコミュニケーションが交わせていること，強みは，参加型の研修は毎年行われていて，抵抗は少なそうだという情報が得られている。それを受け，「職場活性化プロジェクト」のような，解決像を表すもので，抵抗感が少ないと思われる活動

---

6) 実際のケースに基づいて一部修正を加えて提示している。

表 7-3. 職場活性化のためのポイント（体験型ワークショップのワーク）

ポイント①：すでにできている点や強みに注目する
【質問】現在の職場について，良いと思うところ，好きなところを挙げてください。

ポイント②：相手の考えや価値観を尊重する
【質問】現在の職場や職場でのコミュニケーションについて，もう少しこうなって欲しいなと思うところは？

ポイント③：理想の未来像を描く
【質問】1 年後，このプロジェクトがうまく進んで，職場が活性化し，あなたが思い描く理想の状態になっているとします。今とどんな所が違っていますか？

ポイント④：目標とスモールステップの設定
【質問】先に挙げた理想の状態を 100 点として，今は何点ですか？　何があるから，その点数があげられますか？　何があるともう 1 点あがるでしょうか？

振り返り（各自）
【課題】ワークショップの感想，気づいたこと，今後取り組もうと思ったことがあれば，記入してください。（内容は匿名で共有することがあります）

名を付ける。標準的な流れとしては，最初に SFC の体験型のワークショップが行われ，次に，測定，SFC の理解を目的とした研修，SFC の実践を目的とした研修，SFC 実践のフォローアップ，最後に，事後測定とフィードバック，プロジェクト全体のフォローアップが行われる。ワークショップや研修は 1 回2 時間以上を想定している。研修では，「解決志向」という言葉を使うのではなく，職場の実情に合わせて「職場活性化のためのテクニック」等の表現を使うことが多い。

　体験型ワークショップでは，組織の文脈に合わせて，リソースと強みの探索，解決像の構築，他者の価値観の尊重，目標設定とスモールステップ等に関するワークを行う（表7-3）。既存のレジリエンス・トレーニングのプログラムなどを活用することもできる（Stellamans & Baeijaert, 2012）。組織の雰囲気によって，匿名で回答を収集してその場で共有する方法や，グループディスカッションを行う方法が考えられる。文脈づくりは重要で，そのために，的確なプロジェクト名を決めて，ワークやプロジェクトの目的を明確にする。振り返りはグループディスカッションとして行ってもよいが，その場合も，個人が匿名で研修に対するフィードバックを表明できる機会を別に設ける。それにより，事前に把握できなかった不満や抵抗感を把握することができるかもしれない。これらは，プロジェクトを進めるにあたって，重要なリソースとなる。た

とえば，研修は表面的で中身は変わらないとか，事業主が変わらなければ職場は変わらないといった意見があれば，それをプロジェクトの中で扱っていく。具体的には，考え方編や実践編のワークの中で，練習用の題材として取り上げることができる。

　測定には，職場の肯定的相互作用尺度が利用できる（表7-4）（木内ら，2015）。必要に応じて個々の事業場の要望に沿った測定を加える。測定結果は集計し，SFC 理解のための研修で使用する。SFC 理解のための研修は，参加者が，徐々に，プロジェクトの目的に主体的に関与し始める段階である。そのために，どうして SFC（リソースと強みの探索，解決像の構築，他者の価値観の尊重，目標設定とスモールステップ等）が重要なのかを説明する。体験型ワークショップや事前測定で得た情報も活用し，プロジェクトの遂行が参加者の望む未来像の実現につながることを示すのである（ブリッジ，橋渡し）。自分事として考えやすい題材として，測定結果を利用したワークを行う。具体的には，職場での肯定的相互作用についての強み，望む未来像，課題とスモールステップを話し合うことができる。体験型ワークショップは，個人参加も可としたが，SFC 理解のための研修からは，徐々にグループディスカッションのような参加者間の相互作用を取り入れていく。研修の場は個人セッションの面接室内と同様である。コーチは，その場での参加者間のコミュニケーションに注意を払い，他者尊重を基礎とした円滑なコミュニケーションを促進する。家族療法と同じように，発言の少ない参加者がいれば，個々人のあり方を尊重しつつ，発言を促す。事業場の規模や，参加者の意欲などを踏まえて，研修の人数や回数を調整する必要がある。研修の終盤には，研修での学びを振り返り，共有する時間を設ける。振り返りと意味の共有が重要なのは個人セッションと変わらない。体験型ワークショップと同様に，匿名でフィードバックを表明できる時間を設け，研修後に参加者からのフィードバックを共有することで，研修での体験を職場での日常生活に活かすためのリマインドとすることができる。同時に，フィードバックを踏まえて，その後のプログラムの微調整を行う。

　SFC 実施のための研修は，より積極的に，研修での学びを職場活性化のために活用する段階になる。議題を予め用意するのではなく，研修で習ったこと

を日々の職場での生活の中で活用する方法を参加者自身が考える。研修の長さにより，まずは個人での実践を考えて，次にグループでの実践を考えることもできる。部署単位での取り組みを全員で考える方法や，グループごとに考えて，プレゼンをする方法などもある。課題は職場活性化に向けた取り組みを考えることであるが，題材として，リソースと強みの探索，解決像の構築，他者の価値観の尊重，目標設定とスモールステップ等の資料を提供するといい。肯定的相互作用尺度の他者尊重，居場所感，自発行動，楽観志向，活性交流を使うこともできる。他にも，Clues 1.2 や解決志向実践の理論から，有用な変化を見つけて増幅，メタファー，フューチャー・パーフェクト，進展に気づく，これまでと違う考え・行動をするなどを紹介することもできる。課題と題材に加え，実践例を示すと参考になる。たとえば，朝礼で最近あった良いことを話す，壁に従業員のプロフィール欄を作り，互いに肯定的なメッセージを付箋に書いて貼り合う，サイコロを振って出た目に応じてシックス・ハット法[7]を使って新しい視点を取り入れるなど，さまざまな活動が考えられる。個人やグループでアイディアを出し合い，実行の計画を立てる。その場で実際に試行してみて手順を確かめることもできる。コーチは解決志向で，参加者からアイディアを引き出し，課題遂行をサポートする。

　SFC 実施のための研修の後は，参加者は各自，実際に職場で職場活性化に向けた取り組みを行う。フォローアップ期間は，コーチ，事業場の担当者，参加者が，メールやグループチャットなどで連絡を取り合い，職場活性化のための活動の遂行と継続をサポートする。実施期間が終わったら事後測定を行い，参加者全員にフィードバックをする。フィードバックは，研修という形を取るにしても，取らないにしても，プロジェクト全体を通したポジティブなフィードバックと今後に向けた建設的な助言を提供するといい。最後に，プロジェクト全体のフォローアップとして，事業場の担当者，場合によっては事業主と面談を行い，プロジェクトの成果と，今後に向けた課題について話し合う。

---

7)　操縦者，創造性，感情的，現実的，楽観的，批判的の6つのハット（帽子）を被り変えるように，順次それぞれの視点から検討する思考法。

表7-4.　職場の肯定的相互作用尺度（一部抜粋）（木内ら，2015より）

次の項目は，職場におけるあなたの考え方やコミュニケーションの取り方の特徴について調べる質問です。いろいろな意味に受け取れる質問は，自分にとって思い浮かべやすい具体的な場面をイメージしてご回答ください。

選択肢	0：当てはまらない，1：少し当てはまる，2：ある程度当てはまる， 3：かなり当てはまる，4：いつも当てはまる

職場で私は…

＜他者尊重＞
1. 誰でも価値がある人として尊重する　　0・1・2・3・4
2. 無理やりにではなく，相手のペースや状況に合わせながら物事を進めている　　0・1・2・3・4
＜居場所感＞
3. 職場を安心感のある場と感じる　　0・1・2・3・4
4. 職場を楽しいと感じている　　0・1・2・3・4
＜自発行動＞
5. 自発的に工夫をして仕事をしている　　0・1・2・3・4
6. 行動に移すのが早い　　0・1・2・3・4
＜楽観志向＞
7. 目指す方向に向けてすでに起きているいい変化があるはずと考える　　0・1・2・3・4
8. うまくいっていない状況の中でも，例外的にうまくいっていることを探そうとする　　0・1・2・3・4
＜活性交流＞
9. 職場の人々と活発にコミュニケーションを交わしている　　0・1・2・3・4
10. 職場の人々と互いに助け合って仕事をしている　　0・1・2・3・4

4.　おわりに

　本章では，個人セッション，組織開発，コミュニティアプローチを含めたSFCの発展と実際について説明した。解決志向と言うと「問題解決のテクニック」と誤解されることもあるが，SFCは，個人を尊重し，強みとリソースに注目し，望む未来の実現をサポートする手法である。対話を通して，言葉の意味を共同構築し，クライアントの体験としての現実世界を変化させようとする。科学的な効果評価法との相性は決して良くはないが，解決志向実践の理論の開発など，文脈の評価のための取り組みが進んでいる。特に，組織やコミュニティにおける実践の広がりが今後期待される。大きなシステムを対象とする点が特異ではあるが，SFCはもともと家族療法から発展した手法なので，家族システムの見立てや，家族との集団面接の手法を転用するだけで，特別な

技術が必要となるわけではない。

引用文献

青木安輝（2006）．解決志向の実践マネジメント：問題にとらわれず，解決へ向かうことに焦点をあてる　河出書房新社

Bannink, F. (2012). *Practicing positive CBT: From reducing distress to building success*. Germany: Wiley.（大野裕史・津川秀夫（訳）(2015)．ポジティブ認知行動療法　北大路書房

Bavelas, J. B., Jackson, D. D. A., & Watzlawick, P. (1968). *Pragmatics of human communication: A study of interactional patterns, pathologies, and paradoxes*. UK: Faber & Faber.（尾川丈一・山本和郎（訳）(1998)．人間コミュニケーションの語用論　二瓶社）

Berg, I. K., & Szabó, P. (2005). *Brief coaching for lasting solutions*. New York: W. W. Norton.（長谷川啓三（訳）(2007)．インスー・キム・バーグのブリーフコーチング入門　創元社）

Burns, E. (2020). Using the solution focused approach within New Zealand Police to create happy endings for young people and their families. In D. Yusuf (Ed.), *The solution focused approach with children and young people* (pp. 116–122). London, UK: Routledge.

De Shazer, S. (1985). *Keys to solution in brief therapy*. New York: W.W. Norton.（小野直広（訳）(1994)．短期療法解決の鍵　誠信書房）

DiClemente, C. C., & Prochaska, J. O. (1998). Toward a comprehensive, transtheoretical model of change: Stages of change and addictive behaviors. In W. R. Miller & N. Heather (Eds.), *Treating addictive behaviors* (pp. 3-24). Plenum Press.

EBTA (2020). Theory of Solution-Focused practice: Version 2020. European Brief Therapy Association.

Grant, A., & Greene, J. (2004). *Coach yourself: Make real changes in your life*. London, UK: Pearson Education.

Hone, L. C., Jarden, A., & Schofield, G. M. (2015). An evaluation of positive psychology intervention effectiveness trials using the re-aim framework: A practice-friendly review. *The Journal of Positive Psychology, 10*(4), 303-322.

Jackson, P. Z., & McKergow, M. (2007). The solutions focus: Making coaching and change SIMPLE. London, UK: Nicholas Brealey.（青木安輝（訳）(2008)．ソリューション・フォーカス：組織の成果に直結する問題解決法　ダイヤモンド社）

木内敬太・青木安輝・岸克昌・矢口明子・山本立樹（2015）．職場における肯定的相互作用の測定：二層性解決志向コミュニケーション尺度の作成と信頼性・妥当性の検討　ブリーフサイコセラピー研究, *24*(1), 4-16.

Lai, Y. L., & Palmer, S. (2019). Psychology in executive coaching: An integrated literature review. *Journal of Work-Applied Management, 11*(2), 143-164.

Lueger, G., & Korn, H. P. (2006). *Solution-focused management*. Germany: Hampp.

SFCT (2015). Clues 1.2. *InterAction, 7*(1), 119-122.

進藤優子・松永朋子（2017）．ソリューションフォーカスによる同僚効果─組織文化の異なる4社の事例分析─　山口県立大学学術情報, *10*, 23-33.

Stellamans, A., & Baeijaert, L. (2012). *Resilient people, resilient teams: Inspiring you and your team to cope effectively with change and adversity*. Belgium: Ilfaro.

Virtanen, P., & Tammeaid, M. (2020). Learning leadership by doing─'Route for Renewal©' case study. In P. Virtanen & M. Tammeaid, *developing public sector leadership* (pp. 117-172). Springer, Cham.

Wang, Q., Lai, Y. L., Xu, X., & McDowall, A. (2021). The effectiveness of workplace coaching: A meta-analysis of contemporary psychologically informed coaching approaches. *Journal of Work-Applied Management, 14*(1), 77-101.

各論・実践編

第8章
医療におけるコーチングの応用

森谷　満

1. はじめに

　医療界においてコーチングが紹介され普及しつつある。対象は医療スタッフ
だけではなく患者，すなわち臨床の場面で広く用いられるようになった。筆者
は心療内科の臨床医としてコーチングを応用し，患者の治療に役立てている。
認知行動療法を専門とする公認心理師とともに診療に当たるため，コーチング
心理学のアプローチの中では，シンプルな行動コーチングと解決志向コーチン
グを主に用いている。

　オーストラリア心理学会の定義では，「コーチング心理学は，ポジティブ心
理学の応用分野であり，確立した心理学研究法に基づき，それを発展させたも
の（Palmer & Whybrow, 2007／邦訳，2011）」とされる。しかしながら，医
療においては"病い"というネガティブな出来事を対象にするため，ポジティ
ブな側面はあまり重要視されてこなかった。古くは心身医学の創始者である池
見（1986）が祈り，生きがい，感謝などによる「幸せへの医学」を提唱した
ものの，その後めざましい進展はなかった。近年になって高橋（2004）がポジ
ティブ心理学は，人間が持つさまざまな問題について科学的方法の範囲で最良
のものを探すべきであり，健康支援を心理学の立場から考える際，ひとつの立
脚点になりうるとし，ポジティブ心理学の医療への応用を予測した。そのポジ
ティブ心理学は1998年アメリカ心理学会会長であるセリグマンの講演を機に
めざましい発展を遂げている。ネガティブな出来事に遭遇してもネガティブ感
情をそのまま受け入れる概念（inclusive positivity）や以前の水準より成長す
る心的外傷後成長（post traumatic growth）という概念（尾崎，2012）が注

目されるようになった。さらに困難から立ち直る力であるレジリエンス（加藤・八木，2009）やストレス対処能力である首尾一貫感覚（山崎ら，2008）が提唱された。2012年に日本ポジティブサイコロジー医学会が発足し，ポジティブ心理学が医療に積極的に取り入れられるようになった。また，国家資格である公認心理師試験が2018年に行われ，公認心理師が誕生した。今後公認心理師のコーチング心理学，特に医療の分野におけるさらなる活躍が期待される。

　ポジティブ心理学とコーチング心理学はともに，人々のパフォーマンスとウェルビーイングを高める点で共通する。そこでグリーンとパーマー（Green & Palmer, 2018／邦訳，2019）はこの2つを結びつけ，「ポジティブ心理学の理論と研究に裏づけられた，レジリエンス，達成，ウェルビーイングを高めるためのエビデンス・ベーストなコーチング実践」としてポジティブ心理学コーチングを提唱した。その実践方法は必ずしもひとつの手法に限らず，心理療法を応用したさまざまな方法，変化のステージ・モデル，動機づけ面接，セルフ・コンパッション，解決志向アプローチ，認知行動療法などの組み合わせである。また，オリオーダンとパーマー（O'Riordan & Palmer, 2021）はコーチング心理学のアプローチとして，この統合的コーチング・アプローチに『道具としての自己』，すなわちセラピストも治療の道具のひとつという概念を加えた。この『道具としての自己』は，医療で用いられるワトキンス（Watkins, 1978）の『治療的自己』に通じるものがある。

　本章では，コーチング心理学で扱う技法のうち，医療の現場で用いやすい技法を紹介する。なお，セルフ・コンパッションを取り入れたコーチングのケース・スタディについてはグリーンとパーマー（Green & Palmer, 2018／邦訳，2019）の著書を参照してほしい。

2.　コーチングに関する進歩

■2-1.　患者満足度調査から

　患者満足度調査（塚原，2010）において医療全般の満足度に関する多変量解析の結果から，医師の技術に次いで，医師との対話と患者の意思尊重が挙げられ，患者満足度を高める新しい医療のあり方として，医学的に正しいこと（た

とえば肥満の患者が運動したいなど）にコーチングは有用と思われた。

■2-2. 医療スタッフに対するコーチング

　医療スタッフを対象とするコーチングの方法は一般のビジネス・コーチングと大差はない。しかし，看護師においてコーチング・スキルの承認については他職種と異なり注意が必要で，患者やその家族からの感謝を伝えるだけという承認では，その効果は見られなかったという報告（太田，2011）がある。患者やその家族からの感謝をただ伝えるだけではなく，同僚や上司の目によって専門能力やプロとしての貢献を承認することが必要とされる。

　一方，医療スタッフの過重労働，燃え尽き，離職などの問題から，医療従事者を対象としたコーチングが注目され発展してきた。医療スタッフを教育する場面では医療の知識を教える機会が多い。その中で諏訪（2021）はどのようにティーチングとコーチングを使い分けていくのかを明らかにした。また，多忙な医療スタッフのために気軽にできるセルフ・コーチングの書籍（鱸・柳澤，2010）（奥田・木村，2003）も出版された。さらに，看護管理者（出江・坪田，2013），リハビリ・スタッフ向け（出江，2009）のコーチング活用本も出版された。

　また，病院経営に応用されるようになった。『エクセレント・ホスピタル―メディカル・コーチングで病院が変わる』（Studer, 2004／邦訳，2015）の出版が契機となったと思われる。その訳者あとがきに，「病院経営の本質は，サービス面でも金銭面でも「人」にあります。…中略…，正しい行いをして高い成果をあげている人を正しく評価し，褒め，さらなる成長の機会を与えることによって，良いスパイラルに導いていくことが大切なのです」とあり，同本の解説で坪田は，「権現や権威によらず職種・職位を超えて対話し，相手を動かしていくコミュニケーション・スタイル」としてコーチングを推奨した。実際名古屋第二赤十字病院，そして JMA 海老名総合病院で，病院長が指揮を取り病院をあげてコーチングを導入した。佐藤（2021）はこれらの病院の試みと，自院でコーチングを用いた多職種連携を行って，残業減少など医師の働き方改革を実現した実践を報告した。一方，畑埜（2010）は研修医から人事に至るまでの職員を対象とした具体的なマネジメント・コーチングを連載し，大きな反響

があった。

　また，医学教育（鈴木，2006），岐阜大学医学教育開発研究センター（西城ら，2011）や指導医講習会においても，コーチングが取り入れられるようになった。また，2015年ボストンで行われたInstitute of Coachingにおける井上（Inoue et al., 2015）と川島（Kawashima et al., 2015）のコーチングによる看護学生への効果研究は日本人として初めての発表であった。

■2-3.　医師のバーンアウトに対するコーチング

　日本医師会は世界医師会との共催で2019年11月人間を中心とした医療国際会議を開催し，その際全世界的に医師のバーンアウトが重大な問題になっていることが判明した。ガゼル（Gazelle et al., 2014）はいち早くこの問題を感知し，燃え尽き症候群に対処するために，コーチングは，自己認識を高め，個人の強みを引き出し，自虐的な考えや信念に疑問を投げかけ，新しい視点を検討し，個人の価値観と職務を一致させることができるという論文を発表し，2015年のInstitute of coachingにおいてバーンアウトに関するコーチング・ワークショップを行った。また，グラント（Grant, 2017）はさらに具体的な手法としてバーンアウトに対する解決志向認知行動コーチングを提唱している。これは後に述べる認知行動コーチングと解決志向コーチングの組み合わせである。

　またAmerican College of Physician: ACP（米国内科学会）も，2018年にコーチングを含むwell-being Champion Trainingが始まり，そこで学んだ医師を中心に2021年ACP日本支部でwell-being向上のため，あるいはバーンアウト対策としてコーチングが紹介された。

■2-4.　コーチングの医療への応用—患者に対して

　一方患者を対象としたコーチングは保健指導（柳澤ら，2008；鱸ら，2010），糖尿病（松本，2019），難病（安藤・柳澤，2002），がん（安藤，2005），機能性ディスペプシア（森谷ら，2010），不定愁訴（鱸ら，2010），リハビリテーション（出江，2009），介護予防（出江ら，2009），栄養指導（柳澤ら，2006）などの領域で応用されている。学術的には2017年の第58回日本心身医学会学術講演会にて糖尿病臨床へのコーチングの応用（松本，2018），医療・健康分野に

おけるコーチングの学術的進展（西垣，2018）が発表され，論文として公表された。日本保健医療行動科学会学術大会では毎回コーチングに関したワークショップが開催されている。日本臨床コーチング研究会ではコーチングの基本から応用までの幅広い学術総会が開催されている。

　コーチングが奏功する患者がいる一方で，ときにコーチングがうまくいかない患者にも遭遇することも多い。その原因のひとつは，患者という病をもったクライアントである以上，アンコーチャブル（コーチング不可能）なクライアントが含まれていることが考えられる。アンコーチャブルとは，①話を聞けない人，②約束（時間・行動）を守らない人，③信頼関係が築けない人，④常に否定的に考える人，⑤思考や感情をコントロールできない人，⑥過度に依存性が高い人，⑦攻撃的な人，⑧治療が必要な精神疾患のある人とされる（出江・鱸，2006）。

　しかし，アンコーチャブルであっても患者として向かい合う必要性から，医療スタッフとして対応することは避けて通れないのが現状である。そこで筆者は，一見アンコーチャブルな患者であっても目標をチューン・アップする（SMART 後述），強み・リソースを見直す，解決策を3つ以上挙げるというコーチングそのものの工夫の他，動機づけ面接や解決志向アプローチなどコーチング周辺領域の心理療法を組み合わせることで対応している（森谷，2019）。それらを本章で紹介し，それらの組み合わせについて，カネビン・フレームワークを用いた検討と，レジリエンスを高めるコーチングについても考察を加えた。

3.　コーチング心理学の応用

■3-1.　行動コーチング─コーチングの基本構造

　医療においても基本構造は第2章で述べられた GROW（Goal, Reality and Resources, Options, Will）モデルである。コーチングの基本スキルとして傾聴，承認，質問，提案があり，柳澤と鱸ら（柳澤ら，2008）はビジネスで用いられてきた GROW モデルを医療に導入する際に改良したモデルを提唱した（図8-1）。コーチングの目標設定では SMART（S: Specific 具体的な，M: Measureable 測定可能な，A: Attainable, Achievable 達成可能な，R: Realistic

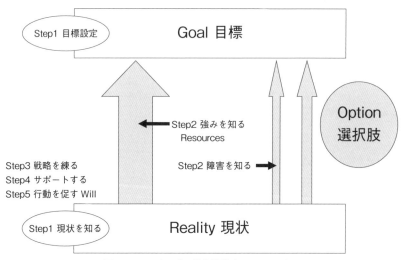

図 8-1. コーチングの基本構造（柳澤ら，2008）

現実的な，Relevant 適切な，Result-based, Result-oriented 結果に基づいた，T: Time-Limited, Time-phased 期限つき）の原則がある。目標達成への解決策は 3 つ以上とされるが，それは，1 つ目は以前に考えたありふれたもの，2 つ目は良いブレインストーミングから生まれたもの，3 つ目はダイヤモンドのようなブレイクスルーなアイディアとされるからである（Hurson, 2010）。

　たとえば，3 か月で 2kg やせたい人で，目標が 60kg で現状が 62kg の場合。

医師：どうやって減量しましょうか？
患者：え〜，間食はもともとあまりとらないんですよ。野菜も多くとってるし，食事量も多くないし，運動かな？
医師：どんな運動を考えていますか？
患者：通勤の歩行かな。平日 1 日 30 分くらいです。
医師：体を動かして減量する，もう少し行うとしたら，他にありませんか？
患者：休みの日はごろごろしてることが多かったけど，自転車乗ろうかな。
医師：自転車でどこに行きたいですか？
患者：○○まで。海が見えて晴れていると爽快です。
医師：結構な距離ですね。すばらしい！　他には？

患者：暑さが和らいだらテニスに誘われると思います。

■3-2.　認知行動コーチング

　コーチング心理学でよく用いられる手法のひとつに認知行動コーチングがある。そのうちエリス（Ellis, A.）による G-ABCDEF コーチング・モデル（Palmer & Whybrow, 2007／邦訳，2011）は，Goals（目標），Activating event（起きている出来事），Belief（信念），Consequences（結果），Disputation（討論），Effective new approach（効果的な新しいアプローチ），Future focus（未来志向の頭文字をとったアプローチ）で，臨床的に応用される。このモデルは認知行動療法コラム法同様，新しい感情，考え，行動を想起してもらう方法であるが，ネガティブな感情を扱うのは患者の状態を正確に見極める必要があり，かつ治療に時間を要するため，多忙な日常診療の中では困難を伴う。可能であれば，認知行動療法を行える心理士に紹介するのが理想である。以下は認知行動コーチングのうち G-ABCDEF モデルで行った例である。

統合失調症の既往歴のない 20 代女性

患者：自分が臭っているんです。でも自分が臭っているとは考えたくないんです。

医師：自分が臭っていると考えてどうなってしまうのですか？

患者：自分が臭ってお客様に迷惑かけていると思って仕事に集中できなくて……。このままなら辞めないといけない（涙）。

医師：それはお困りですね。自分は臭っていないと考えたいんですね（目標 Goals）。どんな状況で臭っていると感じられたのですか？

患者：お店で勤務中に臭ってきたんです（起きている出来事 Activating event）。どぶのような臭いが。掃除ロッカーが空いていて中の雑巾が臭っていました。

医師：そうすると雑巾の臭いが店の中でしたのですね。

患者：そうです。でも自分の臭いだと思います（信念 Belief）。

医師：ロッカーを閉めてどうなりました？

患者：臭いはなくなりました。

医師：ということは臭いの元は？

患者：私です。私が臭ってお客様に迷惑かけているんです（結果 Consequences）。

医師：臭いのする雑巾があって，それを閉じ込めたら臭いがしなくなっ
　　　た。この事実から臭いの元はあなた以外に何でしょうね（討
　　　論 Disputation と効果的な新しいアプローチ Effective new
　　　approach）？
患者：え〜。何でしょう。やっぱ，雑巾かなあ。
医師：そうですね。臭いの元があなたからではなく，もし雑巾だとしたらど
　　　んなふうに変わりますか？（未来志向 Future focus）
患者：……。安心して仕事ができますね。ありがとうございました。
医師：ロッカーを閉めて雑巾を臭わなくすると，臭いがなくなるというから
　　　客観的には雑巾の臭いですね。それに，実際いまあなたからどぶの臭
　　　いは私は感じません。大丈夫です。

■3-3.　動機づけ面接

　動機づけ面接はその名の通り，動機づけを行うために有用な面接法であり，
コーチングなどの支援を拒む人にも適応できる。医療においても対応が困難と
されてきた禁煙，アルコール依存症，強迫性障害（汚いものに触る治療の導入
など），糖尿病のインスリン導入など適応範囲は広がりつつある。

　動機づけ面接は行き詰まりから人を解放し，両価性を解決して，前向きに行
動を変えるように援助する（Miller & Rollnick, 2002）。閉じた質問より開かれ
た質問を多くする，聞き返しも単なるオウム返しではなく，語尾を下げたより
複雑な聞き返しを推奨している。そして質問より聞き返しをより多くすること
を重視している。

60 代男性　禁煙を勧める場面

医師：糖尿病があり，血圧も高いですね。動脈硬化や糖尿病合併症の予防の
　　　ため禁煙をお勧めします。
患者：禁煙？　それは難しいなあ。
医師：それはどういうことでしょう？
患者：会社のみんな吸ってるよ。喫煙所が社交場になってる。吸わずにいら
　　　れないのさ。健康に良くないのはわかっているけど。
医師：社交のために吸わずにはいられない，その一方で健康でありたいとい
　　　うお気持ちなんですね（両価性：複雑な聞き返し）。
患者：そう。タバコをやめる気はないよ。…でもね，あと 2 年で定年さ。そ

したらタバコやめようと思う。病気これ以上増やししたくないから。
医師：病気を増やさないために2年後にタバコをやめようと思っていらっ
　　　しゃるのですね。（単純な聞き返し）

■3-4. ナラティヴ・コーチング

　来談者中心カウンセリングでは，セラピストには受容と共感，自己一致の3
つの条件が重要とされているが，医療においてもカウンセリングが必要とされ
る場面は多い。カウンセリングを行いつつ，患者によっては物語という見方と
コーチングを組み合わせたアプローチでうまくいくことがある。

　ナラティヴ・ベイスト・メディスン（NBM：Narrative Based Medicine）
あるいはナラティヴ・アプローチは患者の物語を重視した医療で，EBM
（Evidence Based Medicine：根拠に基づく医療）とともに両輪とされ，医療
ではよく用いられている。

　医師は，医学としてEBMなどの科学的な方法論を実践しようとするが，実
際には患者の人生観と衝突するなどそれだけでは対応できない問題に直面す
る。そこで『物語と対話に基づく医療』というもうひとつの視点であるNBM
が誕生した。

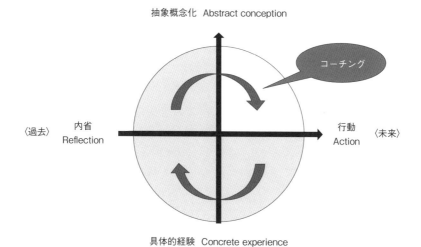

図8-2.　学習の車輪（Law（2013）の原図にコーチングを加筆した）

　ローは，学習理論を加えたナラティヴ・コーチング（Law, 2013）を紹介した（図8-2）。NBM は「患者の病の体験の物語」の聴取のプロセス，「患者の物語についての物語」の共有のプロセス，「医師の物語」の進展のプロセス，「物語のすり合わせと新しい物語の浮上」のプロセス，ここまでの医療の評価のプロセスがある（斉藤，2012）が，「医師の物語」の進展のプロセスはコーチングによる進展のプロセスに置き換わる。

　また，ポジティブ心理学でリュボミアスキーは幸せに関わる要因を科学的アプローチにより実証的に研究し，感謝の気持ちを表す，人を許す，楽観的になるなどの幸せがずっと続く 12 の行動習慣を提唱した（Lyubomirsky, 2007）。深い洞察が加わり新しい物語を創作するナラティヴ・コーチングは，この幸せがずっと続く 12 の行動習慣を引き出すことが多く，注目すべき手法と考える（森谷ら，2014）。

40 歳代女性　タイトル「口うるさいママ」

患者：気分が重いです。子どもたちとのことです。つい勉強しなさいときつく言ってしまうんです（具体的経験 Concrete experience）。

医師：そうするとどんな気持ちになるのですか？

患者：言っちゃった後で言わなきゃよかったと…。自己嫌悪になるんです（内省 Reflection）。口うるさいママは嫌いだって。それで気分が重くなって…。

医師：自己嫌悪になって気分が重いのですね。どんなふうになったらいいのですか？～コーチングによる進展のプロセス

患者：子どもたちとうまく，仲良くやっていきたいです（抽象概念化 Abstract conception）。

医師：どんなことをしたら仲良くなるでしょう？

患者：う～ん，…まず，勉強しない子どもたちを許す。そして子どもたちを信用して勉強しなさいと言わない（行動 Action）。

医師：それいい方法だと思います。やってみましょう。

　　　　　―3 週間後―

患者：子どもたちに勉強しなさいと言いかけてやめました。しばらくそうしていたら，黙って見守ってくれるママが大好きって言ってくれました。自己嫌悪もなくなりましたよ。日々とても幸せを感じています。～新しい物語の浮上

■3-5. 解決志向コーチング

　解決志向アプローチ（SFA：solution-focused approach）の創始者である
バーグが同アプローチを brief coaching と称した（Berg & Szabó, 2005）よう
に，SFA とコーチングは類似点が多く境界がない。SFA は，従来の心理療法
とは異なって，原因の追求をせずに，解決を構築していくブリーフ・サイコセ
ラピーである。図 8-3 は問題志向と解決志向の対比で，青木（2006）の図をも
とに医療向きに書き改めたものである。SFA では原因の追求をせず，目標を
定め，今あるリソースを探しだすことが基本である。

　SFA では，傾聴しつつ，コンプリメント（認める，労う，賞賛する）を行
い，例外探しで解決のかけらを探す質問をしていく。目標設定にウェルフォー
ムド・ゴールと言われる原則がある。この点ではコーチングと極めて類似し，
境目なく移行できる。その他，ミラクル・クエスチョン，コーピング・クエス
チョン，スケーリング・クエスチョン，関係性の質問などがある。詳細につい
ては『精神科医のための解決構築アプローチ』（藤岡，2010）をご覧いただき
たい。この本の著者である藤岡は，10 分間の SFA を提唱するほど，SFA は 1
回の診療時間および総診療時間とも短かくて済むため，多忙な医療の現場にお
いて有用性が高い方法と思われる。また，江花（2012）による DVD も販売さ
れており学習しやすくなった。例を示す。

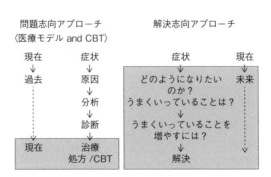

図 8-3. 問題志向アプローチと解決志向アプローチ

30代女性　うつ病を伴う非定型歯痛

患者：痛みは半分くらいまで良くなった（スケーリング）のですが，薬を飲
　　　んでもこれ以上は良くならないです。

医師：そんなつらい痛みの中いままでどうやって過ごしてこれたのですか？
　　　（コーピング・クエスチョン）

患者：痛いときはじっとしているだけです。他のことはできません。

医師：痛くないときはどんなときですか？（例外探し）

患者：料理しているときくらいです。でも1日じゅう料理しているわけには
　　　いきませんね。

医師：他に痛くないときは？

患者：思いつきません。……。やっぱり薬も最大量になって増やせないなら，
　　　痛みはこれ以上治らないです。

医師：薬や認知行動療法を行ってもこれ以上良くならないとお考えなのです
　　　ね。

　ここで，これ以上痛みという問題に焦点を当てても泥沼化することは明白で
あった。そこで痛みという問題に焦点を当てない解決志向アプローチに切り替
えた（図8-4）。

医師：もし生活に支障がない程度に痛みが軽くなったら，どんなことをした
　　　いのですか？
　　　（サポーズ・クエスチョン：ミラクル・クエスチョンの変形）

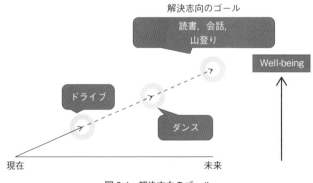

図 8-4. 解決志向のゴール

患者：う〜ん，まず本を読みたいです。友達や主人とゆっくり会話したい。
医師：他には？
患者：かつて山登りをしていました。また登りたいです。
医師：活動的ですね。（コンプリメント）他にありますか。
患者：ダンスかな？　今は痛くてできないけど。
医師：楽しそうでいいですね。（コンプリメント）次回までにしたいと思う
　　　ことは何でしょうか？
患者：山へドライブです。（ゴール）途中で痛みがひどくならないか心配で
　　　すが。
医師：自然の中に行くなんてすばらしい（コンプリメント），おいしい空気
　　　で気分も晴れますね。
　　[本も十分読めない人がドライブ？と疑問ではあったが，少なくとも外に
　出ることで改善する可能性が高く，行動を促した。]

　コーチングの目標設定では前述の SMART の原則がある。SFA にもウェル
フォームド・ゴールという原則があり，クライアントにとって明確で，重要で
あること，具体的であること，現実的で達成可能であることはコーチングと共
通する。ウェルフォームド・ゴールでは小さくシンプル（small step の原則）
であること，何かが「なくなること」ではなく，その代わりに何かが「あるこ
と」として述べられること，何か（望ましくないこと）の終わりではなく，何
かの始まりとして記述されることがある。この例でドライブに行くというゴー
ルは本人にとって重要で，現実的で具体的である。なんとか達成できるかどう
かという程度であった。山登りに比べると小さなステップであった。
　モチベーションの観点から，デシとライアン（Deci & Ryan, 1985）は自己
決定理論を提唱し内発的動機づけの3要素として，自己決定，有能感，関係
性を挙げた。コーチングも SFA も自己決定である。また，コーチングも SFA
も small step の原則で共通し，有能感を高める。SFA には関係性の質問があ
り関係性を高めることができる。したがって動機づけという観点からコーチン
グも SFA ともに有用と考えられる。
　また，禁煙のウェルフォームド・ゴールを考えたときには，何か（望ましく
ないこと）の終わりではなく，何かの始まりとして記述されることという原則
から，**タバコをやめるかわりに何をしますか？**という質問をして別のゴールを

検討する。

動機づけ面接の例の続き

患者：そう。タバコをやめる気はないよ。……でもね，あと2年で定年さ。
そしたらタバコやめようと思う。病気をこれ以上増やししたくないか
ら。

医師：病気を増やさないために2年後にタバコをやめようと思っていらっ
しゃるのですね。（単純な聞き返し）**タバコをやめる代わりに何をし
ますか？**

患者：ゴルフ三昧さ。いまは月1回しかできないけど。

医師：それはあなたの健康のためにたいへんすばらしい計画です。血糖や血
圧にもいいですね。
今月からでももっとゴルフができるといいですね。

患者：そうしたいよ。仕事が忙しくてね。でもなるべく時間つくってする
わ。

　このように禁煙を維持する要因を探る質問であったが，ゴルフという運動を
促進する結果となり，健康面で一石二鳥であった。

　ただし，解決志向コーチングについては難点がある。純粋なSFAを行えば
問題点である病名を追求しないために，保険診療上問題となる。したがって
医療におけるSFAでは，まず原因を追及し，通常の診断・治療を行いつつ，
SFAを行うという，いわゆるバイリンガル（三島，2014）あるいはハイブリッ
ド（筆者）の形態を取らざるを得ない。

4.　変化のステージ・モデルと各技法の適応

　以上認知行動コーチング，動機づけ面接，ナラティヴ・コーチング，解決志
向コーチングについて触れてきたが，これらをどう使い分けるかは，明確には
なっていない。図8-5に変化のステージ・モデル（石井，2011）を示す。変化
のステージは前熟考期，熟考期，準備期，実行期，維持期の5つである。コー
チングと認知行動コーチングは少なくても方向性が明確である必要があり，目
標設定および実行のために準備期以降でないと困難である（諏訪，2014）。そ

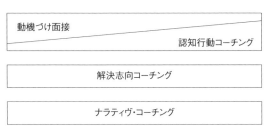

図 8-5.　変化のステージと各アプローチ（Prochaska et al., 1992）

　の欠点を補うように動機づけ面接は，初期段階である前熟考期と熟考期のクラ
イアントに対する方法として優れており（Miller & Rollnick, 2002），コーチン
グおよび認知行動コーチングと動機づけ面接は鍵と鍵穴の関係である。一方，
ナラティヴ・コーチング，解決志向コーチングはクライアントの対話を重要視
するため基本的にどの段階でも適応である。

　筆者はまず解決志向コーチングを行い，自力で解決できそうなときはナラ
ティヴ・コーチングを行っている。認知の歪みを扱うときに認知行動コーチン
グ，両価性の状況で方向性が定まらないときに動機づけ面接を部分的に用いて
いる。

5.　カネビン・フレームワークから見た各手法

　カネビンとは，ウェールズ語で生息地を表し，カネビン・フレームワーク
（Cynefin Framework）はリーダーの意思決定を行うためのフレームワーク
（図 8-6）として開発された（Snowden & Boone, 2007）。このフレームワーク
を医療へ応用する。

1）単純（simple）
　因果関係が明確で正解が明確。対策としては状況を感知する，分類する，対
応する。解決方法はベスト・プラクティスとなる。

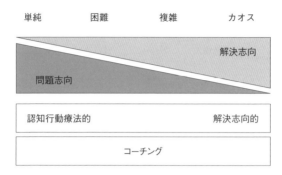

図 8-6. カネビン・フレームワークと各アプローチ（Snowden & Boone, 2007）

　例）肥満患者に対する運動療法

2）困難（complicated）

　因果関係は明確であるものの分析して正解を導く。対策は問題を感知する，分析する，対応する，ときに専門家の介入も必要になる。解決方法はグッド・プラクティスとなる。

　例）過敏性腸症候群患者に対する認知行動療法

3）複雑（complex）

　因果関係が複雑で正解が不明瞭であるため正解を創りあげる。対策は対象精査，問題を感知する，対応する，ときに専門家の介入も行う。解決方法は探し当てたプラクティスとなる。

　例）うつ病を伴う非定型歯痛患者（前述）

4）カオス（chaotic）

　因果関係は不明瞭で緊急対応が必要な場合もある。正解はもちろん不明。対策は，行動する，問題を感知する，対応する，専門家の介入も必要となる。解決方法は行動後の新規プラクティスによる。

　例）糖尿病を理由に相手の親に結婚を反対された患者

5）無秩序（disorder）

　上記 4 つの分類すら不可能なもの。解決方法は専門家への紹介など。

　例）面接中に突然意識がなくなる

　単純と困難では因果関係が明確で，認知行動療法的アプローチが可能であ

る。複雑とカオスでは，原因（因果関係）を追求しない解決を目的とする解決志向アプローチが適していると思われる。バーンアウトは後者が多く，解決志向コーチングをベースに認知行動コーチングを加える，解決志向認知行動コーチング（Grant, 2017）が適することと一致する。

6.　レジリエンスを高める支援を行うコーチング心理学の各手法

　レジリエンスは，危機的状況から立ち直る力を指すが，コーチング心理学の手法を組み合わせてレジリエンスを高めることができると考えられる。ポジティブ心理学者のボニウェル（Boniwell & Ryan, 2009）はレジリエンスを養う要素を「ネガティブ感情に対処する」，「レジリエント・マッスルを鍛える」，「逆境体験を教訓化する」の3つのカテゴリーに分類した。「ネガティブ感情に対処する」ことは，役に立たない思い込みに対して別の方法を試みる認知行動コーチングが適し，「レジリエント・マッスルを鍛える」ことは小さなステップを設定し達成することで自信を高め，あるいは他者との関係を良い方向に変化するよう支援する解決志向コーチングが向いている。そして「逆境体験を教訓化する」ことは概念の抽象化を行い体験の意味を考えるナラティヴ・コーチングの手法で支援できる。この3つの手法の組み合わせは，バーンアウト対策だけではなく前述の幸せがずっと続く12の行動習慣を支援する方法（Lyubomirsky, 2007）としても用いることができる。

7.　おわりに

　ゴールを設定する医療である Goal-Oriented Patient Care（Reuben & Tinetti, 2012）が紹介され，またアドラー心理学の目的論（第4章参照）からも，問題点である病いを追求するだけではなく，患者自身の目的や目標を重視する時代になった。解決志向コーチングはそれらの実現を支援する具体的な方法である。一方，簡易精神療法の治療的要素として，患者要因と治療外の出来事，関係要因，期待・プラセボ効果，治療テクニックが挙げられている（堀越・野

村，2012）が，認知行動療法は治療テクニックに含まれ，解決志向コーチング
は治療テクニックというよりそれ以外の患者要因と治療外の出来事，関係要
素，期待・プラセボ効果の強化につながると思われる。

　コーチング心理学の実践アプローチは，必ずしも単一ではなく，長所の異な
る複数のアプローチを組み合わせて用いることができる。この統合的アプロー
チの長所として，クライアントに提供できるアプローチのレパートリーが多
く，方法の選択にクライアントの希望をある程度取り入れることができること
が挙げられる。

　したがって，解決志向コーチング，認知行動コーチング，ナラティヴ・コー
チング，動機づけ面接をうまく組み合わせることができれば，困難と言われて
いる患者にも対応できる可能性がある。解決への糸口を発見し，患者と医療ス
タッフの幸せの一助につながれば誠に幸いである。

引用文献

青木安輝（2006）．解決志向（ソリューションフォーカス）の実践マネジメント　河出書房新社
安藤　潔（2005）．がん患者を支えるコーチングサポートの実際　真興交易医書出版
安藤　潔・柳沢厚生（2002）．難病患者を支えるコーチングサポートの実際　真興交易医書出版
Berg, I. K., & Szabó, P. (2005). *Brief coaching for lasting solution*. New York: W. W. Norton.（長谷川啓三（訳）
　　（2007）．インスー・キム・バーグのブリーフ・コーチング入門　創元社）
Boniwell, I., & Ryan, L. (2009). *SPARK resilience: A teacher's guide*. London, UK: University of East
　　London.
Deci, E., & Ryan, R. M. (1985). *Intrinsic motivation and self-determination in human behavior*. New York:
　　Springer Science+Business Media.
江花昭一（2012）．ブリーフセラピー──しっかりと前を向いて歩むために──　チーム医療
藤岡耕太郎（2010）．精神科医のための解決構築アプローチ　金剛出版
Gazelle, G., Liebschutz, J. M., & Riess, H. (2014). Physician burnout: Coaching a way out. *Journal of
　　General Internal Medicine, 30*(4), 508-513.
Grant, A. M. (2017). Solution-focused cognitive-behavioral coaching for sustainable high performance and
　　circumventing stress, fatigue, and burnout. *Consulting Psychology Journal Practice and Research, 69*(2),
　　98-111.
Green, S., & Palmer, S. (2018). *Positive psychology coaching in practice*. Hove, East Sussex, UK: Routledge.（西
　　垣悦代（監訳）(2019)．ポジティブ心理学コーチングの実践　金剛出版）
畑埜義雄（2010）．医師のための実践！マネジメント・コーチング　Nikkei Medical, 2010.10., 148-149.
堀越　勝・野村俊明（2012）．精神療法の基本──支持から認知行動療法まで　医学書院
Hurson, T. (2010). *Think better: An innovator's guide to productive thinking*. New York: McGraw-Hill
　　Education.
池見西次郎（1986）．幸せのカルテ　三笠書房
Inoue, K., Moriya, M., Kawashima, M., Ishikawa-Takata, K., & Nomura, M. (2015). A coaching program
　　improved Emotional Intelligence Quotient (EQ) score in nursing school students. Coaching in
　　Leadership and Healthcare Day1, Institute of Coaching, 159.

石井　均（2011）．糖尿病療養行動を促進する　糖尿病医療学―こころと行動のガイドブック（pp. 92-190）医学書院

出江紳一（2009）．リハスタッフのためのコーチング活用ガイド　医歯薬出版

出江紳一・鈴鴨よしみ・辻　一郎（監修）（2009）．コーチングを活用した介護予防ケアマネジメント　中央法規出版

出江紳一・鱸　伸子（2006）．メディカル・コーチングＱ＆Ａ　真興交易医書出版

出江紳一・坪田康佑（2013）．看護管理者のためのコーチング実践ガイド　医歯薬出版株式会社

加藤　敏・八木剛平（2009）．レジリアンス―現代精神医学の新しいパラダイム　金原出版

Kawashima, M., Inoue, K., Moriya, M., & Ishikawa-Takata, K.（2015）．A qualitative study of a coaching program to improve communication skills of nursing students. Coaching in Leadership and Healthcare Day1, Institute of Coaching, 159-160.

Law, H.（2013）．*The psychology of coaching, mentoring and learning.* West Sussex, UK: Wiley Blackwell.

Lyubomirsky, S.（2007）．*The how of happiness.* New York: Penguin Books.（渡辺　誠（監修）　金井真弓（訳）（2012）．幸せがずっと続く 12 の行動習慣　日本実業出版社）

松本一成（2018）．糖尿病臨床へのコーチングの応用　心身医学，58, 530-533.

松本一成（2019）．薬物療法に活かす糖尿病を聴く技術と話す技術　南江堂

Miller, W. R., & Rollnick, S.（2002）．*Motivational interviewing: Preparing people for change*〈*Applications of motivational interviewing*〉(2nd ed.). New York: Guilford Press.（松島義博・後藤　恵（訳）（2007）．動機づけ面接法―基礎・実践編　星和書店）

Miller, W. R., & Rollnick, S.（2002）．*Motivational interviewing: Preparing people for change*〈*Applications of motivational interviewing*〉(2nd ed.). New York: Guilford Press.（松島義博・後藤　恵・猪野亜湖（訳）（2012）．動機づけ面接法―応用編　星和書店）

三島徳雄（2014）．バイリンガル・ドクター　医療の中で SFBT をシームレスに使う　第 8 回ソリューションランド　Retrieved from〈http://solutionland.com/taikai/08/annai08.pdf〉

森谷　満（2019）．コーチングを中心とした行動変容支援　日本保健医療行動科学会雑誌，34, 7-14.

森谷　満・井上清美・川島美保・野村美千江・高田和子（2014）．ナラティヴ・コーチングの実践と幸せへの行動習慣　第 7 回国際保健医療行動科学会議プログラム・抄録集，35.

森谷　満・菊地英豪・宮本光明（2010）．医療コーチング・スキルにより改善した機能性ディスペプシアの 1 例　消化器心身医学，17, 55-60.

西垣悦代（2018）．医療・健康分野におけるコーチングの学術的進展　心身医学，58, 534-541.

太田　肇（2011）．看護師を対象にした研究　承認とモチベーション（pp. 123-155）　同文舘出版

奥田弘美・木村智子（2003）．メディカルサポートコーチング―医療スタッフのコミュニケーション力＋セルフケア力＋マネジメント力を伸ばす　日本医療情報センター

O'Riordan, S., & Palmer, S.（2021）．*Introduction to coaching psychology.* London, UK: Routledge.

尾崎真奈美（2012）．ポジティブ心理学再考　ナカニシヤ出版

Palmer, S., & Whybrow, A.（Eds.）．（2007）．*Handbook of coaching psychology: A guide for practitioners.* Hove, East Sussex, UK: Routledge.（堀　正（監修・監訳）　自己心理学研究会（訳）（2011）．コーチング心理学ハンドブック　金子書房）

Prochaska, J. O., Diclemente, C. C., & Nocross, J. C.（1992）. In search of how people change: Applications to addictive behaviors. *American Psychologist, 47,* 1102-1114.

Reuben, D. B., & Tinetti, M. E.（2012）. Goal-oriented patient care: An alternative health outcomes paradigm. *The New England Journal of Medicine, 366,* 777-779.

西城卓也・田口智博・若林英樹（2011）．研修医との効果的な面談：魅力的なメンタリング＆コーチング　岐阜大学医学教育開発研究センター（編）　新しい医学教育の流れ '10 秋（pp. 103-126）　三恵社

斉藤清二（2012）．改訂版医療におけるナラティブとエビデンス―対立から調和へ　遠見書房

佐藤文彦（2021）．コーチングで病院が変わった―目に見えない道具で「医師の働き方改革」は進化する　ディスカヴァー・トゥエンティワン

Snowden, D. J., & Boone, M. E.（2007）. A leader's framework for decision making. *Harvard Business Review, 85*(11), 68-76.

Studer, Q.（2004）．*Hardwiring excellence: Purpose, worthwhile work, making a difference.* Gulf Breeze, FL: Fire Starter Publishing.（鐘江康一郎（訳）（2011）．エクセレント・ホスピタル　ディスカヴァー・

トゥエンティワン）

諏訪茂樹（2014）．ティーチングとコーチングによる健康支援　日本保健医療行動科学会雑誌，*28*，31-36.

諏訪茂樹（2021）．看護にいかすリーダーシップ第 3 版―ティーチングとコーチング，場面対応の体験学習　医学書院

鱸　伸子・いとうびわ・柳澤厚生（2010）．保健指導が楽しくなる！医療コーチングレッスン　南山堂

鱸　伸子・森谷　満・柳澤厚生（2010）．コーチングの技法（特集 不定愁訴に立ち向かう）　治療，*92*，255-261.

鱸　伸子・柳澤厚生（2010）．ナースのためのセルフコーチング　医学書院

鈴木敏恵（2006）．ポートフォリオ評価とコーチング手法―臨床研修・臨床実習の成功戦略！　医学書院

高橋憲男（2004）．ポジティブ共同社会と健康支援　現代のエスプリ，*440*，104-115.

塚原康博（2010）．患者満足の国際比較―医師と患者の情報コミュニケーション　薬事日報社

Watkins, J. G.（1978）. *The therapeutic self: Developing resonance-Key to effective relationships*. New York: Human Sciences Press.

山崎喜比古・坂野純子・戸ヶ里泰典（2008）．ストレス対処能力 SOC　有信堂高文社

柳澤厚生・鱸　伸子・平野美由紀（2006）．ニュートリションコーチング―自ら考え，決断し，行動を促すコミュニケーションスキル（臨床栄養別冊）　医歯薬出版株式会社

柳澤厚生・鱸　伸子・田中昭子・磯さやか（2008）．コーチングで保健指導が変わる！　医学書院

第9章
教育におけるコーチング

1 西垣悦代／2 木内敬太／3 士野　楓／
4 鳥羽きよ子・西垣悦代／5 石田正寿

1.　教育場面におけるコーチング

■1-1.　高等教育におけるコーチングとは

　第1章で触れたように，コーチングはその成立の背景に心理学が関わっているものの，学問の場で発展したものではなく実利性に重点が置かれていたため，理論の構築や効果の科学的な検証に関心が払われることは少なかった。またコーチの養成を主に担っていたのはコーチングスクールを経営する営利企業であり，当初は大学をはじめとする教育機関は関与していなかった。

　しかしコーチ出身で心理学の博士号を持つグラント（Grant, A. M.）は，エビデンスに基づくコーチングの確立を目指し，2000年に世界で初めてシドニー大学大学院にコーチングの修士課程を作った。それは確立した学問である心理学の理論と方法論を用い，「コーチング心理学」と名乗ることで初めて可能になったのである。グラントとパーマー（Grant & Palmer, 2002）によるコーチング心理学の定義，「コーチング心理学は成人学習理論と子どもの学習理論，および心理学研究法に基づくコーチングモデルを援用し，個人生活や職場での幸福とパフォーマンスを高めるものである」に示されている通り，コーチング心理学には拠って立つ理論やモデルが存在する。これはある意味ではコーチングの出自である心理学への回帰であり，コーチングが理論と実践の両方を伴う学問となるために必然の流れであったと考えられる。

　以来20年以上の時を経て，今日では世界各国の心理学部，教育学部，経営学部，およびそれらの大学院でコーチングが教えられるようになっている。大

学等の高等教育機関において，エクステンションスクールではなく，単位認定
の対象となる正規履修科目としてのコーチング科目には以下のようなパターン
がある。①複数科目から構成されるコーチング心理学専攻課程，②心理学や経
営学専攻課程等の中の科目としてのコーチング（あるいはコーチング心理学），
③人間関係論，対人コミュニケーション学などの科目名で開講されるコーチン
グを主とする科目

　グラント（2011）は大学院レベルのコーチング課程のコア科目の例として，
エビデンスベーストアプローチの基礎，倫理規定，精神衛生学のほか，認知行
動理論，ゴール理論，変化理論，システム論など，幅広い分野の科目を挙げて
おり，エビデンスベーストなコーチングを学際的な領域と捉えていることがわ
かる。2022 年現在，日本の大学にはコーチング心理学の専攻課程はまだ存在
せず，いくつかの大学で科目が開講されているにとどまる。そこで本章では，
上記①のコーチング心理学専攻課程について，第 2 節でシドニー大学大学院の
カリキュラムを紹介する。②の例としては，第 3 節で韓国の亜洲大学の経営学
大学院のコーチング専攻課程を，③の例としては第 4 節で看護学生を対象とし
た人間関係論科目の中で教えるコーチングの事例をそれぞれ紹介する。

■1-2.　学校教育の中でのコーチング

　1-1 で述べた高等教育で教えるコーチングとは別に，主に初等・中等教
育の教育分野におけるコーチングの実践が coaching in education あるいは
coaching in school として英・米・豪などの言わばコーチング先進国におい
て波及しはじめたのも 2000 年頃からである。英国では 2003 年に英国教育省
が発行した National Strategy Booklet の中で教師の継続教育のひとつとして
コーチングが取り上げられたことが発端となった。これは特定領域の教育の
エキスパートであるコーチとコーチングを受ける教師の 1 対 1 の関係の中で，
コーチによる授業視察とコーチングによって，教師の教授能力を向上させる
ことが目的であった。そこでは主に非指示的なコーチングスキルが用いられ
た。*Coaching in Education*（van Nieuwerburgh, 2012a）の編著者である英国
のヴァン・ニューワーバーグは，コーチングの効果は二者間の守秘義務に守ら
れた信頼に基づく関係性を基盤とし，支持的で励ましに満ちた文脈の中で最も

良く発揮されると主張し，教育分野のコーチングは，「（教師の）自己認識・自己責任の感覚を高めることを通して，学習と発達を強化することに焦点を当てた1対1の会話であり，コーチは支持的で励ましに満ちた環境の中で質問，傾聴，適切な挑戦を行い，コーチー（教師）の自己主導的な学習を促進させること」である（van Nieuwerburgh, 2012b, p. 17），と定義した。つまり教育分野のコーチングとは，教師をクライアントとし，その教育能力を高めるために実施する1対1のコーチング，という意味で使われている。

　これに対してクレーシーら（Creasy & Paterson, 2005）は教育分野のコーチングは1対1以外にもコーチングスタイルでの短い会話（「非公式的コーチング会話」），外部コーチによるディスカッションを通して進められる「チームコーチング」，経験豊かな外部の教育関係者による「エキスパートコーチング」，生徒同士で行う「生徒コーチング」，自己の振り返りにコーチングを取り入れる「セルフコーチング」の可能性を示しているが，ヴァン・ニューワーバーグはコーチングの概念を拡大し過ぎることに対して懐疑的である。心理学者で教師でもあり，スクールコーチとして学校への介入経験もあるアダムズ（Adams, 2016）は，学校にコーチングを導入する意義として，①教師の教授能力や学級運営能力の向上の支援，②教師を特定領域において一定のパフォーマンス水準に到達させるための支援，③管理職に対する日常ベースの個別的な継続専門教育の機会の提供，④教師の自信とウェルビーイングの向上，⑤新しい役職についた教師が，変化に伴って直面する現実的・感情的な困難に対する支援，を挙げている。教師に対するさまざまな支援を目的として実施される教育場面のコーチングは，その形態においては1対1を中心にしつつ，多様な方法を取り得ると考えられる。

　米国ではコーチングは教育場面でのリーダーシップに必要なスキルであると認識されており，カンザス大学で開発されたインストラクショナルコーチングが主流となっている（Fletcher, 2012）。インストラクショナルコーチとは，特定の教授方法を導入する際に，教師に対してその方法を教える現場の専門的アドバイザーのことであり，そこではより指示的なスキルが用いられる。インストラクショナルコーチは次のようなステップで教師に対してコーチングを進める。①新たな教授法の学習を始める前に，教師はコーチと1対1で面談する。

②教師はコーチと共同して計画を立てる。③コーチがモデル授業を行う。④モデル授業について教師とコーチが話し合う。⑤教師が授業を行い，コーチがそれを参観する。⑥教師の授業について，コーチと教師が話し合う。⑦教師が新たな教授法に習熟するまで，コーチは支援を続ける。インストラクショナルコーチに類似するものとして，読み書きの教え方に特化したリテラシーコーチも存在するが，この場合もコーチングの対象は生徒ではなく教師である。

　オーストラリアは，ポジティブ心理学実践の学校教育への導入が先駆的に行われた国である。学校へのポジティブ心理学介入（PPI）の目的は，児童・生徒のウェルビーイングを高め，持てる能力を最適に機能させてパフォーマンスを上げることなので，教師の生徒に対する関わり方においてコーチング的な要素が潜在的に含まれていた可能性がある。ただし，それが教育場面へのコーチングとして検証された例は見当たらない。グリーンら（Green et al., 2012）は，オーストラリアで教育場面に導入されたコーチングの研究の大半は教師に対してコーチングを行った結果として，生徒の学習障害の克服や成績の向上効果を検証する，いわゆるアカデミックコーチングの研究であると述べている。また，オーストラリアの60の学校の校長を対象とした教育リーダーシップコーチングのトレーニングの結果，受講した校長たちの学校運営能力が向上したことも報告されている（Contreras, 2009）。オーストラリアにおける教育場面のコーチングは，応用ポジティブ心理学の一部として英国の方法を中心としつつ米国の要素も取り入れられているように思われる。

　日本でも初等・中等教育の場にコーチングを活用しようという動きはあるが，多くは教師を対象とした1日程度の集合研修であり，本格的なコーチング研修を受講するのは一部の教師にとどまっているようである。そのため，教育の専門家でありコーチング実践のできる外部の人材が学校に入り，教師の継続教育の一環として教師の能力を伸ばすためにコーチングを行う，といった試みはかなり例外的である。日本における教育場面のコーチングは，教師が1対1コーチングを受けることで自らの教員としての能力を高めるというよりは，コーチングを学んだ教師が生徒指導や進路相談の場面でコーチングスキルを活用している，という形が多いことが特徴である。日本の中等教育場面におけるコーチングについては，本章の第5節において紹介する。教育場面におけるコーチン

グは世界的にも発展途上であり，今後とも変化・発展していく可能性がある。

［西垣］

2.　シドニー大学のコーチング心理学カリキュラム

■2-1.　シドニー大学大学院コーチング心理学専攻

　シドニー大学は，オーストラリア，ニューサウスウェールズ州に位置し，1850 年に設立されたオーストラリアで最も歴史のある大学である。2000 年にグラントは，シドニー大学の心理学部に，世界で最初のコーチング心理学の大学院課程を設置した。グラントの博士論文は，ポジティブ心理学の応用領域や，健康な人の心理的メカニズムの研究領域としてのコーチング心理学の必要性を訴えるものであった（Grant, 2001）。グラントは悲願を達成し，心理学界に新しい分野を開拓したのだ。

　2022 年現在，シドニー大学大学院コーチング心理学専攻では，1 年間フルタイム（パートタイムでは 2 年間）の修士号，ディプロマ，大学院履修証明（graduate certificate）の 3 つのコースが提供されている（The University of Sydney, 2022）。パートタイムや大学院履修証明のコースは留学生ビザでは在籍できないが，新型コロナウイルス感染症（COVID-19）のパンデミックへの対応として，全コースがオンラインで海外から受講することが可能となった。今後もオンライン開講が継続されれば，日本からの受講も容易になるだろう。ただし，オーストラリアの大学全般に英語の要件が厳しいことに加え，本専攻に入学するためには，3 年以上のコーチング関連の職務経験が必要である。在学者の多くは実務経験のある中堅のコーチで，その他，職場でコーチングやリーダーシップのトレーニングを受けたことのあるさまざまな業種・職種の管理職，人的資源開発や組織開発の専門家などが在籍している。修了後は，企業の人的資源開発担当，開業コーチ，組織コンサルタント，その他の専門サービス提供者の職が期待される。本専攻で提供されているプログラムは，国際コーチング連盟（ICF）のコア・コンピテンシーに沿っており，修了生は，別途，メンターコーチングを受け，コーチング・ログやコーチングセッションの録音を作成することで，ICF のコーチ認定資格を申請することができる。

　現在，本専攻のディレクターは，ショーン・オコナー（Sean O'Connor）である。専門は職場やリーダーシップのコーチング，ポジティブ心理学，ネットワークやシステムの分析，テクノロジーと自己啓発であり，"*The SAGE Handbook of Coaching*/SAGE コーチング・ハンドブック"では，"*Group and Team Coaching*/ 集団とチームのコーチング"の章を執筆している。また，同専攻の教員のマイケル・カヴァナフ（Michael Cavanagh）は，科学的根拠（エビデンス）に基づくコーチングの技術，認知行動アプローチ，動機づけ面接，解決志向アプローチを重視した教育を行っている。次に示すカリキュラムの詳細からも，グラントがディレクターを務め，行動科学的視点に重きを置いていた時代とは雰囲気が変わり，科学的根拠に基づく手法に重きを置きながらも，バランスよく，一学問として体系的にコーチング心理学を教えている印象を受ける。

　本専攻では，3つの必須科目と5つの選択科目が提供されている（表9-1）。共通の必須科目は，コーチングに関連する学問を体系的に学び，自身の人生経験と結び付けて理解し，セルフコーチングや受講生同士のコーチングを通してコーチングの実践に落とし込むという流れで学習が進められる。

　必須科目のうち，「コーチング心理学の理論と技法」では，コーチング心理学とエビデンスに基づくコーチングの理論と技法，応用ポジティブ心理学としてのコーチングについて学ぶ。本科目においてコーチングとは，目標に焦点を当てた統合的なアプローチであり，行動科学を基礎とし，認知行動アプローチ，解決志向アプローチ，行動変容と自己調整の技術を中核としている。「コーチング実践の基礎」では，人間性回復運動からポジティブ心理学の台頭までのコーチングの歴史と関連領域，メンタルヘルスやコーチの専門家倫理

表9-1. シドニー大学コーチング心理学課程の科目

必須科目	選択科目
＜共通＞	コーチング心理学における認知的・社会的問題
コーチング心理学の理論と技法	ポジティブ組織コーチング
コーチング実践の基礎	集団，チーム，システム
コーチング演習	応用ポジティブ心理学
＜修士号研究ルートのみ＞	ピーク・パフォーマンスの心理学
応用心理学研究プロジェクトＡ	
応用心理学研究プロジェクトＢ	

などの知識とコーチングのマイクロスキルを学ぶ。最後に，「コーチング演習」
では，ケースの概念化，防衛機制，パーソナリティ障害，スーパービジョンな
どの新たな知識を学びつつ，演習を通したコーチングスキルの向上を目指す。

　選択科目では，コーチングやコーチング心理学に関するより専門的な領
域が扱われる。たとえば，「集団，チーム，システム」では，ボーウェン
（Bowen, M.）のシステム論や，自己組織化（self-organization），複雑性理論
（complexity theory），集団内行動の研究成果を，家族，社会的ネットワーク，
産業組織など，各種システムにおける実践に応用する方法などを学ぶ。また，
「ピーク・パフォーマンスの心理学」では，フローやメンタルタフネス，メン
タルトレーニングの技法など，スポーツ心理学，パフォーマンス心理学，ポジ
ティブ心理学の理論と実践について学び，実際に実生活やコーチングに応用す
る。

■2-2. オーストラリア国内での位置づけ

　オーストラリアの心理学界とコーチング産業におけるシドニー大学大学
院コーチング心理学専攻の位置づけについて論じる。まず，オーストラリ
アでは，オーストラリア心理学認定評議会（APAC: Australian Psychology
Accreditation Council）の認定する，学士課程（3年間）と，優等学位課程
（honours degree），もしくはディプロマ課程（1年間）を終えた後，2年間の
修士課程もしくは3年間の博士課程を修了することが，国家資格相当の心理学
者としての登録の条件となっている。本専攻はAPACの認定を受けておらず，
修了生が心理学者としての資格登録を受けることはできない。つまり，本専攻
は心理学者のキャリアパスからは外れたところに位置している。

　一方，オーストラリアでは，2011年に，政府や心理学界を巻き込んで職域
におけるコーチングのガイドラインがAS規格（Australian Standards）とし
て示された（Standards Australia, 2011）が，この取りまとめには，産学官の
一端として，シドニー大学心理学部も委員として加わっていた。

　本ガイドラインは，職域においてクライアントの職業上の能力やスキルの向
上，成長を目的として，専門のコーチによって実施されるコーチングについ
て，その定義からコーチに求められる知識や能力，コーチ-クライアント関

写真 9-1. シドニー大学のクワドラングル

係，コーチングの評価，専門家倫理，コーチ導入の仕方，コーチ提供会社についてなど，職域におけるコーチングのさまざまな側面について，網羅的に基準が示されている。コーチングのガイドラインが AS 規格として示されたことには，一般市民のコーチングへの認識を高め，コーチング産業の発展に寄与するという大きな意義がある。また，ガイドラインの策定過程は，コーチングに関わる人々にとって有益な意見交換の場を提供した。本ガイドラインの策定にあたっては，政府や心理学界の代表者の他，コーチ団体，コーチ提供会社，企業団体，大学，職能コーチ連盟の代表者など，コーチング業界のさまざまな利害関係者が関与していた。ガイドラインの策定というひとつの目標に向かい，心理学者と職業コーチをはじめ，立場の異なる関係者同士が，互いの考えに理解を示し，折り合いをつけ，良好な関係を築いたという。

　このように，シドニー大学大学院のコーチング心理学専攻は，世界初の大学院のコーチング心理学課程であり，コーチング心理学に関する最先端の教育を提供している。APAC の認定が受けられていないということで，今後，オーストラリアの心理学者とコーチング心理学との関係について気がかりではある。しかし，心理学者の養成をしていないからこそ，コーチングの実務経験者が心理学を学ぶための場になれていると言える。現状は，コーチングやマネジメント，人的資源開発，組織開発の実務者のためのリカレント教育の場という立場を確立しており，コーチング心理学の実務家養成が本専攻の主たる役割と言える。ただし，修士号コースには研究ルートもあるため，研究の推進や心理学者の養成についても期待したい。［木内］

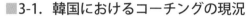

3.　韓国の経営大学院におけるコーチング授業

■3-1.　韓国におけるコーチングの現況

　韓国に初めてコーチングが紹介されたのは2000年以後で，コンサルティングやリーダーシップ教育関連機関に導入されたことが知られている。韓国で本格的にコーチの活動が体系化されたのは，2003年6月に国際コーチング連盟（ICF）の韓国支部が設立され，同年12月に韓国コーチ協会（KCA）が設立されたときからである（韓国コーチ協会，2021a）。韓国コーチ協会から資格認証を受けたコーチ数は2012年には1,300人であったが，2021年中頃には累計で9,000人を超えている[1]。KCAはICFをモデルに独自の資格認証を行っており，KAC（韓国アソシエーターコーチ），KPC（韓国プロフェッショナルコーチ），KSC（韓国スーパーバイザーコーチ）の3段階の資格構成を設けている。この資格を取得するための教育が受けられる大学と私設のコーチング・スクールは2021年10月現在165校あり，206のコーチング・教育プログラムが運営されている（韓国コーチ協会，2021b）。

　KCAのほか，コーチング専攻の大学教授らが組織した韓国コーチング学会がこれまでに約6,000人のコーチを輩出している。また韓国心理学会では，英国心理学会と同様にコーチングが心理学の専門領域のひとつに分類されており，学会活動が行われている。近年，韓国の学界においてはコーチングに関する研究が活発に行われている。1995年から2017年までの間にコーチング関連学術論文の発表件数は326本（チョ・チョン，2018），2000年から2020年までの間に発表されたビジネスコーチング論文は250本にのぼっている（ペクら，2020）。韓国の大学にはいくつかのコーチングのカリキュラムが開設されている。亜洲大学と国民大学では，経営大学院の修士課程（MBA）においてコーチング科目が提供されており，それ以外に8つの大学でカウンセリング，社会福祉，児童教育，神学などの分野でコーチング修士課程が開設されている。特に南ソウル大学と東国大学ではコーチング専攻の博士課程も設置されて

---

[1]　韓国コーチ協会の資格取得者の内訳はKAC7,281人，KPC1,781人，KSC51人となっている（韓国コーチ協会，2021a）。

いる。

■3-2.　亜洲（アジュ）大学経営大学院のコーチング専攻

（1）大学概要

　亜洲大学校は 1974 年に設立され，大宇グループを設立した故金宇中会長が学校財産團の理事長であった。同大学の韓国内での地位は，中央日報が発表する大学ランキングにおいて 2019 年に 11 位を記録している。経営大学院は 1987 年に開設され，現在は 15 の専攻に毎年 70 余りの科目を提供している。ほとんどの科目が動画を利用したオンライン授業を並行して開講しているので，会社員に人気があり，満足度も高い。毎年，約 280 人の学生が入学しており，受講生は毎学期約 580 人，卒業生は約 8,000 人で，韓国最大規模の経営大学院である。

（2）コーチング専攻課程概要

　同経営大学院のコーチング専攻は，2014 年の春学期に開設された。当時，すでに私設のコーチングスクールが運営するコーチング教育が韓国内に広まっていた。しかし中小規模のコーチングスクールが乱立した結果，激しい競争となり，営業利益が優先されたため本来のコーチング教育がおざなりになっていた。こうした状況を克服するため，韓国最大規模のコーチングスクールであったアジアコーチセンターが，亜洲大学経営大学院に MBA 課程へのコーチング専攻の開設を提案し，朴浩換経営大学院長が積極的に支援したことで，韓国最大規模のコーチング専攻としての地位を確立したのである。同専攻は開設当初はアジアコーチセンターの教育カリキュラムを使用していたが，次第にコーチングの理論科目を追加し，新しいコーチングスキル科目も開発していった。さらに，国際コーチング連盟（ICF）の資格を得られる ACTP 課程が必要だったことから，日本の東京コーチング協会（TCA）が開発した ACTP 認定プログラム「TripleA プログラム」の無料使用の許可を得た。これにより，亜洲大学経営大学院のコーチング専攻課程では，韓国コーチ協会と国際コーチング連盟の 2 つの資格を同時に取得できる，他に類のないカリキュラムを提供することが可能となった。

　本コーチング専攻のミッションは，「理論とスキルを兼ね備えたコーチを育成し，分かち合い，ともに成長する社会を作る」ことである。この実現のため，コーチングスクールや他の大学にはない理論科目である3単位の「コーチング心理理論」を専攻必須科目としている。また，MBAコース内にあるコーチング専攻ということもあり，ビジネスコーチングに特化している。学生は企業の管理職であることが多いため，本人のビジネス上のパフォーマンスおよび経営管理に役立ち，部下のマネジメントを円滑にできるよう教育することを目標としている。本専攻課程の科目はコーチング専攻者だけに受講が許可されるのではなく，基本科目はコーチングに関心のあるMBA受講生なら誰でも受講できる。「コーチング基本スキル」の科目を受講しただけで，部下とのコミュニケーションの姿勢が変わり，部下が自身のキャリアについて真剣に考えるようになったという事例が数多く報告されている。

(3) 専門科目

　本コーチング専攻で開設している科目は計8科目である。この中で「コーチング基本スキル」を履修すれば韓国コーチ協会のKAC資格テストを受験することができ，「ビジネスコーチング」を追加履修すればKPC資格テストを受験することができる。「コアコーチングスキルⅠ」，「コアコーチングスキルⅡ」，「実践コーチングスキル」はICFのPCC資格取得のための科目であり，内容は東京コーチング協会（TCA）の「TripleAプログラム」を用いている。特に，「実践コーチングスキル」科目はICF資格要件で要求されるメンターコーチングと実習時間をともに満たすために開設されたもので，担当教授が直接メンターコーチングを行っている。その他，コーチにコーチングに関する理論を教えるために「コーチング心理理論」が開設されている。「コーチング心理理論」科目では西垣らの『コーチング心理学概論』（2015，本書初版）の韓国語翻訳版を教材として用い，多様なコーチングスキルにおける心理学的な根拠について講義している。また，「NLPⅠ」と「NLPⅡ」は，さまざまなコーチングスキルで活用されているNLPの理論と手法を教育するとともに，NLPプラクティショナー資格も取得できるようになっている。

　表9-2にコーチング専攻課程のカリキュラムを示した。これら8つのコーチ

表 9-2. 亜洲大学 MBA コーチング専攻カリキュラム

科目名	開設 学期	単位	資格認証
コーチング基本スキル	1, 2	3	韓国コーチング協会の KAC
ビジネスコーチング	2	3	韓国コーチング協会の KPC
コアコーチングスキル I , II	1, 2	各 4	国際コーチング連盟の PCC
実践コーチングスキル	1, 2	1	国際コーチング連盟の PCC
NLP I , II	1, 2	3	NLP プラクティショナー
コーチング心理理論	2	3	

ング科目は毎学期末に MBA 全体約 70 科目に対して実施される授業評価において，常に高い評価を得ている。2020 年度の講義評価では，「コアコーチングスキル I ，II」は 5 点満点中 4.8 点となり，全科目中 1 位を記録した。

　最近，韓国では経営大学院や教育大学院，生涯教育院などでコーチング専攻を導入する動きが増えている。これらの大学院の多くが亜洲大学経営学大学院のコーチング専攻のカリキュラムをモデルにしている点からも，本課程の優秀さが広く認められていると言えるだろう。

(4) 東京コーチング協会（TCA）の TripleA プログラム

　ここで，亜洲大学経営学大学院のコーチング専攻科目の一部に取り入れられている東京コーチング協会の TripleA プログラムについて紹介する。TripleA プログラムは 2019 年から同専攻で使用されており，東京コーチング協会会長の土野が兼任教授として担当している。東京コーチング協会の理念のひとつは「コーチングを通じてアジアとの架け橋になる」であり，その理念に基づいた活動でもある。TripleA プログラムは ICF の PCC を目標とした ACTP 認定プログラムで，Essential, Expert, Excellence, の 3 フェイズで構成されており，教育時間は延べ 127 時間である。講義はコーチングの基本的なスキルから高度なスキルまで網羅されている。特に実践での活用能力を高め，「再契約率の高いコーチ」を養成するため，コーチングスキルに関する理論講義に重点を置くよりもコーチング・デモを直接実演し，受講者同士の実習を多く行うことで，受講生がコーチングスキルを直接目で見て，体得できるよう指導している。受講生の授業評価の一部を紹介する。

・とても深い授業で，今後コーチとして進むべき道を基本から忠実に指導してくださったことに感銘を受けた。有益な授業でした。
・コーチングを通じてより良い未来を夢見ることができた。
・該当科目を通じて自らが成長した姿を発見することができた。
・人の知性だけでなく人物までも教育者として見ていただき，いろいろ意味のある授業でした。
・長い旅の最高のスタートです。
・本当に最高の授業だったし，韓国でこのような授業を受講できること自体，大きな恩恵だったと思う。学校に感謝申し上げます。

■3-3.　おわりに

　亜洲大学 MBA のコーチング専攻は 8 年目を迎え，大きな成果を収めている。毎年受講生の中で最も人気のある専攻に選ばれており，早期に受講申請が必要なことから，受講申請の「戦争」と呼ばれるほどである。また，コーチングの理論と技法においてバランスの取れたカラキュラムを提供していることに対しては，学外からも高い評価を得ている。韓国コーチ協会の認証コーチと国際コーチング連盟の認証コーチを多数輩出することで，韓国のコーチング市場をリードする牽引車の役割を果たしていると言える。［士野］

4.　看護教育の人間関係論授業に取り入れる　コーチング

■4-1.　高等教育におけるコーチング授業の普及

　大学生や専門学校生を対象に，コーチングを教える試みは近年活発に行われている。スティールら（Steele & Arthur, 2012）は心理学専攻の学生にピア・コーチングを用いたコーチングの授業を実施し，受講生から「目標設定と職業への焦点づけ」「実践スキルの獲得」「自己成長」に役立ったというフィードバックを得た。ピア・コーチングの有効性は，教職課程の学生や理学療法専攻の学生などにおいても確認されている（Prince et al., 2010; Ladyshewsky, 2002）。

　教育や保健医療などの対人援助職においては，人間関係の良し悪しが職務上のパフォーマンスや職場への満足度に大きく影響する（田中ら，2015）。特に看護職では，対象者との信頼に基づく人間関係の形成は質の高いケアを提供す

るうえでの基本となっており，コミュニケーション能力は看護師の基本的な資質とされている。厚生労働省の指導要領（厚生労働省，2012，2019）によると，「人間と人間生活の理解」のための科目には「人間関係論」等を含むとされており，最近は『対象との人間関係を形成するためには，その基礎となるコミュニケーション能力が求められ，更なる強化の必要性がある』（厚生労働省，2019）と指摘され，その重要性が増している。

■4-2. 看護学生に対するコーチング心理学の授業概要と効果

　西垣は看護学生対象の人間関係論の授業を，コーチング心理学の理論とモデルに基づく演習中心の授業構成で実施した（西垣，2015a，2015b）。授業の行動目標は，①人間関係の基本的原理を学び，適切なコミュニケーションが取れる，②自らのストレスマネジメントができる，③自分と他者の目標達成の道筋が立てられる，であった。受講生は40名の看護学生で，90分×10回の授業に参加した。採用したコーチングの理論とモデルは，GROWモデル，認知行動コーチング（ABCモデル）（第2章参照），およびポジティブ心理学による強みの発見であった。

　授業は，コルブの学習サイクル理論に基づき（Kolb, 1984），①「実践経験」，②「振り返り」，③「概念化」，④「実験的応用」のプロセスを繰り返しながら進んでいくように計画された（図9-1）。①実践経験（演習）には，1対1のピア・コーチング，3人1組のピア・コーチング（1人は観察者），ケーススタディと4人でのディスカッション，相互のフィードバック，表情・しぐさの読み取り，DVDを利用した観察学習，「強み」（ストレングス）の診断を含む心理アセスメントが行われ，授業のコアとなった。②振り返りのプロセスとして，受講生は毎回の授業の最後に内省報告を行った。また，授業中に行う心理アセスメントは受講生が自らの結果のフィードバックを得て，内省できるように配慮されていた。③概念化のプロセスでは「自己開示」「傾聴」「共感」「レジリエンス」「自己効力感」など，コーチングや人間関係に関する心理学的概念の説明をテキスト（西垣（2009）『発達・社会からみる人間関係』）を用いて説明することで実践と概念の関連づけを図ったが，時間は各回20分を超えない範囲にとどめた。④受講生には次回までの実践課題が与えられ，日常生活

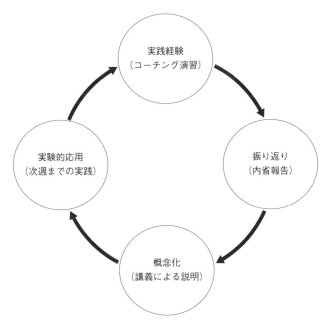

図 9-1. コーチング心理学授業における学習サイクル（Kolb, 1984 をもとに西垣が作成）

の中で実験的に試み，次の授業の始めにその結果をグループでシェアする時間を持った。なお，最終回には授業全体を振り返り，内省報告を提出してもらった。

　10 回の授業の後，コーチングコンピテンシー自己効力感尺度（CCSES-R：西垣・宇津木，2015）（表 3-2［p. 68］参照）によって測定した学生のコーチングに対する自己効力感は，開始前と比較して会話のスキル因子に有意な上昇が見られた（Nishigaki, 2015b）[2]。また，CCSES-R の各因子は強みテスト（VIA簡略版）（セリグマン，2011／邦訳，2014）の「人間性」「超越性」の各下位項目との間に有意な相関が多く見られた（Nishigaki, 2015a）。

　受講生の内省報告には，日常の人間関係やコミュニケーションについて，「演習でいろいろな人と話す機会が多かったので，普段あまり関わらない人との会話が以前に比べてスムーズにできるようになった」というものや，自分自

2）　CCSES-R（コーチングコンピテンシー自己効力感尺度）に関する問い合わせは，開発者（関西医科大学医学部心理学教室　西垣）までお願いします。

身について「周りからの見え方や態度，自分の性格や傾向を知ることができた」「人と話すことで考えが広がったり，気づいたことがいろいろあった」という自己理解の深まりに対する気づきが見られた。スキル面では傾聴が印象に残ったというコメントが多く「授業を受ける前は，相談を受けたら自分の考えを言わなくてはいけないと思っていたが，傾聴に集中することが相手のためにもなることがわかった」，に代表されるような感想が見られた。

　看護学生としてのコミュニケーションについては，授業直後に予定されていた病院実習の目標が「患者とのコミュニケーションを通した情報収集」であったため，傾聴，質問など学んだスキルをすぐに活用できるという報告が見られた。「看護は患者さんの思いを聞くところから始まります。患者さんを良い方向に導けるよう，この授業で学んだことを最大限生かして誠実な姿勢で向き合っていきたいです」また，「次の実習のリーダーになったのでリーダーシップを高めたい。友達にリーダーシップがあると思える人がいるので，行動や発言を観察してみたい。グループのみんなに助けてもらえれば頑張れるので，困ったときにはみんなに助けを求めようと思う」と自分なりの目標を見出した者もいた。ピア・コーチングを通しての目標の設定と行動計画については，「コーチングによって具体的な目標や，そのために今，しなければならないこと，現状を知ることができた」「ひとつの視点だけではなく，さまざまな角度から問題を深く掘り下げることによって，自然と解決策が見つかり，目標立てを行うことができるとわかった」など，確かな手ごたえをつかんだ受講生もいた。

■4-3.　看護学生にコーチングマインドを伝える授業の試み

　一方，鳥羽ら（鳥羽ら，2018；藤村ら，2018；西垣ら，投稿中）は，コーチングマインドに基づくコミュニケーションの基本姿勢を受講生がコーチから学ぶことをより重視し，看護学生38名に対して人間関係論の授業を計10コマ行った。授業目的は看護学生が自己理解と他者理解を深めコミュニケーション能力を高めることで，将来医療現場で自信を持って患者や同僚と信頼に基づくコミュニケーションができ，自らも自己実現できる看護師になるために必要な能力を養うことであった。授業ではCTIのコーチング理念に基づいて，①CTIのコーチ資格を持つ教員が，授業中受講生とのコミュニケーションにお

いて，CTI の定める５つの資質（傾聴，直感，好奇心，行動と学習，自己管理）に基づくコーチとしての基本姿勢を示す。②受講生は教員の姿勢からコーチングに基づくコミュニケーションの基本を学び，授業内で行われるさまざまな演習と，授業時間外に実施される学生相互のピア・コーチングの中で，コーチングを意識したコミュニケーションを実践する。③授業では，自己理解，他者理解，目標設定，多様な価値観に気づく，などをテーマとする演習を通して，自己と他者の理解，および人間関係について体験的に学ぶ。④さらに，受講生は各回の授業テーマと関連したテキスト[3]の章を自習し，内容に関するレポートを提出する。この授業では，受講生は授業中コーチングマインドを意識したコミュニケーションを行うが，いわゆるコーチングスキルの演習はほとんど行わない。その代わり毎回授業時間外にペアの相手とピア・コーチングを行い，フィードバックを交換することで，現実場面に即したコーチング実践の時間が十分に取られていることが特徴である。また，理論に関しては人間関係論のテキストを自習することで，社会心理学やパーソナリティ心理学，コミュニケーション学に基づいたコミュニケーション理論を学習した。

　受講生は 10 回の授業の第１回目，５回目，９回目の終了後に，自己理解度，コミュニケーション能力，自己受容的態度について，それぞれ 10 段階のリカート尺度で自己評価を行った。また，初回授業前と最終授業後に，コーチング能力に対する自己効力感の指標としてコーチングコンピテンシー自己効力感尺度（CCSES-R）（表 3-2［pp. 68］参照）および，レジリエンスの指標としてコナー・デビッドソン回復力尺度（CD-RISC）（表 3-2［pp. 66］参照）に回答した。その結果，自己受容的態度とコミュニケーション能力については統計的有意差が認められ，授業が進むにつれてこれらの自己評価が上昇していることがわかった。また，CCSES-R および CD-RISC の平均値にはいずれも有意な変化が認められた。つまり，コーチングの授業を受講した結果，会話のスキルをはじめとする，コーチングに対する自己効力感が上昇するだけではなく，将来の困難を克服し，立ち直るために必要な力（に対する効力感）も高まったと見ることができる。これらの結果より，看護学生は今後，実習などで患者と接す

3)　テキストには，『系統看護学講座　人間関係論　第3版』（医学書院）を採用した。

る場面において，自らに自信を持つことができると期待でき，看護師の基本的な資質のひとつであるコミュニケーション能力のみならず，学生時代および就業後に遭遇する困難に対するレジリエンスの育成の一助にもなったのではないかと考える（西垣ら，2019a, 2019b）。

　「人間関係論」は，看護教育のみならず，秘書士資格の教育課程における人間行動群の科目や，その他多くの人文・社会系学部や短期大学でも開講されている。コーチング心理学の科目は，たとえ1科目だけであっても対人関係の実践力，自己の気づき，ストレスマネジメント，目標達成の道筋の立て方など，学生生活や就職後に起こる問題解決などに必要な能力を高めるうえで，さまざまな効果が期待できることが明らかになった。コーチング心理学は多様な学部・専門課程において，受講生にとって役に立つ魅力的な科目になり得ると思われる。［西垣・鳥羽］

5.　日本の学校教育現場におけるコーチング

■5-1.　高等学校におけるコーチングとその需要

　日本の高等学校におけるコーチングというと，部活動指導が先行してきた。高等学校の体育教官室を訪問すると，多くの場合，そのことを象徴する雑誌を目にすることになる。それは，ベースボール・マガジン社の『コーチング・クリニック』である。これは，1987年11月に創刊された運動部指導者向けのトレーニング雑誌である。つまり，日本の高等学校においては，コーチングについての一般的な認識はスポーツにおけるそれが先行しており，「スポーツの技術を教え，その卓越を目指して，訓練（トレーニング）し，目標の達成を目指して統率（リード）すること」（久保, 1998）のイメージが強い。

　ビジネスコーチングの方はと言うと，日本に導入された2000年前後に教育に導入されることはなかったものの，その後，徐々に形を変えながら浸透し始めた。背景として，2003年の「PISAショック」[4] と，それに対応するように文部科学省が2008年改訂の学習指導要領で打ち出した「生きる力」[5] がある。ここでフォーカスの当たる「自ら課題を発見し解決する力」は，その後の「探究的な学びに」つながっていくのだが，この成長を促すため，その力を引き

出す方法として，コーチングが注目されるようになった。具体的には，管理職
対象あるいはリーダー教員を育成すること（千々布，2007）や，教師のあり方
や教師の指導力の解をコーチングに求めること（千々布，2008；小山，2008a）
から，広まった側面が強い。

　また，2010年代前半には，AV機器やスマートフォン，SNSが身近なもの
となり，大きな体罰事件が露呈したことも追い風となった。2013年5月には，
文科省より「運動部活動での指導のガイドライン」が出され，それまでとは違
う指導方法が求められた。そのことでコーチングの需要が高まり，コーチング
を学ぶ教員の増加につながったと考えられる。

■5-2.　日本の教育現場におけるコーチングの広がり

　ビジネスコーチングと学校教育におけるコーチングの違いとして，本間
（2010）は，どちらも「人間のもつ可能性を信じること」「その可能性を傾聴・
質問・承認などのコミュニケーションスキルによって引き出す」という点で
は一致しているものの，「年齢差」のファクター，コーチングの目的，成果測
定・改善の方法，管理責任・権限の違い，を挙げている。

　その違いに早くから気がつき，教育現場でのコーチングの普及を目指したも
のに『教育コーチング』がある。これは学力アップと人間力アップを両立する
という教育成果をあげてきた進学塾成基学園の経営者佐々木喜一の指揮の下，
小山英樹を中心とするグループが2001年に開発したものである。この『教育
コーチング』には，その概念を表す「4つのトライアングル」（図9-2）という
ものがある。ここには，コーチとしての「あり方」や「信念」「姿勢」という

---

4)　「PISA」はOECD加盟国が3年ごとに実施するもので，生徒の学習到達度を調査することを目
　　的としている。平均点がほぼ500点，標準偏差が100点になるよう調整されていることから，
　　経年比較と国際比較が可能なものとなっている。「PISAショック」とは，2003年のPISAの結
　　果では日本の順位が急落し，2002年に始まったいわゆる「ゆとり教育」への疑念が噴出した
　　ことを指すものである。
5)　2008年1月17日中央教育審議会では，「生きる力」の解説として，それを変化の激しい社会を
　　担う子どもたちに必要な力として位置づけ，基礎・基本を確実に身に付け，いかに社会が変
　　化しようと，自ら課題を見つけ，自ら学び，自ら考え，主体的に判断し，行動し，より良く
　　問題を解決する資質や能力，自らを律しつつ，他人とともに協調し，他人を思いやる心や感
　　動する心などの豊かな人間性，たくましく生きるための健康や体力など，としている。

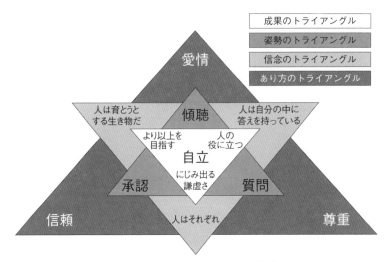

図 9-2. 教育コーチングの「4 つのトライアングル」（小山，2009）

ものが見て取れ，他の章で触れられる人間性心理学からの流れを汲んでいることが理解される。端的には，コミュニケーションを通して人が本来持っている意欲と能力を引き出し，目標達成と，その先にある「個」（何かを足さなくても誰かが傍に居なくても，一人の人間として，かけがえのない一人格として存在している状態）としての自立を支援するのが『教育コーチング』におけるコーチングの定義と言える（小山，2008b，2009）。なお，実際に活用されるスキルは，「傾聴」「質問」「承認」を土台に，キャノン（Cannon, W. B.）のFight-or-flight response，ド・シャーム（De Charms, R.）のオリジン・ポーン理論，エリス（Ellis, A.）の ABC 理論，NLP などさまざまな理論からの援用が見られる。

　この『教育コーチング』は，塾業界を中心として教育現場に広がりを見せた。同時に，先述の現場からのニーズが伴い，他の営利企業のコーチングスクールによるコーチングも全国の教育現場に広がった。各都道府県の教育委員会が教員向けに実施している初任者研修や中堅教諭等資質向上研修の役割には，人権や教科指導に並んで，その時代のニーズに応える使命がある。よって，コーチングを提供している教育委員会も少なくない。文部科学省（2020）

によると，コーチング講座数は，小学校，中学校，高等学校，特別支援学校の
すべての学校種において，前年比で実施割合に増加が見られる。ただ，1日の
みの集合研修で終わっていることもあり，受講した教員の力になっているのか
は疑問である。なお，内容は，コーチングの基本スキル，生徒の面談，コーチ
ングスキルを使用した授業運営や会議運営，職場環境の改善方法，とさまざま
である。

　授業者（教師）がコーチングを学ぶことで，学習者や学習者の学び方の捉え
や，授業や学習指導に対する信念や学習指導行動が学習者中心のものになる研
究結果がある（石田，2020）。結果では，経験やコーチング以外の学びと比較
して，コーチングを学ぶことから影響を受けた教師は，児童・生徒（学習者）
の学び方の捉えや，授業や学習指導のしかたにおける信念と学習指導行動の両
方において，児童・生徒中心／構成主義的となる傾向を示している。このよう
な違いは，教育活動のさまざまな場面において正の影響があると想像できるも
ので，各都道府県での研修は，このような結果を望んでのものだと考えられ
る。しかしながら，相当の費用，所要時間，個人の努力，などが必要となるた
め，第1節での指摘のように，コーチングを自発的に学んだ教師が生徒指導や
進路相談の場面でコーチングスキルを活用している，という形が多いのが実情
である。

■5-3.　今後のコーチングへの期待

　教育現場では，コーチングを学んだ教師がコーチングをさまざまな教育活
動へ活用しようとする試みがなされている。例を挙げると，学級経営を対象
とするもの（若松，2017），教科指導を対象とするもの（日野，2012；石田，
2022），教育委員会が保護者を対象にしたもの（大阪市教育委員会，2016）な
ど多岐にわたる。山谷（2012）では，教師の板書技術やノートテイキングの指
導や学習環境にも及んでいる。ただ，山本（2016）の指摘にもあるように，日
本では，教師が児童に行う働きかけすべてをコーチングと捉える向きもあるこ
とを踏まえておく必要がある。

　一方で，教育課題の解決においてもコーチングに期待が寄せられている。ま
ず，現在の日本の教育で一大テーマとなっている「主体的・対話的で深い学

び」（文部科学省，2017）をいかに実現するかについてである。コーチングが言語化という行為を引き出すことを得意としていることを考えると，その実現には，コーチングのスキルが寄与できる点がありそうである。そのことは，その用語が「アクティブ・ラーニング」という用語から置き換えられる（文部科学省，2015）以前より，そのような授業を実現するためには，教師に高いファシリテーション能力が求められ，そこにはコーチングのスキルが貢献できると指摘されていた。

　コーチングを熟知し実践するということは「答えはクライアントの中にある」ことを承知しコミットしていることである。また，クライアントの答えはコーチにだけではなくクライアント自身にも向かっており，そこから「気づき」が起こると了解していることでもある。つまり，コーチングにおいて，言語化という行為は最も重要な行為なのである。コーチがクライアントに質問をすることによって，クライアントの中にあったものが言葉として引き出され，クライアントには気づきが起こるからである。また，その対象は，個人だけではなくグループを対象（本間，2007；Hawkins, 2011）にすることもあれば，そのスキルは授業のファシリテーション（小山ら，2016）に生かされもする。よって，「主体的・対話的で深い学び」の実現への寄与が期待できるのである。

　また，最近「コンピテンシーをいかに育むか」が，世界中の教育界において大きな課題となっている（白井，2020）が，ここにコーチングは解決策を与えられるのかもしれない。「知識はやる気さえあればいつでも増えるし伸びるが，能力や態度といったコンピテンシーはすぐには身につかない。ここにコーチングが意味を持つことになる」というのが溝上慎一氏の言葉[6]である。[石田]

---

6)　心理学者，教育学者の溝上慎一氏の「アクティブラーニング実践フォーラム2019」（2019年9月23日京都大学芝蘭会館稲盛ホールにて開催）における発言である。

引用文献

Adams, M. (2016). *Coaching psychology in schools*. Hove, East Sussex, UK: Routledge.
千々布敏弥（2007）．スクールリーダーのためのコーチング入門—みんなのやる気を引き出す秘策　明治図書出版
千々布敏弥（2008）．教師のコミュニケーション力を高めるコーチング　明治図書出版
チョ・ソンジン，チョン・イス（2018）．国内コーチング研究動向および今後の研究方向　人的資源開発研

究, *2*(3), 249-313.(韓国)

Contreras, Y. M.（2009）. A descriptive study: Coaching school leaders for 21st century schools: A new context for leadership development. *Dissertations Abstracts International Section A: Humanities and Social Sciences*, *69*(7-A), 2538.

Creasy, J., & Paterson, F.（2005）. *Leading coaching in schools*. London: National College for School Leadership.

Fletcher, S. J.（2012）. Coaching: An Overview. In S. J. Fletcher & C. A. Mullen（Ed.）, *The SAGE handbook of mentoring and coaching in education*（pp. 24-40）. London, UK: Sage.

藤村あきほ・鳥羽きよ子・西垣悦代（2018）. コーチングを活用した授業実践の効果(2)参加学生の自己評価から見た変化　日本教育心理学会総会発表論文集, *60*, 363.

Grant, A., & Palmer, S.（2002）. Coaching psychology workshop. Annual conference of the Division of Counseling Psychology, British Psychological Society, Torquay, UK, 18th May.

Grant, A. M.（2001）. Towards a psychology of coaching: The impact of coaching on metacognition, mental health and goal attainment. Doctor of Philosophy, Macquarie University, Australia. Retrieved from〈http://files.eric.ed.gov/fulltext/ED478147.pdf〉

Grant, A. M.（2011）. Developing an agenda for teaching coaching psychology. *International Coaching Psychology Review*, *6*(1), 84-99.

Green, L. S., Oades, L. G., & Robinson, P.（2012）. Positive education programmes: Integrating coaching and positive psychology in schools. In C. van Nieuwerburgh（Ed.）, *Coaching in education*.（pp.115-132）. London, UK: Karnac.

Hawkins, P.（2011）. *Leadership team coaching: Developing collective transformational leadership*. London, UK: Kogan Page.

日野奈津子（2012）. 生徒のやる気がみるみるアップ！英語教師のためのコーチング入門明治図書出版

本間正人（2007）. グループ・コーチング入門　日本経済新聞出版

本間正人（2010）. ビジネスコーチングと学校教育におけるコーチング―その共通点と相違点, 児童心理, 2010年6月号臨時増刊, 37-43.

石田正寿（2020）. 教師の信念や指導行動に対するコーチングの影響　支援対話研究, *6*, 3-16.

石田正寿（2022）. コーチングの理論と高校授業での実践　次世代教員養成センター研究紀要, *8*, 143-146.

韓国コーチ協会（2021a）. コーチングガイド　Retrieved from〈http://www.kcoach.or.kr/02guide〉

韓国コーチ協会（2021b）. 資格認証　Retrieved from〈http://www.kcoach.or.kr/03certi〉

Kolb, D. A.（1984）. *Experiential learning: Experience as source of learning and development*. Upper Saddle River, NJ: Prentice Hall.

厚生労働省（2012）. 看護師等養成所の運営に関する指導要領(平成24年7月9日医政発0709第11号)

厚生労働省（2019）. 看護基礎教育検討会報告書　Retrieved from〈https://www.mhlw.go.jp/stf/newpage_07297.html〉

小山英樹（著）　佐々木喜一（監）(2008a). 子どもの心に届く言葉, 届かない言葉　学習研究社

小山英樹（2008b）. 教育コーチング―意欲と能力を引き出し自立を支援する　日本教育大学院大学（監）　教師のための「教育メソッド」入門(pp.140-145)　教育評論社

小山英樹（2009）. 教育コーチング入門講座―「育」が「教」を支える―　社団法人日本青少年育成協会認定　教育コーチ養成講座ECTP　テキスト

小山英樹・峯下隆志・鈴木建生（2016）. この一冊でわかる！アクティブラーニング　PHP研究所

久保田秋（1998）. コーチング論序説―運動部活動における「指導」概念の研究　不昧堂出版

Ladyshewsky, R. K.（2002）. A quasi-experimental study of the difference in performance and clinical reasoning using individual learning versus reciprocal peer coaching. *Physiotherapy Theory and Practice*, *18*(1), 17-31.

文部科学省（2015）. 教育課程企画特別部会　論点整理　Retrieved from〈https://www. mext.go.jp/component/b_menu/shingi/toushin/__icsFiles/afieldfile/2015/12/11/1361110.pdf〉

文部科学省（2017）. 平成29年度小・中学校新教育課程説明会（中央説明会）における文科省説明資料　Retrieved from〈https://www.mext.go.jp/a_menu/shotou/new-cs/__icsFiles/afieldfile/2017/09/28/1396716_1.pdf〉

文部科学省（2020）. 平成30年度における教員研修実施状況調査結果について　Retrieved from〈https://

www.mext.go.jp/content/20200626-mxt_kyoikujinzai01-000008282-16.pdf〉

西垣悦代（編著）（2009）．発達・社会からみる人間関係：現代に生きる青年のために　北大路書房

Nishigaki, E.（2015a）．Effects of positive coaching approach introduced to the Japanese nursing students. In *Poster presented at the Fourth World Congress on Positive Psychology Lake Buena Vista*, USA, FL, 25-28.

Nishigaki, E.（2015b）．Introducing Peer Coaching to Nursing Students: An Exploratory Study. 5th European Conference of Coaching Psychology.

西垣悦代（2015a）．日本臨床コーチング研究会 2015 学術集会　看護学生に対するコーチングプログラムの作成と効果

西垣悦代（2015b）．医療系学生に対するコーチング心理学授業の試み　日本健康心理学会第 28 回大会

西垣悦代・堀　正・原口佳典（2015）．コーチング心理学概論　ナカニシヤ出版

西垣悦代・鳥羽きよ子・藤村あきほ（2019a）．看護学生に対するコーチングを活かした授業の効果(1)レジリエンスとコーチングに対する自己効力感の変化に着目して　日本教育心理学会総会発表論文集，*61*, 616.

西垣悦代・鳥羽きよ子・藤村あきほ（2019b）．看護学生に対するコーチングを活かした授業の効果(2)学生の気づきの質的分析　日本教育心理学会総会発表論文集，*61*, 617.

西垣悦代・鳥羽きよ子・藤村あきほ（投稿中）．コーチングを活用した看護学生に対するコミュニケーション教育の効果

西垣悦代・宇津木成介（2015）．コーチングコンピテンシー自己効力感尺度改良版(CCSES-R)の妥当性　日本心理学会第 79 回大会発表論文集

大阪市教育委員会（2016）．子どもを伸ばす声のかけ方―教育コーチングの基本―　Retrieved from〈https://www.city.osaka.lg.jp/kyoiku/cmsfiles/contents/0000121/121316/koching2016-1.pdf〉

ペク・ヤンスク，パ・ホファン，Li Wei（2020）．コーチング研究の特徴，限界と発展方向　未発表論文

Prince, T., Snowden, E., & Matthews, B.（2010）．Utilising peer coaching as a tool to improve student-teacher confidence and support the development of classroom practice. *Literacy Information and Computer Education Journal, 1*(1), 1-7.

Seligman, M. E. P.（2011）．*Flourish: A visionary new understanding of happiness and well-being.* New York: Free Press.（宇野カオリ（監訳）(2014)．ポジティブ心理学の挑戦　ディスカヴァー・トゥエンティワン）

白井　俊（2020）．OECD Education2030 プロジェクトが描く教育の未来：エージェンシー，資質・能力とカリキュラム　ミネルヴァ書房

Standards Australia（2011）．*Handbook: Coaching in organizations.* Sydney: Standards Australia.

Steele, C., & Arthur, J.（2012）.Teaching coaching psychology to undergraduates-perceptions and experiences. *International Coaching Psychology Review, 7*(1), 6-13.

田中幸子・後藤彩花・緒方泰子・湯本淑江・霜越多麻美・勝山貴美子・永野みどり（2015）．病院で働く看護職者が就業継続のために求める職場環境　日本看護評価学会誌，*5*, 11-18.

The University of Sydney（2022）．Master of Science in Coaching Psychology. Retrieved from〈https://www.sydney.edu.au/courses/courses/pc/master-of-science-in-coaching-psychology.html〉

鳥羽きよ子・藤村あきほ・西垣悦代（2018）．コーチングを活用した授業実践の効果(1)学生の振り返りに表れた学び　日本教育心理学会総会発表論文集，*60*, 362.

van Nieuwerburgh, C.（2012a）．*Coaching in education.* London, UK: Karnac.

van Nieuwerburgh, C.（2012b）．Coaching in education: An overview. In Christian va Nieuwerburgh（Ed.）, *Coaching in education*（pp. 3-23）. London, UK: Karnac.

若松俊介（著）　片山紀子（編）(2017)．「深い学び」を支える学級はコーチングでつくる　ミネルヴァ書房

山本淳平（2016）．学校教育におけるコーチングの特徴とその効果への一考察―教師の言葉がけに焦点を当てて　早稲田大学大学院教育学研究科紀要，別冊 24-1, 1-12.

山谷敬三郎（2012）．学習コーチング学序論―教育方法とコーチング・モデルの統合―　風間書房

コラム3

英国の大学におけるコーチング教育

石川利江

　英国では，日本の修士課程と同様にフルタイム1年以上の課程修了と修士論文の作成が修士号取得の基本であるが，パートタイムで2年以上の課程を履修し論文作成する修士号課程，修士論文を作成しない準修士課程（Diploma），規定の単位だけを取得して得られる認定コース（Certificate）などのさまざまな学び方ができる。実践的で専門性を備えた人材の養成を目指すもので，生涯学習社会に即応した学位や資格の充実が図られている。また，コーチングについては，コーチングとカウンセリング，コーチングとポジティブ心理学，コーチングとメンタリングなど複数のアプローチを学ぶことができるコースとなっていることが多い。

　たとえば，Oxford Brookes University（以下ブルックス）の経済学研究科の中に設置されているコーチングとメンタリングプログラムでは，これら3つの資格コースが設置されている。全コースを学ぶ学生が「コーチングとメンタリング実践の基礎（20-credit）」モジュールを学ぶ必要があり，認定資格コースでは「変容学習と成人の発達（20-credit）」「コーチングとメンタリングの心理療法的側面（20-credit）」の3モジュール60credit を取得しなければならない。準修士のためのコースでは，上記に加えて，「アドバンスト・コーチング＆メンタリング実践（20-credit）」「コーチングとメンタリングの心理学（20-credit）」「組織におけるコーチングとメンタリング（20-credit）」「コーチングとメンタリングに関する研究（20-credit）」から3モジュールを履修し，120credit を取得しなければならない。修士号コースでは，さらに「コーチングとメンタリングに関する研究」は必修で，修士論文の 60credit と併せて 180credit を取得する必要がある。これらのカリキュラム内容は少しずつ変化し発展しているということで，筆者が訪れていたときとも科目などは変わっている。現在のようにオンラインが一般的でなかった筆者が訪れていた 2012 年当時もそうであったが，プログラムの半分はオンラインで配信され，学生同士でのオンラインのカンファレンスでのディスカッションも必須となっている。対面での授業は，日本の通常の授業では見られないような，写真のようにクッキーや飲み物が準備されており，休憩時間にリラックスした会話を楽しんでいる。

　英国の大学院で最も早くコーチング心理学ユニットが設置された University of East London（以下 UEL）の大学院でも大きく変化している。ポジティブ心理学の MAPP（応用ポジティブ心理学修士）を統合して，応用ポジティブ心理学とコーチング心理学の修士課程（MAPPCP）が設置された。さらに，修士課程を修了すると EMCC（European Mentoring and Coaching Council）のマスタープラクティショナーやシニ

アプラクティショナーの認定が得られる。そのためこのコースへの進学者は，それまでは社会人が多かったのに比べ，MAPPCP となってからは学部からの進学希望者も非常に多くなったということである。UEL にはカウンセリングとコーチングを統合した Integrative Counseling and Coaching のコースも設置されており，修士課程と準修士コース，博士課程も設置されている。

　City University of London は修士課程が設置されていないが，コーチング心理学の博士課程が設置されており，コーチング心理学の博士の学位が授与されている。

　UEL やブルックスにおけるコーチング教育カリキュラムは，個々の科目がモジュールと呼ばれ，講義だけでなくディスカッション，ロールプレイなどの多くの演習，複数回のレポート，コーチングのケース報告とスーパービジョンなどが含まれている。課題図書も多く提示され，そのコメントの提出が求められる。先にも述べたように，オンラインを活用したディスカッションや，コーチング実践場面の録画に対する評価も実施されているが，それらをサポートするスタッフも配置されているため，教員がすべてを行うことはない。すべての科目の達成基準が詳細に提示され，そこへの到達度が厳しく評価されて，フィードバックがなされている。

　履修方法は，パートタイムや単位制など柔軟で，英国では仕事をしながらパートタイムで学ぶ学生数が増加しており，大学院ではパートタイム学生の方が比較的多い。1 モジュールの大半はオンラインを活用したもので，直接の講義は月 1 回週末に集中的に開講される。そのため，たとえば大学とは遠く離れたスコットランドに住むビジネスマンであっても飛行機を使い週末の講義を受講すれば，コーチング心理学の資格が得られる。

　専門的コーチの資格を与える団体も多くあるなかで，キャリアを有する社会人学生にとって大学でコーチング心理学の資格を取得しようとする一番の理由は，学術的研究に基づく理論や方法を大学教育として学ぶことができるという，大学が提供するプログラムへの信頼である。また，UEL のように他の資格が同時に得られるようなカリキュラム構成は，社会人だけでなく，大学院教育への興味を高めるものとなる可能性があるだろう。

　現在，UEL だけでなく多くの大学でコーチングの学位をオンラインだけで取得可能である。コーチング心理学の学びに加え，他の資格取得が可能となるような仕組みづくりは，今後の日本の大学や大学院教育としてコーチング心理学を展開していく際の参考とすることができる。

第10章
キャリア支援のコーチング

斉藤真一郎

1. 大学生にとってのキャリア

　大学生という時期は心理学的に見てどのような時期になるのであろうか。大学生にとってのキャリアを考える前に、発達過程の中における大学生の特徴を捉えることで、キャリアを考えるヒントが得られる。

■1-1. 発達過程の中の大学生

　エリクソン（Erikson, 1959）は、生涯発達の視点からライフサイクルを8段階に分けている。12歳から20歳を青年期とし、この時期の課題と危機として、自我同一性（アイデンティティ）と同一性拡散を挙げている。大学生になると高校の地域的な都道府県レベルを越えて日本各地域の学生との出会い、日本にやってくる留学生との交流、さらには海外留学をすれば世界各国からの学生との交わりがあり、さまざまな価値観に触れる機会が増える。自分が過去において持っていた価値観、自信が揺さぶられることになる。「自分はいったい何者か」という自分への問い返しをする時期になる。自分自身への問い返しを経て、自我同一性の確立へとつながっていく。自我同一性を獲得していく過程は、自分が何者であるか、自分自身がどう生きるべきかの方向性を得ていく作業である。この作業は青年期に留まらず生涯にわたり継続していくものであるが、特に青年期において地域性を越えた広い視野に初めて自らが立たされるということは、自らの価値観、信念、自分自身への信頼の確立に対して、それまでにはない影響がある。

　この自我同一性の獲得は、この青年期の重要な課題である。この課題を達成

するためには，一人前の社会人として社会から要請されるさまざまな義務や責
任をひとまず脇に置き，触れることを避け棚上げにする，いわば，猶予が設け
られる。このことを心理・社会的な「モラトリアム」としてエリクソンは説明
している。この猶予期間にさまざまな課題に直面し模索するなかで，自らを問
い返し，モラトリアムを抜けていく道筋が見えてくる。

　同一性を形づくるさまざまな側面の中で職業に関わる側面を「職業的同一
性」（鑪ら，1984）としておこう。ハーシェンソン（Hershenson, 1968）の職
業的発達段階論は，職業的発達を 5 段階に分けており（表 10-1），その職業的
同一性を獲得していく流れがよくわかる。特に「自己分化段階」，「有能性段
階」を経て，職業を決めていく「独立段階」になっていくところは青年期の職
業的同一性獲得の点で重要な段階である。職業を決める前の発達段階として
は，徐々に段階的に進むというようなことが理想的であろうが，個人の置かれ
たさまざまな環境によって相違し，なかなか思うようには進まないのが普通で
ある。

　「私は誰なのであろう」に始まり，「私には何ができるのだろう」と自ら問う
ことを経ずに，就職活動時期になってしまう大学生が見受けられる。さらにこ
の 2 つの問いに加え，「私は何をしようか」を含めた 3 つの問いが一挙に押し
寄せることで混乱する学生もいる。選択すべき時期に自ら選択ができないま

表 10-1. Hershenson の職業的発達段階論（Hershenson, 1968, 一部改める）

職業的発達段階	エネルギーの用いられ方	職業の様式	職業と関係する問いかけ	Erikson の心理・社会的発達段階
社会的羊膜段階	意　識（awarenss）	存在すること（being）	私は存在するのだろうか	基本的信頼
自己分化段階	統　制（control）	遊　び（play）	私は誰なのだろう	自律性
				自主性
有能性段階	方向づけ（directed）	作　業（work）	私には何ができるのだろう	勤　勉
独立段階	目標志向（goal-directed）	職　業（occupation）	私は何をしようか	自我同一性
積極的関与段階	投　与（invested）	天　職（vocation）	私がすることは私にとってどんな意味があるのだろう	親密性生産性自我の統合性

注）Erikson の段階の欄は，達成されるべき課題のみ掲げた。

ま，就職活動を終了してしまうことにもなる。

　発達過程の中にいる大学生という観点を持って理解するということは，大学生に対してコーチングを行う際に重要である。人生の中でのどのような時期にあるのか，どのような課題を一般的に抱えているかを理解しておくことは，大学生が個別に抱える課題の背景を理解するうえでも大きな一助となるからである。

■1-2. キャリアとは何か

　「キャリア」と聞くと，一般には「職務経歴」をイメージする。「彼はこれまでどのような仕事をしてきたか」ということである。「彼はこの仕事のキャリアが長い」と言う場合，その仕事のプロフェッショナル，という意味合いも含まれてくる。また「彼はキャリア官僚を目指している」と言う場合は，「国家公務員総合職を目指している」ということになる。このようにキャリアという言葉は，仕事に関連するイメージが想起されることが多い。

　厚生労働省は「キャリア形成を支援する労働市場政策研究会」報告書（2002）の中で，「『キャリア』とは，一般に『経歴』，『経験』，『発展』さらには，『関連した職務の連鎖』等と表現され，時間的持続性ないし継続性を持った概念として捉えられる」としている。

　また文部科学省は，2004年の「キャリア教育の推進に関する総合的調査研究協力者会議報告書〜児童生徒一人一人の勤労観，職業観を育てるために〜」の中で，「キャリア」の解釈・意味づけは，それぞれの主張や立場，用いられる場面等によって多様であるとし，「『キャリア』とは『個々人が生涯にわたって遂行する様々な立場や役割の連鎖及びその過程における自己と働くこととの関係付けや価値付けの累積』」と説明している。

　両省の定義の中で「時間的持続性ないし継続性をもった概念」，「生涯に遂行する様々な立場，役割」，「累積」といった言葉で表されているように，単に仕事の一面だけではなく，キャリアは時間的な幅があり，累積していくものであることがわかる。

　両省の定義は長年にわたる研究者の見解が活かされている。「時間的持続性ないし継続性」，「累積」，「生涯に遂行する様々な立場，役割」などが，それら

の見解や視点であろう。たとえば，シャイン（Schein, 1978）は，人には「生涯を通して，自己開発のための挑戦と機会があり，保障された仕事環境を見つけていきたいという欲求」がある点について言及している。花田（2006）は，キャリアとは「過去・現在・将来に渡り，継続的なより深い自分自身への気づきを通して，自分らしさの発揮を，スキルの獲得と発揮・仕事やビジネス活動への参画・社会活動への参画，豊かに生きる活動の実践などを通して，能動的に行為する一連のプロセス」としている。また，スーパー（Super, 1976）は，キャリアを「職業的な立場の連続から職業に就く前の立場，退職後の立場，それらに付随する趣味や家族，市民的な役割（立場）も含んだ連続」であり，「職務の連続，仕事の歴史であり，個人のたどる一生」とも述べ，ライフ・スパン／ライフ・スペースという概念に，役割と継続的な時間感覚を導入した「ライフ・キャリア・レインボー」を描いている（図10-1）。

　キャリアの視点から見ると，学生時代は連続した人生の中での一過程だが，それまでより広い世界で自分らしさを表現，発揮していくスタート点でもあ

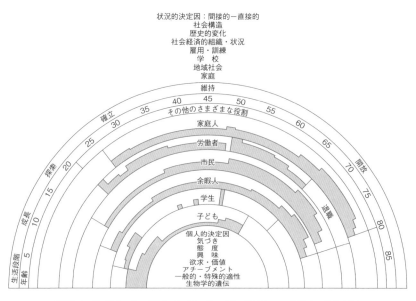

図 10-1. ライフ・キャリア・レインボー（Nevill & Super, 1986 を一部改める）

る。生涯におけるさまざまな立場，役割の視点から見れば，ライフステージに
立つ「学生」という立場，役割を演じていることになる。

■1-3. 学生生活の中でのキャリア

　学生生活の中でのキャリアには，「アカデミックキャリア（学びのキャリ
ア）」「就職活動の中でのキャリア」「地域社会の中でのキャリア」がある。

(1) アカデミックキャリア（学びのキャリア）

　「アカデミックキャリア」というと，一般的に大学院への進学，研究者への
道と捉えられるが，ここでは，「学びのキャリア」という観点で捉える。大学
入学後は専門科目を学び，体系化した知識を得ることが始まる。このように本
格的な「学びのキャリア」のスタートが大学生から始まるのである。そこで学
生生活の中での授業，ゼミ活動は極めて重要な位置づけになる。この学びのス
タートは入学時から卒業までの期間をどのように学んでいくかを自ら決めてい
くことから始まりはするが，大学での学業にとどまらず，生涯学習という視点
を持って学び続けることが「学びのキャリア」としての意味を持っている。た
だ，大学で学んだ専門知識を自らの職業につなげようとする意思が働くのは当
然ではあるが，それが望みどおりに実現するのは極めて限定的である。

(2) 就職活動の中でのキャリア

　インターンシップが多くの企業で導入されている。学生にとり，インターン
シップの過程を体験することは，企業と仕事の実際を知ることで企業理解，職
業理解が深まることの一助となる。その機会が増えることは大変良いことであ
る。キャリアを考えるうえでも職業理解は重要であり，具体的な現場でのイン
ターンシップ体験は，学生が持つ職業のイメージと実際とのギャップを埋める
うえで重要な役割を果たしているからである。金井（2002）は，入社前に，仕
事のいいところも，大変なところも知っておく（RJP: Realistic Job Preview）
ことの重要性を説いている。

　また，学生が就職活動の中で，「キャリアを考える」とは，人生を歩んでい
くにあたり，自分が生きるため，自分の価値を最大限に発揮していくための取

り得る道として，職業を捉え選択していくことである。

　就職活動は，職業選択に一歩踏み込んでいくステップである。職業理解は，インターンシップを体験することで，理解度が高まることはすでに述べた。インターンシップに参加し，さまざまな社会人や一緒に参加するほかの学生の価値観，考え方と自分の持つ価値観，考え方のぶつかり合いが起きてくることがあるだろう。この衝突が自分自身を考えるきっかけとなり，社会の中での自分を考えることとなり自己理解も進むことになる。大学の授業，ゼミ，サークル活動でも同様なことが起きるが，インターンシップ，職業選択の中で「自分自身を考えること」はインパクトをもった体験となる。学生にとってこの体験は大変大きい。特に「自分自身がどう生きるべきかの方向性」を得ることは，人生の中で多くの時間を費やすこととなる職業の選択の際に，非常に意義深い重要なものになってくる。

(3) 地域社会の中でのキャリア

　「知の拠点」としての大学による地域貢献に大きな期待が寄せられている（文部科学白書，2008）。これまで地域の学校教育を担う教員や地域医療を支える医師，医療技術職（看護師，臨床検査技師，臨床工学士，理学療法士，作業療法士等）を養成してきたのが大学である。一方で地域性を活かした産業の創生，地域ニーズを吸い上げた企業などが地域社会の中での人材育成の面で存在意義が高まっている。こうした好例として「大学コンソーシアム石川」の事例を見てみよう。この「大学コンソーシアム石川」は，2008 年に発足した，高等教育機関（2009 年 3 月現在 20 校が加盟），県内すべての自治体，経済団体などからなる連合体で，「地域貢献型学生プロジェクト推進事業」を推進し，特徴的な取り組みとして，「地域課題研究ゼミナール支援事業」「地域貢献型学生プロジェクト推進事業」などを展開している（文部科学白書，2008）。

　地域の課題を大学のゼミで取り上げその問題解決を図ったり，学生の課外におけるボランティア活動を組み入れたりしている。これは「学びのキャリア」とも重なるが，そうした活動への参加が地域における学生のキャリアとしても捉えられる。たとえば地域の祭りは，伝統行事に学生が参加することで地域の活性化がなされる一方，学生の地域の中でのキャリアが積まれていく始まりで

もある。卒業してほかの地域に就職したとしても，そうした体験によりその地域での活動参入が容易になり，その地域にうまく馴染めることが考えられる。また地域防災での協力度合いが高まったり，高齢者の見守りに役立ったりすることも期待される。

2.　キャリア支援のコーチングの特徴と進め方

　前節を踏まえ，キャリア支援のコーチングの特徴，進め方，その実際とポイントを述べる。

■2-1.　大学生のキャリア支援分野
　ここでは，前節で挙げた大学生の3つの分野について再び焦点を当てる。

　アカデミックキャリア（学びのキャリア）の具体的なテーマを挙げた（表10-2）。学生は大学選びに際して，大きな学部学科という枠組みを決めてきているが，いざ履修選択となると，特に選択の自由度が大きい文系学部の学生は，学びの方向性を決めていくことに迷う学生もいる。また，たとえば理系学部から文系学部への転部や，第一希望の大学を再受験する学生は，人生の方向性を決めていく岐路に立つことになる。ここでの支援はそうしたテーマの解決

表10-2.　学びのキャリアに関するテーマ例

1.　履修	①どの科目を履修したらよいのかわからない。
	②単位取得が簡単な科目を取得したい。
	③どの科目を取得すると就職に有利か。
2.　授業	①授業についていけない。
	②授業がつまらない。
	③グループワークが苦手だ。
3.　ゼミ	①希望するゼミに入りたい。
	②希望しないゼミに入った。
	③ゼミの仲間（先生）と合わない。
4.　転部，再受験，留学	①他の学部に転部したい。
	②第一希望の大学に入り直したい。
	③海外の大学に留学したい。

表 10-3. 就職活動の中でのキャリアに関連するテーマ例

1. 就職活動全体
   ①自分のやりたいことがわからない。
   ②自分は何に向いているのかがわからない。
   ③就職活動は何をどのように始めたらよいのかがわからない。
2. エントリーシート
   ①志望動機が書けない。
   ②自己 PR が書けない。
   ③どう書くと受かるのか。
3. 面接　①面接であがってしまい，うまく話せない。
   ②一次面接に受からない。
   ③最終面接で落ちる。
4. 内容　①志望度が低い企業しか内定をもらえなかった。
   ②内定を断り，就職浪人してリベンジしたい。
   ③内定先に就職することを親が反対している。
5. その他
   ①不採用通知を多く受け取り，自信がなくなり就職活動をやめたい。
   ②公務員を諦めきれず，来年再度公務員試験を受け直したい。
   ③親が地元就職を望んでいるが，自分は東京で就職活動したい。

支援のための介入となる。

「就職活動の中でのキャリア」の具体的なテーマ例は表 10-3 にまとめた。

　自分が何をやりたいのか，どんな職業に向いているのかという大きなテーマから，細かな面接までといろいろあるが，学生にとって職業人生の最初の場を自分の手でつかみとるということは，これまでにないチャレンジである。そこにどう関わるのかが支援のポイントとなるであろう。

　「地域社会の中のキャリア」のテーマ例としては，地域活動へのきっかけがつかめない，どのようなボランティアをしてよいのかわからないなどがある。

　上に掲げたテーマ例以外にも多数のテーマがあり千差万別である。また同じようなテーマであっても個々人が持つ背景は各々違い，同じように見える背景でも，その個人の考え方，思い入れ，言葉の選び方，話しぶり，ニュアンスの伝え方は微妙に違うことが支援の際に浮上してくる。人生に正しい答え，正解がないように，キャリアとキャリア支援にも正しい答え，正解はない。しかし，ここにキャリア支援のコーチングの危うさが潜んでいる。

　コーチには，コーチ自身の独自の歩んできた人生，キャリアの道がある。そうした体験がコーチングに影響を及ぼすことがある。簡単に言えば，「私の場

合は……」とどうしても話したくなるということである。この気持ちが起きると，人の話を聴けなくなる状況になる。これはキャリア支援のコーチングの大きな特徴のひとつであり，キャリア支援を行うコーチが乗り越えなければいけない課題である。

■2-2. キャリア支援のコーチングの進め方

　コーチングのアプローチはさまざまである。以下に一般にも使えるアプローチのひとつを紹介する。

(1) コーチのあり方

　前項で述べたように，キャリアとキャリア支援に正しい答え，正解はなく，求めるべきではない。だがコーチ自身が自分はこうしてきた，という考えが出てくる。年齢を重ねれば，誰でも経験，特にキャリアに関して語れるようになる。経験を語ることとコーチングは別である。このため，コーチ自身の「あり方」が非常に重要になる。

　キャリア支援での「コーチのあり方」とは，「自分はこうしてきた，キャリアの選択はこうすべきだ。こうすればもっと良い選択ができるはずだ」などの思い込みを手放すことである。自分の思い込みをなくし，コーチ自身がクライアントの前で虚心坦懐になることである。いかに平常心を保てるかということにもなる。

　こうした心の状態を保つにはコーチ自身に心の余裕がなくてはできない。良いコーチを選ぶ選択基準として，コーチ自身がコーチをつけているかという点がある。コーチ自身の課題を解決していくことで，心の余裕を保つことができる。コーチ自身がコーチをつけているかという点は，コーチのあり方としても大切である。

　ウィットモア（Whitmore, 2002）は，「コーチングは，人の潜在能力を解き放ち最高の成果を上げさせることだ。教えるのではなく，自ら学ぶことを助けるのである」と述べている。コーチとしてのあり方も，このクライアントが「自ら学ぶ」ことを助けるという点が重要である。「自ら学ぶことを助ける」ということは，コーチはクライアントが自らが考えることができる「場と機会」

を提供する，ということでもある。

(2) コーチングのステップ

　前項で述べたコーチのあり方を前提として，おおまかに次のようなステップ
を踏んでいく。筆者はコーチングを CTI（Coaches Training Institute）のプ
ログラムで学んだ。ここではそれをベースに体験的に感得したことを合わせ，
独自に簡略化したプロセスを述べる。

　ステップとして，①良い点を探す，②前に進める，③行動計画を作る，の順
に述べていく。

　まず，図 10-2 に全体像を示す。

①ステップ 1　良い点を探す（キーワード：ポジティブ）

　まずクライアントの話を聴いていくが，今日，焦点を当てたいことは何かを

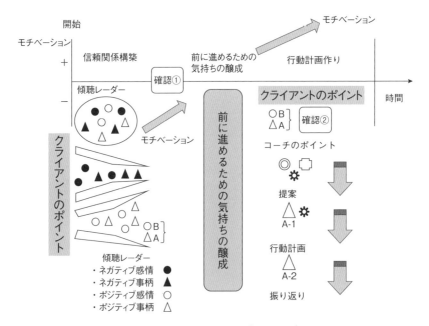

図 10-2.　キャリアコーチングのイメージ

冒頭に確認することが重要である。そのうえで，信頼関係構築を意識して，ク
ライアントの気持ち，感情に反応して話を聴いていく。図 10-2 に「傾聴レー
ダー」とあるように，クライアントの話の中のポジティブな感情，事柄，ネガ
ティブな感情，事柄を頭の中でレーダーに映すようにして，選り分けていく。
「記憶する，覚え込む」ということではなく，レーダーに光の点が映し出され
るように，特にポジティブな感情，事柄の言葉が頭の中できらめくような感じ
である。次のステップである「前に進める」ことを意識してポジティブな点を
拾っていく。事柄，事実関係の確認，情報収集を多くしがちだが，それよりも
気持ち，感情の言葉を拾い，コーチが反応していくことで，クライアントはよ
り深く聴いてもらえる心持ちになり，信頼関係が促進されていく。事柄，事実
関係を聴かないということではなく，必要なことは逃さず，多く聞きすぎない
という感覚である。

②ステップ2　前に進む（キーワード：エネルギー）
　次に「前に進める段階」へ進む。図 10-2 の「確認①」は，クライアントが
感情，事柄について十分に話ができ，感情，気持ちが落ち着き，次のステップ
である前に進んでもよいかという確認を取る。重要なことは，クライアントに
次の行動に移れるような気持ちが出てきているかである。行動に移れるだけの
エネルギーがあるかである。気持ちの強さが出てこなければ，行動計画は絵に
描いた餅になる。一歩踏み出すために，どんな小さいことであれ，クライアン
トが前に進めたいという気持ちになることが大切である。前に進められない何
か（障がいなど）があり，前に進めたい気持ちが出てこないのであれば，ス
テップ1に戻り，その何かを取り除くことそのものが，クライアントが焦点を
当てたいことなのかを確認する必要がある。クライアントの本当に話したいこ
とにつなげる必要がある。

③ステップ3　行動計画作り　（キーワード：チャレンジ）
　最後が「行動計画を作る段階」である。図 10-2 の「確認②」は，図の右側
下にあるポジティブ感情，ポジティブな事柄の△ A，○ B を活用することを
コーチがクライアントに確認する。この「クライアントのポイント」を基盤

に行動計画作りが始まる。それまでのクライアントが話した中からコーチが捉えた鍵となる「コーチのポイント」を見つけていく。具体的には，「傾聴レーダー」に映ったさまざまなものから「コーチのポイント」を探し出し，クライアントに提案する。上から目線になりがちなアドバイスではなく，図 10-2 にあるように，確認②にある△ A をもとに△ A-1 の提案をする。これは，△ A にコーチのポイントを加え，何らかの味づけをして，△ A-1 の提案をするということである。コーチがクライアントに提案をしていくが，この答えには，「はい」「いいえ」「逆提案」の 3 つの選択肢がある（Kimsey-House et al., 2011）ことが重要である。コーチから提案された△ A-1 をもとに，クライアント自身の考えを入れ，△ A-2 を創り出す（逆提案）。クライアント自身が考え，コーチが提案した△ A-1 をそのまま行動計画としてもよいが，クライアント自身が十分に考えた後に決めるという点が大切である。クライアントが「自分で決めたことで自分自身が前に進める感覚を持つ」ことがモチベーションを上げる。ここで大切なことは，コーチがクライアントの選択を尊重することである。コーチから見れば，随分と遠回りな方法だったりするかもしれないが，クライアントが決めたことにコーチが最大限の応援をしていくスタンスが必要である。このことによりコーチとクライアントとの信頼関係がさらに深まり，クライアントに寄り添うコーチがいることでクライアントの前に進めていく推進力が増していく。

　セッションの終わりに振り返りをする。セッションの冒頭と終了時を比べて，クライアントの感情，気持ち，考えの変化をコーチとともに振り返る。自分自身で振り返ることで，新たな発見やセッション冒頭より前に進んだことを自覚して，モチベーションが上がっていく。

　以上にステップ 1 からステップ 3 までのプロセスを述べたが，コーチングはさまざまな場面があり，常にこのプロセスのように進むとは限らない。基本的なプロセスの例として理解してほしい。

　筆者が捉えているキャリアカウンセリングとキャリアコーチングの違いは，キャリアコーチングは，より行動面に重きを置いている点である。もし「前に進められない何か」が存在するのであれば，それを取り除くには「何をすればよいのか」という点に焦点を当てる。昨日よりほんの少しでも前に進めるため

に，今日何ができるかである。もちろん，そのようなクライアントの心情に寄り添いつつ，前に進めるということである。キャリアカウンセリングを主にされている方で，クライアントの感情，気持ちを聴くことは得意であっても，行動変化を起こすことが難しいという場合，前述のステップ3の「行動計画作り」を参考にしてほしい。留意を要するのは，ステップ2の「前に進む」の説明にあるように，クライアントに次の行動に移れるような気持ちが出てきているかという点である。これを確かめた上で前に進めることが重要である（カウンセリングとコーチングとの違いについては，第1章第1節第3項「コーチングと近接領域との違い」に詳細が述べられているので参照されたい）。

3.　事　　例

　就職活動でのコーチング事例を示す。就職活動は「自分自身がどう生きるべきかの方向性」を得るひとつの大事な機会であり，人生におけるキャリアの分岐点である。下記に示す事例は，学生が親の言葉に戸惑いを覚えるが，自分が本来持っている意思，そもそも何を大事にして生きていくか，何を大切にして働いていくかを再度考える道筋をたどったものである。

鉄道の運転士のケース（就職活動）

　A男は，東京のある私立大学の理系学部3年生で，両親と同居。幼い頃から鉄道が大好きで，カメラ片手に大学入学後もさまざまな車両や駅舎を撮影してきた。就職活動も鉄道会社を中心に応募。先週やっと鉄道の駅務，車掌，運転士を担当する現業職の最終面接が終了し，2日前に内々定通知書が届き，達成感で一杯だった。父親に結果を勇んで話したが，あまりいい顔をされず，逆に，「総合職ではないんだな」と聞かれ，大変がっかりした。鉄道の現業職は一生かけてできる仕事と考えていたA男は父親に反発したが，親が望む総合職を探させばよいのだろうか考え始めた。

　　コーチング・セッション例（Co：コーチ，　CL：クライアント）
　　Co1：内々定が出たというメールをいただきありがとうございました。その

わりには，元気がないね。

CL1：そうなんですよ。どうしたらよいか訳がわからなくて……。ゼミの仲間もほとんど決まりつつあるのに，自分はこれからまた就活と思うと……。応募できる会社はまだあるんですかね……。

Co2：ちょっと待ってください。どういうことですか？　内々定が出たんですよね。

[A男はこれまでの経緯をコーチに説明する]

Co3：そうでしたか。がっかりした気持ちがよく伝わってきました。大変でしたね。元気がないのも当然ですね。そうすると，今日のテーマはどのようにすればよいですか？

CL2：そうですね……。鉄道会社で総合職をまだ募集しているところ知りたいんですよね……。でもなぁ，運転士がいいんだけどな……。なんだかなぁ……。

Co4：まだ気持ちが残っているでんすね。そうですか，まずその気持ちを大事にするのもよいですね。（ポイント①　ポジティブな点に反応する）

CL3：ん……。でもなぁ……。（少し考えていたが）　わかりました。運転士がやりたいのは……。

[話し始めたA男をいったん止めて]

Co5：今日のテーマの確認をしていいですか？　（ポイント②　テーマの確認）

CL4：はい。

Co5：「なぜ運転士をやりたいと思ったか，なぜ運転士を長く続けたいか」でよいですか。

CL5：はい，OKです。

[A男は熱く語り始めた……]

中学，高校と野球を続けてきた。準レギュラーだったが，ここぞという時に打てなかった。自分が打てないために負けた試合もあり，責任を全うできず悔しかった。社会に出たら責任ある仕事をしたい。それも自分がやってみたい鉄道の仕事でと思っている。長く運転士をやりたいのは，毎日をいつまでも現場の中で過ごしたいから。

Co6：とても勢いがあって，やる気が凄いね，迫力があったよ。そういった気持ちで電車を運転してくれるんだね。頼もしいね。（ポイント③　前に進める気持ちを醸成）

CL6：そうですか。最近いつも考えていたことなので言えました。

Co7：その熱い想いを家族に話したことがあるのかな？　今の勢いで話をしたら，お父さんもビックリするんじゃないかな。見直すと思うよ。思い切って話してみたら？　（ポイント④　コーチのポイントから提案

　　　をする）
CL7：恥ずかしいですよ，家族にこんな話はしないですよ。
Co8：そうかな。でも運転士やりたいんだよね。
CL8：それはそうです。
Co9：就活をやり切ったと言えるようにするといいねって，前に話したよ
　　　ね。
　　　（少しの沈黙）
CL9：そうですね。確かに……。
Co10：いつ言えそうですか。
CL10：言うんですか……，ほんとに。ん……。（手帳を見ながら）来週の日
　　　曜かな。
Co11：話ができたか，メールで連絡をくれますか。（ポイント⑤　具体的
　　　な行動計画を作り，報告をもらうようにする）
CL11：わかりました。やってみます。
Co12：A男さんなら，きっと話せるよ。

注意事項
　1．話したいテーマ，解決したいテーマを確認する。
　　　→　テーマを最初にしっかりと確認することが大切です。クライアントが勢い
　　　　で話し始めても，話したいこと，解決したいテーマを初めから話すとは限り
　　　　ません。コーチは落ち着いて，テーマの確認をします。
　2．クライアントが前に進もうとしているかを見極める。
　　　→　クライアントが前に進められない原因があれば，その原因を取り除かなけ
　　　　ればなりません。無理に前へ前へと進まないことで，もっと大事なことを考
　　　　える機会があるかもしれません。
　3．計画が実行されたかどうかを確認する。
　　　→　事例にあるように，計画を実行したか確認する手段も決めることで，ク
　　　　ライアントが本当にやろうとする気になります。

　前節で，キャリアカウンセリングとキャリアコーチングの違いの説明として
「前に進められないクライアントに寄り添いつつ，前に進める」と述べた。事
例の中で言えば，ポイント③「前に進めるための気持ちの醸成」→ポイント④
「コーチのポイントから提案をする」→ポイント⑤「具体的な行動計画を作り，
報告をもらうようにする」という流れを意識して丁寧に進めることで，「クラ
イアントに寄り添いつつ，前に進める」ことができてくる。
　会話例の中に沈黙があるが，慣れないコーチは沈黙に戸惑い，すぐにほかの

質問をしてしまいがちである。沈黙はクライアントが「考えている時間」であ
り，その時間を奪わないようにし，落ち着いて待つことが必要である。クライ
アントは質問の意味を探り，心の深いところまで考えを巡らしている時間かも
しれない。第2節第2項で述べたクライアント自らが考えることのできる「場
と機会」を提供することにもなる。クライアントがどう考えてよいかわからな
い様子であれば，クライアントがふと口にする言葉や言いかけた言葉を拾い，
コーチが次へと展開していくこともひとつの方法である。クライアントにとっ
て良いコーチング・セッション，より良い時間となることを目指すことが大切
である。

　第1節第2項「キャリアとは何か」で述べたように，キャリアは「生涯に遂
行する様々な立場，役割」という言葉でも表される。就職しても1社だけの経
験で定年を迎えることは少なくなり，何らかの経緯で働く場を変えることは多
くの人が経験することになってきている。退職しても平均寿命は長くなり，退
職後のキャリアを考えることも多くなってきている。キャリアを支援する方法
は多種多様であるが，キャリアコーチングはそのひとつであり，今後の発展の
余地が大きいと思われる。キャリアコーチングに興味を持たれた方々による実
践がさらなる発展の一助となるだろう。

引用文献

Erikson, E. H.（1959）. *Psychological issues: Identity and the life cycle.* New York: International Universities Press.（小此木啓吾（訳編）（1973）. 自我同一性：アイデンティティとライフサイクル　誠信書房）
Erikson, E. H.（1968）. *Identity: Youth and crisis.* New York: W. W. Norton.（岩瀬庸理（訳）（1989）. アイデンティティ：青年と危機　金沢文庫）
花田光世（2006）. キャリアの定義〈http://gc.sfc.keio.ac.jp/class/2006_14924/slides/03/9.html〉（2015年3月14日）
Hershenson, D. B.（1968）. Life-stage vocational development system. *Journal of Counseling Psychology, 15*（1）, 23-30.（Cited in：鑪　幹八郎・山本　力・宮下一博（編）（1984）. アイデンティティ研究の展望 I　ナカニシヤ出版）
金井壽宏（2002）. 働くひとのためのキャリア・デザイン　PHP 研究所
Kimsey-House. H., Kimsey-House. K., Sandahl. P., & Whitworth, L.（2011）. *Co-active coaching: Changing business, transforming lives*（3rd ed.）. Boston, MA: Nicholas Brealey.（CTI ジャパン（訳）（2012）. コーチング・バイブル（第3版）　東洋経済新報社）
厚生労働省（2002）. 2002年「キャリア形成を支援する労働市場政策研究会」報告書について〈http://www.mhlw.go.jp/houdou/2002/07/h0731-3.html〉（2015年3月3日）
文部科学省（2004）. 2004年キャリア教育の推進に関する総合的調査研究協力者会報告書〜児童生徒一人一人の勤労観，職業観を育てるために〜の骨子

〈http://www.mext.go.jp/b_menu/shingi/chousa/shotou/023/toushin/04012801.htm〉(2015 年 3 月 3
日)

文部科学白書（2008）．〈http://www.mext.go.jp/b_menu/hakusho/html/hpaa200901/detail/1283348.htm〉
(2015 年 3 月 3 日)

Nevill, D. D., & Super. D. E. (1986). *The values scale: Theory, application, and research.* Palo Alto, CA:
Consulting Psychologists Press.（Cited in：岡田昌毅（2013）．働く人の心理学　ナカニシヤ出版）

岡田昌毅（2013）．働くひとの心理学　ナカニシヤ出版

岡本祐子（1994）．成人期における自我同一性の発達過程とその要因に対する研究　風間書房

岡本祐子（2002）．アイデンティティ生涯発達論の射程　ミネルヴァ書房

Schein, E. H. (1978). *Career dynamics: Matching individual and organizational needs.*Reading, MA:
Addison-Wesley.

Super, D. E. (1976). *Career education and the meaning of work. Monographs on career education.* U.S.
Department of Health, Education, and Welfare.

鑪　幹八郎・山本　力・宮下一博（編）(1984)．アイデンティティ研究の展望Ⅰ　ナカニシヤ出版

渡辺三枝子（編著）(2018)．新版キャリアの心理学［第 2 版］　ナカニシヤ出版

Whitmore, J. (2002). *Coaching for performance: Growing people, performance and purpose*(3rd ed.).
Boston, MA: Nicholas Brealey.（清川幸美（訳）(2003)．はじめのコーチング　ソフトバンクパブリッシ
ング）

第 11 章
プロコーチによるコーチング：
契約・倫理・コーチのコア・コンピテンシー

原口佳典

　本章では，専門的職業としてコーチングをサービス提供している，いわゆる
プロコーチの実践について，1995 年に米国ケンタッキー州で設立された非営
利団体である国際コーチング連盟（International Coaching Federation：以下，
略称 ICF）の施策と調査をもとに解説していく。

1.　コーチの能力水準と倫理

■1-1.　コーチの能力水準
(1)　ICF コア・コンピテンシーの成り立ち
　様々なコーチ団体によってコーチングの定義もその中身もばらばらであるの
で，コーチの能力を測定することも，実は簡単なことではない。
　コーチの能力水準については，ICF がコア・コンピテンシーとして定めてい
る。これは，ICF が設立された当初，コーチングとそうではないもの（たとえ
ば当時，社会問題となっていた自己啓発セミナーなど）をどう区別するのか，
という点を明確にするために，出自の違うコーチ養成団体が集まって議論し，
作成したものである。
　この ICF コア・コンピテンシーを最初に創った人々と，その所属団体は以
下の通りである。

　　Coaches Training Institute（CTI）/Laura Whitworth
　　Coach U, Inc / Pamela Richarde
　　Hudson Institute /Frederic M. Hudson

Newfield / Terrie Lupberger
Coach for Life / Peter Reding
Academy for Coach Training（ACT）/ Fran Fisher
Success Unlimited Network（SUN）/ Teri-E Belf
New Ventures West / Pam Weiss

　このうち，Coach U はもともとトマス・レナードが設立したものであり，CTI は，Co-Active Coaching を名乗り，コーチとクライアントの共創性を強調した。この考え方は ICF コア・コンピテンシーにも強く反映している。他の各団体の特徴は表11-1 の通りとなっている。

表11-1. ICF コア・コンピテンシーの設立に関わったメンバーの出身団体（CTI & CoachU 除く）

団体名 URL	設立年 設立者	特徴（筆者の印象）
Hudson Institute http://hudsoninstitute.com/	1986 年設立 設立者：Pamela McLean 共同設立者：Frederic M. Hudson	アカデミックなアプローチ
Newfield http://www.newfieldnetwork.com/	1991 年設立 設立者：Julio Olalla	Ontological Coach（存在論的コーチ）。東洋思想的・ヨガ的な色彩。
Coach for Life http://www.coachforlife.com/	1996 年設立 共同設立者：Peter Reding	ライフコーチプログラム。ホリスティック（心，身体，精神）で，Coaching the Human Spirit や The Fulfillment Coaching Model を使用。精神も含め人生全般を「満たす」というプログラム
Academy for Coach Training http://www.invitechange.com/academy-coach-training/	1997 年設立 設立者：Fran Fisher	2006 年に inviteCHANGE が買収 http://www.invitechange.com/ 現在は，ビジネス系。
Success Unlimited Network http://successunlimitednet.com/	1981 年英国にて設立， 1987 年アメリカへ渡る 設立者：Teri-E Belf	スポーツ心理学に起源。太陽のマーク。すべての人生の存続と幸福の強化を，ということで，パーソナル・コーチング系。
New Ventures West http://www.newventureswest.com/	1987 年設立 設立者：James Flaherty	インテグラルコーチング。「完全」という意味。

初期のコーチ団体（アメリカ・CTI & CoachU 以外）：各サイトの記述より筆者作成。

　表 11-1 を見ると，いわゆる「パーソナル・コーチング」の領域のプログラムが非常に多いように見えるが，それにしても，それぞれバックボーンが違うことがわかる。それはたとえるなら，魚を釣る，という目的は一緒でも，たとえばルアーを使うのか，撒き餌を使うのか，網を使うのか，など，手段が違うようなものであり，したがって，結果として ICF コア・コンピテンシーとは，魚を釣る，という例で言えば「これができていれば，釣り人として認めよう」という基準である，ということが言える。そして表 11-1 のメンバーを見る限り，単に話を聴くとか質問するというレベルではなく，それぞれの人の人生のあらゆる領域を統合し，幸福や成功に導くのがコーチである，というメッセージを読み取ることができる。クライアントはこれだけ多彩なコーチのアプローチの中から，自分に合っていると思うコーチを選ぶことができるというのは，コーチ業界の多様性に価値があるとも言えるだろう。

　このコア・コンピテンシーと，後に紹介する倫理規定は，ICF が認定するコーチ資格およびコーチ養成プログラムの認定，そしてコーチの継続学習の内容の指針として使われている。資格は ACC（Associate Certified Coach），PCC（Professional Certified Coach），MCC（Master Certified Coach）と 3 段階に分かれており，これはプロとしてのコーチの実践時間とトレーニング時間で分けられている。また，コーチ養成プログラムの認定は，ACTP，ACSTH，CCE とされていたが，2022 年以降，ACC 認定相当のプログラムを LEVEL1，PCC 認定相当のプログラムを LEVEL2，MCC 認定相当のプログラムを LEVEL3 とする，新たな体系に置き換えようとしている（2022 年 1 月 7 日発表）。

(2) ICF コア・コンピテンシーの全体像

　多彩なコーチ団体の代表者の対話から，言わば最大公約数的に抽出されたのが，ICF コア・コンピテンシーである。こうしてコーチ養成団体の代表たちによって作られたコア・コンピテンシーは，その後，世界のコーチングの実践者たちによってチェックされ，2019 年に UPDATE 版として発表され，更新されたものは，2022 年より ICF の資格認定に適用されることとなった。新しくなったコア・コンピテンシーだが，基本的には内容が一新したのではなく，いくつかの要素とテーマを統合し，「倫理的行動と守秘義務，コーチングのマイ

ンドセットと継続的な実践の重要性，コーチングの契約内容を踏まえているこ
と，コーチとクライアントに求められる適切な関係性，文化的，体系的，状況
認識の重要性」といった部分を強調したと ICF は説明している。

　まずは全体像を眺めてみよう。和訳は国際コーチング連盟日本支部の訳を採
用している。全体から見れば，4分野8カテゴリー62項目からなっている。ま
ず，4分野というのは，

　　　A. 基盤を整備する　Foundation
　　　B. 関係性をともに築く　Co-Creating the Relationship
　　　C. 効果的なコミュニケーション　Communicating Effectively
　　　D. 学習と成長を育む　Cultivating Learning and Growth

である。ここでは大まかに，それぞれの項目がどういうことを求めているのか
まとめながら，実際のセッションがどのように進んでいくのかを解説する。

A. 基盤を整備する　Foundation

　ここでは，「1. 倫理に基づいた行動をしていることを示している
Demonstrates Ethical Practice」「2. コーチングマインドを体現している
Embodies a Coaching Mindset」を扱う。いずれもコーチがコーチングを始め
る前，そして，実際にクライアントと契約をするまでを扱っている。具体的に
言えば，クライアントにコーチングを営業したり，コーチングの進め方につい
て打ち合わせやヒヤリングをしたり，最終的に契約をしたりするときに必要な
内容を確認する，といったである。

　これらをまとめれば，まずは，オリエンテーションでの合意形成が必要，と
いうことになる。コーチはこれらの項目を踏まえて，オリエンテーション用
の資料を作成することが必要である。そしてこの項目では，もうひとつ，倫
理規定を遵守することも，何度となく求められている。なお，改訂により
「Coaching Mindset」（コーチングマインド），「client-centered」（クライアン
ト中心）という言葉が採用され，スキルやテクニックというよりは，コーチの
あり方や考え方にポイントがあることが明確となった。

B. 関係性をともに築く　Co-Creating the Relationship

「3.合意の確立と維持　Establishes and Maintains Agreements」「4.信頼と安全を育む　Cultivates Trust and Safety」「5.今ここに在り続ける Maintains Presence」ということで，まずは，Aの項目で示した内容から，きちんとクライアントや関係者と合意を形成し，そして実際にセッションを行っていくまでにコーチがどのようにふるまえば良いのか，ということを示している。特にこの項目で特徴的な言葉は，Co-Creatingという部分である。コーチが一方的に関係性を作るのではなく，クライアントと一緒に作り上げていく，というところがポイントである。安心安全の場や心理的安全性という言葉は近年，よく聞かれるようになっているが，このように，何を言ってもいい，何を話してもいい，という信頼感があり，そのうえでコーチもクライアントのその場の変化に合わせて柔軟に対応できる。そういう状態をコーチがクライアントと協力して生み出すことが，この項目では求められている。

C. 効果的なコミュニケーション　Communicating Effectively

いよいよ具体的なセッションでのコミュニケーションに移っていく。この項目は「6.積極的傾聴　Listens Actively」と「7.気づきを引き起こす Evokes Awareness」から成り立っている。いわゆる，コーチングスキルと呼ばれるような領域ではあるが，その中心は主に「積極的傾聴」である。これは単なる「受動的傾聴」として，単に黙って聴いているのではなく，質問やフィードバック，比喩表現や直感を伝えることも含め，積極的にクライアントの語りを引き出す，というものである。

日本では研修などでのコーチングの紹介という文脈が多かったせいか，このC の項目のみが取り出され，コーチングとして紹介される場合が多かったようである。しかし，コア・コンピテンシーの最初の説明文にも記載されているように，他の項目に比べてこの項目が重要であるということはなく，あくまでもコーチングの一部なのである。

なお，2019年の改訂に伴い，「質問」の項目が統合され，サブ項目としてはなくなった。これにより，質問をすることがコーチングの本質ではなく，人の話を聴き，気づきを引き起こすのがコーチングのコミュニケーションの本質で

あるということが明確になった。

D.　学習と成長を育む　Cultivating Learning and Growth

　このグループは「8. クライアントの成長を促進する　Facilitates Client Growth」の 1 項目のみであり，セッションの終わりに向けて，コーチがどのような態度でクライアントに接するのか，ということが示されている。実は，改訂前にはこの項目のサブ項目は 4 つもあり，それと比較してかなりシンプルになった。以前のコンピテンシーでは，若干，プロジェクトマネジメントのような役割をコーチに課していた印象であった。たしかにそれもひとつのコーチングのやり方ではあるが，それに固執する必要はないということもあり，コア・コンピテンシーから外れたということであろう。その代わりに，小項目には「Partners with the client」という語句が多く使われるように更新されている。コーチングというものが，あくまでもクライアントとの協働作業であるということが強調されたと言えるだろう。

　結論から言えば，コーチとしての能力，もっと言うと，コーチングができるということとは，この A ～ D の項目のことをできることであり，これがコーチングとして価値を生み出すことができる，ということである。日本では導入当初より「コーチング」のうち「コーチングスキル」と称して会話術のみがクローズアップされたり，出典が定かではない「三大スキル」が吹聴されてきたりした。結果として，それは「コーチングセッションの構造」の重要な部分を生み出せず，コーチングが本来の価値を生み出すこともなく，2000 年代の日本では，コーチングは一時「ブーム」となり，そしてブームが終わるとともに去っていったと言える。これは過去にエセ心理テストがメディアなどで宣伝され，心理学全体が胡散臭いものとして捉えられたことと同じような状況であったと言えるだろう。

　ちなみにこのコア・コンピテンシーも定期的に見直してアップデートしていく，と ICF は宣言している。

　なお，2021 年には ICF がチームコーチング・コンピテンシーを発表し，コーチングのクライアントは個人だけではなく，個人の集合であるチームにも適用

されるとした。背景には，組織でのチームコーチングのニーズの高まりを挙げているが，日本のコーチでそのニーズが増えているという感覚を持っている者は少なく，まだまだこれから成長する領域であると思われる。

■1-2. コーチの倫理

　コーチの倫理は ICF コア・コンピテンシーとは違い，ICF 倫理規定で定義されている。この ICF 倫理規定についても 2019 年に改訂された。ちなみに，コーチングに関するさまざまな用語の定義についても，この倫理規定で定められている。

　コーチングは支援型の営利サービスであるために，特に，利益誘導や利益相反行為を行っていないかどうかというところが非常に重要である。たとえば，コーチングで提案や情報提供を行う際に，クライアントを動かして自分へ利益が出るように，ということは許されることではない。また，確実に成功するとか，必ずうまくいく等，虚偽の情報提供をしてクライアントにする等の誇大広告はもちろん禁止している。さらに，コーチングが機能しているかどうかをコーチは常に意識し，もし，機能していない場合にはサービス提供の終了ないし，別なプロフェッショナル・サービスの紹介を行うことも，求められている。

　また，コーチングは人の話を聴く時間であるので，そこにはどうしても守秘義務の問題が発生する。しかし明確な規定はなく，各国各社会それぞれの状況に応じて「守秘義務の最も厳しいレベルを維持」とのみ，表現されている。この内容は地域により人によって違うであろうが，「最も高いレベル」と言うからには，ある人物がクライアントであることさえ，実は秘密であるとするのが妥当であろう。

　さらに，コーチ，クライアントに加えて，コーチングを設定したり費用を支払ったりする存在のことを，ICF ではスポンサーと定義しているが，スポンサーがクライアントとは別にいる場合に，どのような情報共有を行うのかということは重要なポイントになる。これらについて ICF 倫理規定では，最初に合意を取ることを求めている。「初回または事前に，コーチングのクライアントとスポンサーに対し，コーチングとは何であり得られうる価値は何か，守秘

義務とは何で何が制限されるか，金銭的な取り決めやコーチング契約のその他
の条件について説明し，その理解を確実にします」とあり，これも契約時に取
り決める必要がある。

　単に個人間の契約の話だけではなく，2019 年の改訂時には，世の中の風潮
を反映してか，「社会的責任」という項目が追加された。「私自身とクライアン
トが社会に与える影響を認識しています。 私は『善を行い悪を避ける』とい
う信条を守ります」とあり，単にクライアントへの貢献だけではなく，社会へ
の貢献についての眼差しも，コーチとして必要とされるようになった。

　この倫理規定についても，今後も定期的に見直していくことが ICF により
宣言されている。

2.　実際のコーチングセッションはどう始まるのか?

　セッションはコーチングを構成する最小単位である。プロによるコーチング
は基本的にセッションを重ねることで成立する。以下，実際にクライアントが
コーチングを受けるまでの経緯を示しながら，どのようにセッションが行われ
るのか，できるだけ根拠やデータを示しながら記載していく。

■2-1.　契約に至るまで
(1) 人はなぜコーチングを受けようと思うのか?

　基本的に，コーチングは生活に必需なサービスではない。したがって，まず
はコーチングを受ける動機というものが，クライアントの中で必要となってく
る。いわゆるコーチングを受ける目的やテーマが必要となる。

　具体的に見ていこう。ICF は，ICF Global Coaching Study という名称で，
コーチへのアンケートを通じて定期的に世界のコーチングビジネスの状況を
調査しているが，これとは別に行われたクライアント向けの調査である ICF
Global Coaching Client Study（2009）では，クライアントのコーチングを受
ける動機について調査している。ここでは，最も重要な要因として，「キャリ
アの機会」「ビジネスでのマネジメント」「自己肯定感／自己確信」「ワーク・
ライフ・バランス」という項目が挙がっている。ICF Global Coaching Study

(2012) では，世界的には，コーチングの契約が交わされた主要なテーマは，「個人的な成長」「人間関係」「自己肯定感」「コミュニケーションスキル」「スタッフやチームの生産性」「ワーク・ライフ・バランス」「戦略的思考と計画」となっている。日本では特徴的に，51.1%のクライアントが「コミュニケーションスキル」を挙げており，世界における値の26.2%のほぼ倍になっている。その他，日本で特徴的に多いのは，「ビジネスのマネジメント」の26.4%，「組織文化」の23.6%であり，逆に世界と比較して少ないのが，「個人的な成長」の25.3%（世界では37.8%），「戦略的思考と計画」の16.5%（世界では23.3%），「ワーク・ライフ・バランス」15.4%（世界では24.8%）という結果になっている。2012年の調査では，日本では「個人的な成長」「自己肯定感」「ワーク・ライフ・バランス」は個人クライアントに主要なテーマとなっている。また，2020年の調査では，2016年の調査と比較して，世界的にビジネスがテーマのコーチングを専門とするコーチの割合が62%から65%に上昇したこと，世代別に見るとコーチングのクライアントの典型的な年齢は35〜44歳で37%，45〜54歳が30%，35歳以下は24%という結果が報告されている。

(2) コーチを探す

　当たり前のことだが，コーチングを受けるためには，コーチを探さなくてはならない。人はどのようにしてコーチを探すのであろうか。

　ICF Global Coaching Client Study (2009) によると，コーチを決める前に複数のコーチと接触，あるいは話を聞いたというクライアントは29%しかなく，58%が一人のコーチに決め打ちしており，13%はそもそも選ぶ権利を持っていなかった，としている。これはつまり会社などで雇われた，自分で選定できないコーチによるコーチングを受けた，ということである。逆に考えれば，87%の人はコーチを選ぶ権利を持っていたにもかかわらず，約3割の人しか，コーチを比較して決めようとはしなかったということである。これはコーチングを最寄品，買回品，専門品のどれかに当てはめた場合，クライアントは専門品としての購買行動を取っている，ということになる。

　ほとんどの人がたった一人のコーチにアクセスするだけでコーチを選んでいるとしたら，その人のコーチを探した人の元となる情報源はどこだろうか。同

じく ICF Global Coaching Client Study（2009）によると，最も多い回答は「人
脈と口コミ」の 46％であり，その後，かなり差をつけて「コーチのウェブサ
イト」20％，さらに下がって「コーチのセミナーやワークショップ」14％，「職
場の同僚」13％，「プロコーチ団体のリスト」「すでに知っていた」11％となっ
ている。つまりほとんどの人は知人のつてや紹介でコーチを一人選び，その
コーチングを受けていることになる。

　コーチングはマッサージや美容院，あるいは法律相談やコンサルティングと
同じようなプロフェッショナル・サービスである。しかも人生において，なく
ても別に生活するには困らない，非必需なサービスである。さらに，人生をよ
り良く生きようということに，あるいは組織や個人の生産性を高めようという
目的のために，対価を支払うことができる人のみが利用するという，非常に専
門的なサービスである。サービスであるからには，サービス財の特質である
「無形性」「一過性」「非貯蔵性」「不可逆性」という性質を持っている。そうす
ると，どうしても口コミや，自分の体験からの判断に頼りたくなるのが人情と
いうものである。

　筆者が 2006 年に立ち上げたコーチ養成学校の出身母体を問わないプロコー
チの登録＆紹介サービスであるコーチングバンクでは，「無料お試しセッショ
ン」というコーナーを設け，協力してくださるコーチの方と，コーチを選びた
いクライアントの間をつなぐ試みをしている。これは先に挙げたサービス財の
特徴のうち，「不可逆性」への不安を解消する仕組みである。

　なお，クライアントにコーチを選ぶ権利があるのと同様，コーチ側にもクラ
イアントを選ぶ権利がある。双方の同意と合意があって初めて，契約に進むこ
ととなる。

(3) コーチを選ぶ

　紹介などでコーチを決め打ちしたのでないとして，もし，複数のコーチにア
クセスした場合には，その中から自分に合ったコーチを選ばなくてはならな
い。実はこのコーチを選ぶというのが難しく，現在のところ，私が知る限り，
マッチングに関する有効な手法は開発されていない。よく言われるのは「コー
チとクライアントの相性」であるが，つまりはお見合いと同じで，こればかり

は実際に対話してみないとわからない，ということが言われている。筆者が運営するコーチングバンクはまさにこの自分に合ったコーチと出会うためのサポートを無償で行っているが，そこで推奨しているのは，何名かと話をしてみて，その中からいちばん話しやすそうなコーチを選ぶ，という方法である。それに先立ち，クライアント側より，

①コーチングテーマ

②コーチの年齢・性別

③セッション方法（対面かオンラインか）

④セッション回数，料金

⑤コーチの得意分野

⑥その他，コーチの経歴など

という項目で希望を尋ねている。これらの条件を見て，コーチが立候補し，その中からクライアントに選んでもらう，というマッチングの方法を取っている。

　コーチングはまだ未研究の部分が多い分野のため「何人かのコーチを比較検討した方が，選んだコーチに対しての満足度は高い」というデータはない。しかし，筆者はさまざまなクライアントにコーチを紹介し，感謝の声もいただいていて，実感としては有効であると感じている。この点については，今後の何らかの調査を待ちたい。

(4) セッションでの責任

　契約の前に，何があればプロフェッショナルなコーチングセッションが成り立つのかについて，国際コーチング連盟（ICF）の倫理規定に定義がある。引用しておきたい。

　「コーチングの関係性」―各当事者の責任と期待を定義する合意または契約に基づいて，ICF プロフェッショナルとクライアント / スポンサーによって確立される関係性

　"Coaching Relationship"—a relationship that is established by the ICF Professional and the Client（s）/Sponsor（s）under an agreement or a contract that defines the responsibilities and expectations of each party.

（「Code of Ethics　国際コーチング連盟の倫理規定」より）

　念のため，断っておくが，ここでICFが言っている「プロフェッショナル」のコーチングの実践内容であるが，ICFでは独立した専業コーチだけのことを言っているのではない。たとえば社内コーチとして，会社から給料を受け取りながらその責務を果たしている場合にも，「プロフェッショナルなコーチング」という定義をしている。アメリカを中心としたダイバーシティな労働環境ではJob Discriptionが定義され，従業員は，その内容に対して報酬が支払われるのが普通である。したがって，つまりはJob Discriptionに部下等へのコーチングが含まれていれば，立派なプロフェッショナルなコーチ，ということになる。コーチというのは任務であり，役割なのだ。そこに体系だった訓練が施されていればそれで良いし，そうではなくても，その業務が果たせることが証明できれば，立派なプロフェッショナルなコーチなのである。日本では通常，

表11-2. コーチおよびクライアントの責任

コーチの責任	クライアントの責任
コーチは，クライアントを自身の人生と仕事のエキスパートとして尊重し，すべてのクライアントが，創造的で，可能性に満ちており，完全であると信じています。この前提のもとに，コーチの責任は以下の通りです。 ・クライアントの本当に達成したいことを発見し，明確にし，それに沿うこと ・クライアントがそれらを自らの手で見つけることをサポートする ・クライアント自身が生み出す解決策と戦略を引き出す ・クライアント自身の主体性と責任の自覚を支える 　このプロセスは，リーダーシップスキルを向上させ，潜在的な能力を開花させながら，クライアントの仕事や人生に対する見方を劇的に向上させます。	成功するために，コーチングにはいくつかの要件があります。これらはすべて心づもりから始まります。 ・自分自身，難しい質問，厳しい真実そして自身の成功に焦点を当てる ・他者の行動やコミュニケーションを観察する ・直感，思い込み，決めつけ，そして自分が話す時にどのように聞こえるかに耳を傾ける ・今の態度，信じていること，行動に対峙しもっと優れた方法でゴールに到達できるような新しいものを築く ・強みを活かし，足りないことを克服し，勝つためのスタイルを構築する ・不安であったり自信がなかったりしても，特別なところに到達するために強い意志に基づいた行動をとる ・新しい行動や後退を経験しても自分に慈悲を示す，そして他者が同じ状態でいるときに，同じ慈悲を示す ・あまり深刻にならずに，ユーモアを使い状況を軽く，明るくすることに注力する ・落胆したり，期待に満たなくても，感情的な反応をせず，平静を保つ ・恐怖なしに自分を見つめる継続作業をする間，以前よりさらなる高みに到達する勇気を持つ

国際コーチング連盟日本支部HP「コーチングについてのよくある質問」より筆者作成。

仕事は会社が定義するものではなく，人についていることが常識になってしまっているため，この概念がわかりにくいものになってしまっているのが現実である。しかし，もともとは単純な話であり，要は，business agreement or contract（業務契約や同意）があれば，プロコーチのコーチングになる，ということである。そしてその business agreement or contract（業務契約や同意）には，the responsibilities of each party（双方の責任）を明確にしたものである，とされていることがポイントである。そして当然のことながら，セッションを始める前に，双方の責任について，合意を取っておく必要がある。

　ICF の「コーチングについてのよくある質問」の中に，コーチ及びクライアントの責任について，表 11-2 のように示されている。

(5) コーチとの契約

　そしていよいよ契約である。後述する ICF のコア・コンピテンシーでは，契約書を交わさず，合意だけでも問題ないとしている。そのうえで，コーチとクライアントとの間に明確な合意あるいは契約を求めている。その項目は下記の通りである。

　　・具体的な進め方，費用，スケジュール，必要ならば含まれる他の対象者
　　・コーチとクライアントの関係において，何が適切で何が適切でないか
　　・コーチとクライアントの関係において，何が提供され何が提供されないか
　　・クライアントとコーチそれぞれの責任

　コーチングの手法や進め方については，それはコーチの自由であり，そこは ICF が規定すべきものでもない。馬に乗ってコーチングしても，カードなどのツールを使っても，何らかのワークを取り入れても，あるいは何も特殊なことをしないというのも，それはコーチのオリジナリティであり，どのようなプロセスを構築するのかは，コーチ本人の自由である。しかし，その進め方について，事前にクライアントは知り，コーチとクライアントは合意しておく必要がある，ということである。

　ICF の「コーチングについてのよくある質問」の中に，実際にコーチングの

表 11-3.　コーチングの中での役割

コーチ	クライアント
・個人やチームの，自己認識や他者認識を育てる客観的な評価や観察を提供します ・個人やチームの状況を完全に理解するために，傾聴します ・共鳴板としての役割を担い，可能性を探り，熟考された計画や決定事項を実施します ・チャンスや可能性をリードし，個人の長所と願望に即したチャレンジを応援します ・新しい視点を発見し，違う考え方を養います ・新しい可能性に光を当てるために，盲点に挑戦し，代替のシナリオを作ることをサポートします ・コーチングの関係の中で，秘密事項やプロフェッショナルコーチとしての倫理規定を守り，プロフェッショナルとしての境界線を保ちます	・コーチングのために設定した個人のために有益なゴールに基づいたアジェンダを作ります ・評価や観察を個人や他者の認識向上のために使います ・個人と（や）組織の成功を思い描きます ・個人の決定と行動に対してすべての責任を負います ・コーチングプロセスに可能性の考察と新しい視点を取り入れます ・個人のゴールと大望のために勇気ある行動を取ります ・大きな視野の思考と問題解決能力を使います ・コーチから与えられたツール，コンセプト，モデル，信条を受け取り，さらに行動を進めるために効果的に動きます

国際コーチング連盟日本支部 HP「コーチングについてのよくある質問」より筆者作成。

中で，コーチおよびクライアントが行うことが示されている（表 11-3）。

　実際のコーチングで言えば，これらのことを契約書や同意書という形でまとめ，クライアントがサインをする，ということになる。このような合意と，そして実際にセッションの中でコーチとクライアントがお互いの役割を遂行することになる。

　日本のコーチングの本などでは，上司がどこかでコーチングを習ってきて，部下にいきなり試してみる，などという場面が出てくることがあるが，本来，コーチングはクライアントの合意があって初めて成り立つものであり，本来の姿ではない。同様のことは，教師が生徒や学生に，医者が患者や家族に対して行う際も同様である。

(6)　コーチとの相性

　ICF Global Coaching Client Study（2009）では，クライアントがコーチを選ぶうえで最も重要な要素についても調査している。最も重要と答えた順に「信頼感」「個人の相性」「コーチングの効果」「コーチの自信」となっており，こちらも実際に会って話し，確かめてみないとわからない項目が重視されてい

ることがわかる。

　ICF Global Coaching Study（2012）でも同様の調査を行い，複数回答で80％以上のものは「プロとしての信頼感」「コーチングプロセスの有効性」「プロフィール」となっており，逆に，50％以下のものは「コーチの以前の経歴」「コーチの資格」「コーチ歴」「コーチのビジネス経験」，40％以下のものは，「コーチの場所」「クライアントの数」という結果になっている。要は経歴や肩書きではなく，相性が重要だ，という結論は変わらないようだ。

　これらの結果から，コーチングはその機能というよりも属人性が重要と顧客側が考えているサービスであることがわかる。それがゆえに，コーチとクライアントがいきなり契約することはあまりなく，たいていはオリエンテーションと呼ばれる面談を，実際に会って行うことが多い。ただし，例えば遠方等の理由により，面談で話せない場合もあるが，この場合は電話やSkype等の代替手段で行うことがある。一部のコーチを除き，オリエンテーションは，通常，無料で実施されることが多く，主として世間話も含めた相性確認の場である。この際には，コーチの側も，クライアントを引き受けるのかどうかを決めることになる。

　コーチが何らかの理由でクライアントを引き受けないという場合には，他のコーチを紹介することもある。特に先に挙げた倫理規定には利益相反の可能性がある場合には，これを避けるようにと書かれており，同じ会社の上下関係にあるクライアントを同時に行わないなどのケースが考えられ，その場合には，パートナーとなる別のコーチが担当することもしばしばある。

（7）セッションの方法

　ICF Global Coaching Client Study（2009）では，ライフコーチングやビジョンを描くようなコーチングでは電話のセッションが好まれ，ビジネスやエグゼクティブ，リーダーシップに関するコーチングでは，対面の方が好まれるというデータが出ている。筆者の印象では，クライアントからすれば，対面の方が価値があると思えるのではないだろうか。

　ICF Global Coaching Client Study（2009）によれば，世界的には対面でのセッションが50％，電話でのセッションが47％，その他，オンラインチャッ

トやビデオ会議システムなどによるものが 3％ という結果が出ている。この調査は世界の動向の調査であるために，電話が多くなっている。ICF Global Coaching Study（2012）によると，世界全体では対面が 66％，電話が 27％と変化しているが，内訳を見ると北米の電話 50％ という数字が全体を押し上げているように見える。北米を除く世界では，対面が主流であると言える。実際，筆者の実感としては，おそらく日本では「その他」に分類されているSkype や LINE，Zoom 等，通話料無料によるセッションも多いという印象である。これは一般的に言って，日本の交通費や電話代金が高額であることと関係があるのかもしれない。ICF Global Coaching Study（2012）から細かい数字を見ると，日本では電話 46.5%，対面 31.2%，インターネットを介した音声や映像が 20.4％ という数字になっている。世界合計では，26.9%，66.5%，4.6%だから，かなり傾向が違っている。

　2020 年の調査でも，対面セッションの割合は 48％ であり，音声・動画プラットフォームの利用者は 2016 年の 24％ から 2019 年には 48％ に増えていることをレポートしているが，これが実は 2020 年からの世界的な新型コロナウイルス（COVID-19）の流行により，多くのセッションがオンラインに移行したと言われている。また，テレワークなどの労働環境の変化により，人材の流動性が高まった結果として，従業員の定着率を高めたりメンタルヘルスを維持したりするためのコーチングサービスの需要が急拡大し，AI によるマッチングなどの技術も導入され，結果としてアメリカではコーチングサービスを主な事業とするユニコーン企業まで現れている。

(8) セッションの時間

　ICF Global Coaching Client Study（2009）では，セッションの時間について，対面セッションの場合，世界的には 1 時間という答えが最も多く 44％ であった。次いで 1〜2 時間という回答が 37％，59 分以下は合計でも 20％ に満たない。したがって，1 時間のセッションというのが一般的であると言える。平均すると 70.6 分という数字となる。一方，電話などでのセッションでは，1 時間という答えはやはり 39％ と多いものの，次いで多いのは 31〜59 分の 29％，次いで 16〜30 分の 19％ と，対面よりは電話の方が短いという傾向があること

がわかる。こちらの世界平均は48.2分であった。電話は対面のセッションより20分強短くなる傾向がある，ということになるが，対面の場合には挨拶から始まり，メモの準備や最後の片付けなどの時間が必要になるため，これは当然の結果であるかもしれない。

(9) セッション費用

　1セッション当たりの費用だが，これは経済状況や物価によっても左右されるが，ICF Global Coaching Client Study（2009）では，平均は171ドル，中央値は134ドルとなっている。もちろん，コーチングの費用を個人が支払うのか法人が支払うのかということでも差があり，個人支払の場合の平均は150ドル，法人が支払う場合には265ドルとなっている。

　ICF Global Coaching Study（2012）によると，世界平均では，コーチは常時10名程度のクライアントを抱え，コーチングだけで，年間47,500ドルの収入を得ているという。これが2020年の調査では，47,000ドルと減っている。一方で，全世界のコーチングによる収益の総合計の試算は4,900万ドルであり，この数字は2015年から21%増加しているという。コーチの数は約71,000人であり，これは2015年から33%増加しているとのことなので，プレイヤーが増えることによってややコーチ一人当たりの収入が減っているということであろう。

　ビジネスでの領域におけるセッション費用が高いのは当然であろうが，ICF Global Coaching Study（2012）ではその対象による価格の差も出している。1時間当たり，エグゼクティブ層（CEO，CFO）は350ドル，マネージャーでは240ドル，起業家は220ドル，チームリーダーは170ドル，スタッフや個人クライアントは120ドル，という回答であった。

　現在の日本の場合，筆者がコーチングバンクというプロコーチの登録サイトを運営している実感から言えば，個人で支払う場合には，新米コーチで5,000円，通常は1万円～3万円程度が相場ではないか，というところである。ICF Global Coaching Study（2012）によると，一時間のコーチング単価の世界平均は229ドル，中央値は170ドルである。月3回で各回1万円，月に1回で3万円というのは世界的にも妥当な数字であると言えよう。

3.　セッションの開始からコーチングの終結までの プロセス

■3-1.　セッションの開始

　さまざまな条件が決まり，契約や合意が取れれば，実際にセッションを行うことになる。セッションのスケジュールは，あらかじめすべて決めておくという方法もあるが，実際には変更となることも多いため，前回のセッションの終わりに次回のセッションの日程を確定するのが普通である。特に電話等の遠隔セッションでは，時間になってもクライアントが連絡して来ないというケースもあり，その場合には，1回とカウントするというのが普通であるが，対応はコーチによって違う。

■3-2.　セッション期間

　セッションが開始され，終了するまでには，一体，どのくらいの期間がかかるものなのだろうか？　回復や治療が目的のカウンセリングとは違い，コーチングには原則としては終わりがない。1つのテーマが終わっても次のテーマが出てくる可能性もあるからである。特にパーソナル・コーチングの分野では，コーチは人につくのでセッションが長い期間にわたって続く傾向がある。一方，ビジネスコーチングの場合には，セッションはその内容や進展というよりも，予算や評価といった他の理由で期間が決まることが普通である。

　Global Coaching Study（2012）によると，コーチングの期間については，日本でも世界でも，4ヶ月から6ヶ月という期間が多い，という結果になっている。次に多いのは，7ヶ月から1年間だが，日本では1年以上の比率が25％以上もあり，特殊な結果となっている。世界的には目的に応じて，3ヶ月以内で成果を出す，という方が，日本よりは多いようだ。世界全体では3ヶ月以内が17.9％，1年以上が8.3％に対して，日本では3ヶ月以内が，6.7％，1年以上が25.5％と逆転している。これは日本を除くアジアや世界では，ビジネス分野でのコーチングの活用がさかんであることの特徴を反映していると言えるだろう。

■3-3. 1回のコーチングセッションの流れ

先に紹介した，ICFコア・コンピテンシーの項目から見えてくるコーチングセッションの形は，以下のようなものである。

①前回の振り返り

コーチはクライアントが前回，行動すると宣言した内容を覚えておき，実際に行動したのかしなかったのか，その行動から成果が出たのか出なかったのか，そこから学んだことは何かということを聴く。行動していなかったとしても，そこには何か行動していない意味があると考え，そこを聴く。

②今回のセッション

行動していた場合にも，そもそもこのコーチングを始める際に合意していた目標を思い出させ，そのために今後は何をしていくか，ということを考え，今回のセッションのテーマを決める。決めるのはもちろんクライアント本人である。その後，必要があれば，コーチもブレインストーミングに参加し，必要であればさまざまなリソースを提供する。クライアントはセッション中にさまざまな新しい考えが生まれ，行動のアイディアが出る。基本的にコーチはその場をホールドするが，クライアントを誘導したり心理的な働きかけをしたりすることはなく，クライアントに合わせて柔軟に対応する。

③コミットメント

さまざまなアイディアを整理し，明確な目標と行動計画に落とし込む。

④次回の約束

今回のセッションを振り返り，次回のセッションの約束をする。

タイムラインだけをなぞれば，このような流れのコーチングセッションの構造が，ハード面としては存在している。しかし，コア・コンピテンシー全体を見ると，ここに「柔軟なコーチという存在の在り方」「安心感と信頼性のある関係性」「クライアントの成長を信じる視座」といった，よりソフトな面がなければ，単にこのタイムラインをなぞっただけではコーチングは機能しない。

そのために，ICFコア・コンピテンシーと倫理規定では，まずコーチングとはどういうものでどういうものではないのか，そのコーチが提供するコーチン

グのプロセスとはどういうものなのか，ということをきちんとクライアントに
説明し，理解を得て合意を取るということを非常に重要視している。現象面だ
けを考えれば，コーチングの成果を出すのはあくまでもクライアント本人の行
動であり，コーチが何かをするわけではない。例えば，Coach U（2005）のテ
キストにおいて冒頭に「コーチングとは何か？」が語られているが，そこでは
「コーチングは触媒の関係である」と書かれている。触媒とは即ち，自身は何
も変化せずに相手を反応させる物質のことを言う。それだからこそ，ICF のコ
ア・コンピテンシーでもコーチのクライアントとの関係性を「コーチングの関
係性（the coaching relationship）と呼び，いかにこの関係性を生み出すこと
ができるのか，ということを強調している。こうした「コーチングの関係性」
の中で，先に述べたような目標を明確化し，その実現に向かって行動のデザイ
ンを行っていくこと。これがコーチングセッションの中にあるソフト面の構造
である。

　このソフト面の構造とハード面の構造とが一致したとき初めて，コーチング
セッションは価値あるセッションとして，成立すると言える。

■3-4.　セッション契約の終了と継続

　セッション期間は普通，3ヶ月や6ヶ月といった有限の期間で契約されるこ
とが多い。この期間が終わるとコーチングも終了となる。スポンサーがいる場
合には，コーチは最初に取り決めた状況共有のルールに従って，レポートを書
いて終了する。コーチによっては，ここで振り返りのシートやツール等を使
い，クライアントにアンケートを取ることもある。

　継続してセッションを受けたい，というクライアントがいれば，必要に応じ
て，再度，条件を整理して継続することになる。テーマは変更になることもあ
るだろうし，そのまま引き続き，ということもある。それはクライアントの
ニーズが引き続き存在するか，ということが問題であり，ケースバイケースで
あると言えよう。

　ICF のコア・コンピテンシーは最後に，セッションを終了させる際にも，
コーチとクライアントが協力して行うことで，よりよいコーチングが提供され
るのだと結んでいる。

引用文献

Coach U (2005). *The Coach U personal and corporate coach training handbook.* Hoboken, NJ: Wiley.

ICF Global Coaching Study
　〈https://coachingfederation.org/research/global-coaching-study〉

ICF が定めるチームコーチングの倫理規定(コンピテンシー)
　〈https://icfjapan.com/team-competency〉

ICF が定めるプロコーチの能力水準(コア・コンピテンシー)
　〈https://icfjapan.com/competency2019〉

国際コーチング連盟日本支部「国際コーチング連盟の定める倫理規定」
　〈https://icfjapan.com/icf-code-of-ethics〉

国際コーチング連盟日本支部「コーチングについてのよくある質問」
　〈http://www.icfjapan.com/whatscoaching/coachingfaq〉

原口佳典 (2013). コーチングの歴史を再構築する:「人の力を引き出すコーチング術」からの原型生成の試み
　　支援対話研究, *1*, 23-36.

参考図書紹介

木内敬太

■コーチング心理学の概論書 ─────────────

『コーチング心理学ハンドブック』スティーブン・パーマー，アリソン・ワイ
ブラウ編著（堀　正監修・監訳　2011）金子書房［Palmer, S., & Whybrow,
A.（Eds.）（2007）. *Handbook of coaching psychology: A guide for practitioners.*
Hove, East Sussex, UK: Routledge.］

　　本書の原著は 2007 年に出版されており，コーチング心理学という研究・
実践領域が確立されたことを示す 1 冊と言える。コーチング心理学設立の経
緯から，今後の方向性，各種心理学的アプローチの概要，コーチ‐クライア
ント関係やスーパービジョンなどの定番の議論まで，コーチング心理学の基
本が網羅されている。原著副題に「実践家のための手引き」とあるように，
心理療法に習熟した人がコーチングを行う際のガイドブックとして書かれ
ている（誤訳があるので理解しづらい場合は，原著を参照するとよいだろう
［編著者代表注］）。原著の第 2 版が 2018 年に出版され，キャリアの視点やシ
ステムへの介入，ポジティブ心理学，マインドフルネス，自己決定理論な
ど，最近の研究と実践の発展を踏まえて，大量に追加されている。

*"Evidence based coaching handbook: Putting best practices to work for your
clients"* Stober, D. R., & Grant, A. M.（Eds.）（2006）. Hoboken, NJ: Wiley.

　　本書は「コーチング心理学ハンドブック」と同時期にオーストラリアで出
版されたコーチング心理学のテキストである。人間性心理学や行動主義に基
づくアプローチなど，個々の理論に加え，統合的目標焦点化アプローチ，成
人の学習アプローチなど，統合的・理論横断的アプローチについても取り上
げられている。特に，第 11 章の「システムの視点からのコーチング」では，
他の書籍では見ることができない，システムに関する理論を統合的にコーチ
ングに応用したアプローチ法について論じられている。巻末にはコーチング
心理学創始期のエグゼクティブ・コーチングに関する学術的な研究の状況が
まとめられた章が付けられている。

"The Wiley-Blackwell handbook of the psychology of coaching and mentoring"
Passmore, J., Peterson, D., & Freire, T.（2012）. Chichester, West Sussex, UK:
Wiley-Blackwell.

　　『コーチング心理学ハンドブック』の出版から 6 年，その後のコーチング
心理学の発展が 1 冊にまとめられたような書籍。たとえば，コーチングの定

義ひとつ取っても，7つの異なる実践家や研究者による定義が吟味されている。「コーチングの神経科学」では，目標設定，メタ認知，モチベーションなどコーチングに関する諸問題が神経科学の研究成果との関連で論じられており，将来的に神経科学に基づくコーチングが体系立てられる可能性が示唆されている。

"The coaching manual: The definitive guide to the process, principles and skills of personal coaching. 5th edition" Starr, J. （2021）. London: Pearson Prentice Hall.

　　"Evidence Based Coaching Handbook" とともに，シドニー大学コーチング心理学課程でテキストとして使用されている書籍のひとつ。著者は20年以上の実務経験を持つコーチ兼コンサルタント。初版は2007年に出ており，複数の言語に翻訳され，長年にわたりコーチングのマニュアルとして活用されている。コーチングにおける協働関係とその前提としての原則，共感の重要性，コーチングの主体としてのクライアント，セッションの構造，コーチの資質，学習・トレーニング教材など，コーチングの実践を学ぶための初めの一冊として有益である。

"The psychology of coaching, mentoring and learning. 3rd edition" Law, H. （2013）. Malden, MA: Wiley-Blackwell.

　　本書は，コーチングとメンタリングを，相互に交換可能な促進的なアプローチ（ファシリテーション）から指示的なアプローチ（インストラクション）までの連続体として捉え，学習（知識やスキルの習得）に関する心理学に基づいて，コーチング／メンタリングの万能モデルを提案している。そのモデルの枠組みの中で，認知行動，ゲシュタルト，ナラティヴなど，臨床心理学の技法を統合的に活用しようとする点が本書のアプローチの特徴である。

"The complete handbook of coaching. 3rd edition" Cox, E., Bachkirova, T., & Clutterbuck, D. （2018）. London: Sage.

　　初版は2010年出版。『コーチング心理学ハンドブック』で取り上げられたアプローチのほかに，オントロジカル・コーチング，トランス・パーソナル・アプローチ，ポジティブ心理学アプローチ，トランスアクショナル・アプローチなど多数収録されている。パフォーマンス・コーチング，エグゼクティブ・コーチング，ライフ・コーチングなどの文脈別の説明や，倫理，スーパービジョン，メンタルヘルスとの関連などの専門家としての実践に関する問題についても充実している。第2版から「健康とウェルネスのコーチング」と「コーチングの研究」，第3版から「職場内コーチ（Internal coaching）」と「コーチングのエビデンス，測定，評価」という章が追加さ

れた。また，第2版の「継続的な専門能力開発（professional development）」
は，第3版では「コーチ教育，トレーニング，専門能力開発」に改訂され
た。

■コーチングの古典

『コーチング─人を育てる心理学』武田　建著（1985）　誠信書房

　　本書の著者，武田建は，日本のコーチング心理学の先駆けとも言えるカウ
ンセリング心理学者である。武田は行動理論をスポーツ・コーチングに応
用した先駆者で，まだ欧米においてもスポーツ心理学が体系づけられる前，
1977年に，アメリカのフットボール・コーチの協会で，「コーチングの心理
学」という題の講演を行っている。その後のスポーツ・コーチングの実践に
関する基礎理論と経験をまとめたのが本書である。行動コーチングは現代の
コーチング心理学においても主要な理論のひとつである。本書は，スポーツ
以外のコーチング領域にも応用可能であり，時代を超えて語り継がれるべき
著作である。武田はほかに『リーダーシップの条件』（大和書房）や『コーチ
ングの心理学』（日本YMCA同盟出版部）も著している。

『潜在能力をひきだすコーチングの技術』ジョン・ホイットモア著（真下　圭訳　1995）　日本能率協会マネジメントセンター　[Whitmore, J.（1992）. *Coaching for performance: Growing people, performance and purpose*. London: Nicholas Brealey.]

　　本書は，ヨーロッパでコーチングを広めたウィットモアが1992年に執筆
した書籍。コーチングモデルとして最も有名なGROWモデルや目標設定の
ためのSMART, PURE, CLEARといったアイディアが紹介されているほか，
コーチの役割がわかりやすくまとめられている。なお，『はじめのコーチン
グ』（2003年ソフトバンククリエイティブ　絶版）は原著の第3版を翻訳し
たもので，2009年には原著の第4版が出版されていて，内容も多少変化し
ている。引用文献が示されていないのが残念である。

■特定のアプローチ法や基礎理論に関する書籍

『認知行動療法に学ぶコーチング』マイケル・ニーナン，ウィンディ・ドライデン著（吉田　悟監訳　2010）　東京図書　[Neenan, M., & Dryden, W.（2002）. *Life coaching: A cognitive behavioural approach*. London: Routledge.]

　　認知行動コーチングに関する代表的な書籍。特に認知行動アプローチに関
して，基本的な理解とスキルを有している方が，コーチングにおける具体的
な活用例を知るために有効。問題解決，先延ばし，時間管理，長期目標への
継続的取り組み，批判への対応，自己主張，決断など，ライフ・コーチング

の主要なテーマについて，認知行動コーチングではどのように対応するのか
が具体的にまとめられている。原著の第2版が2013年に出版されており，
困難への対処について論じた「レジリエンスを育てる」という章が追加され
ている。

『メタ・コーチング』マイケル・ホール，ミシェル・デュヴァル著（田近秀敏
監修　2010）　ヴォイス　［Hall, M., & Duval, M.（2005）. *Meta-coaching:
For higher levels of success and transformation.* Mesa, CO: Empowerment
Technologies/Neuro-Semantics Publications.］

　　本書は認知行動科学者のホールと，ICFシドニー支部の共同会長を務めた
デュヴァルらによる共著である。メタ・コーチングは，コーチングにひとつ
の包括的な理論的枠組みを提供した。つまり，言語と意味論，自己意識，変
化，心‐身体‐情動システム，自己実現能力の5つの次元についてのフレー
ムワークを用い，メタ的な高次の状態に導くことで，クライアントを支援す
るというコーチングモデルである。メタ・コーチングには，人間性心理学や
トランスパーソナル心理学を中心に，さまざまな心理学的，社会学的知見が
取り込まれている。また，コーチに必要なスキルとその基準を明確に定義し
ている点も本書の特徴である。

『コーチングのすべて』ジョセフ・オコナー，アンドレア・ラゲス著（杉井要一
郎訳　2012）　英治出版　［O'Connor, J., & Lages, A.（2009）. *How coaching
works: The essential guide to the history and practice of effective coaching.*
London: A & C Black.］

　　訳者が前書きで述べているように，本書は，オントロジカル・コーチング
の立場に立つオコナーとラゲスというICC（国際コーチング連盟）の共同設立
者で，15年以上にわたり世界中でコーチングを行ってきた著者たちが，コー
チングの成り立ちや理論，効果について体系的にまとめた書籍である。ジョ
ン・ウィットモア，フェルナンド・フローレス，アンソニー・グラントなど
が本書を推薦し，自身のコーチング観についてコラムを執筆している点も注
目に値する。

*"Becoming a professional life coach: Lessons from the institute of life coach
training.* 2nd edition" Menendez, D. S., & Williams, P.（2015）. New York: W. W.
Norton.

　　著者の1人，ウイリアムズは，心理学者で，ICF認定のマスターコーチで
もある。早くからカウンセリングや心理療法ではなく，コーチングへの心
理学理論の応用可能性に着目し，1998年にライフ・コーチのトレーニング
機関であるライフ・コーチ・トレーニング研究所（Institute for Life Coach

Training)を設立した。本書には，この研究所のノウハウがまとめられてお
り，コーチングの基本的技術や人生を支えるコーチングの原理が，人間性心
理学やトランス・パーソナル心理学に基づいて説明されている。

『コーチング・バイブル　第4版』ヘンリー・キムジーハウス，キャレン・
キムジーハウス，フィル・サンダール，ローラ・ウィットワース著(CTI
ジャパン訳　2020)　東洋経済新報社　［Kimsey-House, H., Kimsey-House,
K., Sandahl, P., & Whitworth, L.（2018）. *Co-active coaching: The proven
framework for transformative conversations at work and in life*（4th ed.）.
London: Nicholas Brealey.］
　　　本書はCTI（コーチ・トレーニング・インスティテュート）が提供してい
るICF認定のプログラムであるコーアクティブ・コーチングのマニュアル
である。原著の初版は1998年に出版されている。本書では，コーアクティ
ブ・コーチングの概要が理解できるだけでなく，傾聴に関連する反映，明確
化，俯瞰，比喩，認知など，具体的なスキルが挙げられており，さらに，演
習を通してそれらのスキルをトレーニングできるようになっている。また，
巻末のツールキットには，チェックリストや記録用紙など，実際のコーチン
グで活用できるフォームが多数収録されている。

『ポジティブ心理学コーチングの実践』スージー・グリーン，ステファン・
パーマー(西垣悦代監訳　2019)金剛出版　［Green, S., & Palmer, S.（2018）.
Positive psychology coaching in practice. Hove, East Sussex, UK: Routledge.］
　　　コーチング心理学とポジティブ心理学は，コーチングのパフォーマンスの
促進とウェルビーイングの促進という2つの側面を相補的に支える学問基盤
である。本書は，そのうちの1つ，ポジティブ心理学の応用可能性について
包括的に示した概論書である。本書ではポジティブ心理学とその実践応用と
してのポジティブ心理学コーチングの発展や主要概念について簡潔に紹介さ
れているだけでなく，ポジティブ・リーダーシップ，アクセプタンス＆コ
ミットメント・トレーニング，マインドフルネスなどの最新の実践につい
て，具体的な事例を提示して説明されている。

『ポジティブ心理学の挑戦』マーティン・セリグマン(宇野カオリ監訳　2014)
ディスカヴァー・トゥエンティワン　［Seligman, M. E. P.（2011）. *Flourish:
A visionary new understanding of happiness and well-being*. New York: Atria
Books.］
　　　原著は2011年に出版されている。前作『世界で一つだけの幸せ』の出版
から9年，ポジティブ心理学の生みの親マーティン・セリグマンが，彼の
現在の考えについて，最新の研究成果を踏まえて論じた書籍。幸福理論から

ウェルビーイング理論へ。新しい理論では，前作で扱われた「ポジティブ感情」，「エンゲイジメント」，「意味・意義」に加え，「達成」と「関係性」を幸せの構成要素とし，測定時のポジティブ感情に左右される人生の満足度ではなく，持続的幸福（Flourish）の向上を目的とする。

"Positive psychology: Theory, research and applications. 2nd edition" Boniwell, I., & Tunariu, A. D. （2019）. Maidenhead, Berkshire, UK: McGraw-Hill Education.

研究者でもあり，実践家でもある著者が，主観的幸福，ユーダイモニック・ウェルビーイング，ポジティブ感情，希望，楽観主義，レジリエンス，心的外傷後成長，目標，意味，強みなど，ポジティブ心理学の主要概念についてこれまでの研究知見を踏まえて簡潔に論じている。各章では心理尺度も紹介されており，応用ポジティブ心理学やポジティブ心理学的介入の独立した章もある。本書から研究にも実践にも発展できる入門書である。大学の授業向けに作られているので，各章に要約があるなど，とても読みやすい。第2版では，「身体活動とポジティブ心理学」の章を，*"Positive psychology in sport and physical activity: An introduction"* の共同編集者のブラディとグレンビル・クリーヴが執筆している。

■コーチング心理学に関する学術雑誌

International Coaching Psychology Review
発行主体：英国心理学会コーチング心理学特別団体，オーストラリア心理学会コーチング心理学利益団体
発行初年：2006

The Coaching Psychologist
発行主体：英国心理学会コーチング心理学特別団体
発行初年：2005

The International Journal of Evidence Based Coaching and Mentoring
発行主体：オックスフォード・ブルックス大学
発行初年：2003

Coaching: An International Journal of Theory, Research, and Practice
発行主体：AC（Association for Coaching）
発行初年：2008

Coaching Psychology International
発行主体：国際コーチング心理学会(International Society for Coaching Psychology)
発行初年：2008

International Journal of Coaching Psychology
発行主体：ナショナル・ウェルビーイング・サービス(The National Wellbeing Service)
発行初年：2020

The European Journal of Applied Positive Psychology
発行主体：ナショナル・ウェルビーイング・サービス(The National Wellbeing Service)
発行初年：2017

Coaching: An International Journal of Theory, Research and Practice
発行主体：Taylor & Francis
発行初年：2008

Consulting Psychology Journal
発行主体：アメリカ心理学会第13部会（コンサルティング心理学部会）
発行初年：1982（1991 年以前は Consulting Psychology Bulletin）

事項索引

人名索引

【編著者】

西垣悦代（にしがき・えつよ）
関西医科大学医学部心理学教室教授
博士（学術）
財団法人生涯学習開発財団認定コーチ
日本コーチ協会認定メディカルコーチ
Certificate in Coaching（Centre for Coaching, UK 認定）
日本人生哲学感情心理学会（J-REBT）認定　REBT 心理士
認定心理士
主著：『発達・社会からみる人間関係』（編著，北大路書房，2009），
　　　『ポジティブ心理学コーチングの実践』（監訳，金剛出版，2019）
担当：1 章，2 章，9 章 1 節，9 章 4 節（共著），コラム 1，コラム 2

原口佳典（はらぐち・よしのり）
株式会社コーチングバンク代表取締役
一般社団法人日本支援対話学会代表理事
アカデミック・コーチング学会理事
主著：『人の力を引き出すコーチング術』（平凡社，2008），
　　　『100 のキーワードで学ぶコーチング講座』（創元社，2010）
担当：11 章

木内敬太（きうち・けいた）
独立行政法人労働者健康安全機構労働安全衛生総合研究所過労死等
防止調査研究センター特任研究員
博士（医学）
公認心理師　臨床心理士　キャリアコンサルタント
日本人生哲学感情心理学会（J-REBT）認定　REBT 心理士
担当：7 章，9 章 2 節，参考図書紹介

【執筆者】（五十音順）

荒木　光（あらき・ひかる）
ライトメンタルクリニック常勤心理士
博士（医学）
公認心理師　臨床心理士
精神保健福祉士　キャリアコンサルタント
日本人生哲学感情心理学会（J-REBT）
認定　REBT 心理士
担当：6 章（共著）

伊澤幸代（いざわ・さちよ）
早稲田大学アドラー心理学研究会
担当：4 章 2 節

石田正寿（いしだ・まさとし）
三重県公立高等学校英語科教諭
修士（教育学）
一般社団法人日本青少年育成協会主任研究
員，上級教育コーチ，A 級トレーナー
担当：9 章 5 節

石川利江（いしかわ・りえ）
桜美林大学心理・教育学系教授
博士（人間科学）
公認心理師　臨床心理士
指導健康心理士
担当：3 章，コラム 3

大島裕子（おおしま・ゆうこ）
北里大学大学院医療系研究科非常勤講師
博士（医学）
公認心理師　臨床心理士
社会福祉士　精神保健福祉士
日本人生哲学感情心理学会（J-REBT）
認定　REBT 心理士
米国クリパルセンター認定ヨガ教師
担当：6 章（共著）

大竹恵子（おおたけ・けいこ）
関西学院大学文学部総合心理科学科教授
博士（人間科学）
担当：5 章

向後千春（こうご・ちはる）
早稲田大学人間科学学術院教授
博士（教育学）
担当：4 章 3 節

斉藤真一郎（さいとう・しんいちろう）
法政大学理工学部・生命科学部兼任講師
（「キャリアデザイン」担当）
修士（カウンセリング）
米国 CTI 認定 Certified Professional Co-
Active Coach（CPCC）
2 級キャリア・コンサルティング技能士
日本キャリア開発協会認定 CDA（キャリ
ア・デベロップメント・アドバイザー）
担当：10 章

士野　楓（しの・かえで）
一般社団法人東京コーチング協会会長
亜洲大学経営大学院コーチング専攻客員教
授
国際コーチング連盟認定マスターコーチ
（MCC）
東京コーチング協会マスターコーチ
担当：9 章 3 節

堂坂更夜香（どうさか・さやか）
早稲田大学人間科学部 e スクール教育コー
チ
修士（人間科学）
担当：4 章 1 節

鳥羽きよ子（とば・きよこ）
元ハートランドしぎさん看護専門学校非常
勤講師
修士（学術）
米国CTI認定 Certified Professional Co-
Active Coach（CPCC）
認定心理士
担当：9章4節（共著）

森谷　満（もりや・みつる）
北海道医療大学予防医療科学センター教授
北海道医療大学病院内科心療内科医師
博士（医学）
コーチクエスト認定プロフェッショナル・
ウェルネス・コーチ
一般財団法人生涯学習開発財団認定プロ
フェッショナル・コーチ
一般社団法人ポジティブイノベーションセ
ンター認定　Strength Developer インス
トラクター
担当：8章

吉田　悟（よしだ・さとる）
文教大学人間科学部心理学科教授
博士（学術）
日本人生哲学感情心理学会（J-REBT）
認定　インストラクター
担当：6章（共著）

コーチング心理学概論　第2版

2022 年 9 月 10 日　第 2 版第 1 刷発行

定価はカバーに
表示してあります。

編著者　　西垣悦代

　　　　　原口佳典

　　　　　木内敬太

発行者　　中西　良

発行所　　株式会社ナカニシヤ出版
〒 606-8161　京都市左京区一乗寺木ノ本町 15 番地
Telephone　075-723-0111
Facsimile　075-723-0095
Website　http://www.nakanishiya.co.jp/
Email　iihon-ippai@nakanishiya.co.jp

振替口座　01030-0-13128

装幀＝白沢　正／印刷・製本＝ファインワークス
Printed in Japan.
Copyright © 2015, 2022 by E. Nishigaki et al.
ISBN978-4-7795-1677-1